上半场

刘建宏

著

人民文学出版社

图书在版编目 (CIP) 数据

上半场／刘建宏著 .—北京：人民文学出版社，2016
ISBN 978-7-02-011519-8

Ⅰ．①上… Ⅱ．①刘… Ⅲ．①刘建宏—自传 Ⅳ．① K825.47

中国版本图书馆 CIP 数据核字（2016）第 065195 号

责任编辑　陈　旻　陈　黎
装帧设计　陶　雷
责任校对　杨益民
责任印制　苏文强

出版发行　人民文学出版社
社　　址　北京市朝内大街 166 号
邮政编码　100705
网　　址　http://www.rw-cn.com

印　　刷　北京明恒达印务有限公司
经　　销　全国新华书店等

字　　数　346 千字
开　　本　710 毫米 ×1000 毫米　1/16
印　　张　30　插页 1
版　　次　2016 年 5 月北京第 1 版
印　　次　2016 年 5 月第 2 次印刷

书　　号　978-7-02-011519-8
定　　价　45.00 元

如有印装质量问题，请与本社图书销售中心调换。电话：01065233595

目 录

序

    盘带记忆 / 白岩松　　03
    期待下半场 / 马国力　　08
    小满足算是大回报 / 张斌　　11

引子

一　故乡·亲人

    第一章　回不去的故乡　　11
    第二章　姥　娘　　21
    第三章　妈　妈　　29
    第四章　三　舅　　51

二　我的足球启蒙

    第五章　聂老师　　63
    第六章　足球的失败与胜利　　73
    第七章　我们是冠军　　88

三 《足球之夜》

第八章　斯科拉里　　107
第九章　川鲁风波　　118
第十章　王师北定中原日　　122
第十一章　一切尽在不言中　　126
第十二章　感谢北京国安　　139
第十三章　川沪风波　　143
第十四章　二〇〇二年世界杯　　161
第十五章　道歉门　　190
第十六章　风乍起　　198
第十七章　韦迪上任中国足协　　220

四 "足夜"回忆

第十八章　《足球之夜》之青春往事　　256

五 中国足球浮世绘

第十九章　教练们　　285
第二十章　球员们　　344
第二十一章　足球人　　376

六 外一篇

第二十二章　体育文字　　391

七　下半场

第二十三章　被定格的历史　　**435**

跋

Mr.Liu / 米卢　　**451**

我与刘建宏 / 李章洙　　**455**

鬓已星星也 / 张立宪（老六）　　**458**

序

盘带记忆

白岩松

一

和建宏是什么时候认识的？是怎么认识的？现在都记不清了。好像没什么试探、磨合，一步到位就像老友相逢。原因不复杂，我们俩同龄，都属猴，都爱好球与酒，都在中央电视台供职，那时的我们年轻，那时的中央电视台正欣欣向荣着。

二

建宏常说，他当初从石家庄扔掉一切选择到北京打拼，其中一个原因是在电视屏幕上看到了我。那时《东方时空》开播没多久，我正在屏幕上青涩地说着。建宏没说的话是：看到长这样的同龄人都能上电视，我也行！于是，义无反顾，从石家庄到了北京，两三个小时的车程，将自己的人生列车开向了完全不同的方向。

在这一点上，我佩服建宏的勇气，换作我，如果看到屏幕上的建宏正说话，我估计自己不会决定出发的，不仅因为他比我帅一些。

三

中央电视台正欣欣向荣的一个重要标志是：大家见面就谈业务说节目，私人聚会都谈，喝高了更谈。我们那些年的聚会不少，谈业务谈理想的记忆就多，内容一般不是新闻而多是足球。一来新闻不太下酒，二来足球是我们共同的爱好。那些年我们好像都没学会客气，较少歌功颂德，主要是"落井下石"，有毛病在酒桌上提，有建议碰杯时说。在这样的氛围中，无论个人还是事业，都突飞猛进。

那真是一个简单的时代，而简单，也正是交友的最好氛围。

现在也常聚，谈事业少了，偶尔国事天下事或乐视的事业，我们共同的朋友——《读库》的老六就会慢悠悠地端起酒杯倡议：来，让我们谈点儿美好的事情吧……

于是，我们相视一笑，一饮而尽。

四

我们不仅谈球，还一起做足球的节目。标志与高峰是二〇〇二年世界杯前的《三味聊斋》，我与建宏还有健翔，三个一九六八年出生的同龄人，组成红（宏）、黄、白三色阵容，把我们个人对足球几十年的记忆、情感与看法倾泻而出,变成几十期深夜谈话节目《三味聊斋》。每期节目的选题现场商量,几乎不用热身,你来我往,自然天成。节目播出后,眼见着收视率与口碑一天一个样,我猜想,那该是中央电视台历史上成长最快的栏目吧,虽然它是临时的。

二〇〇二年底,开党的十六大时,我所在的中直团与浙江团住在一起,一天中午,在驻地大餐厅,与时任浙江省长的习近平一桌吃饭,他还为《三味聊斋》点了赞。

这事儿我跟建宏说了,他不仅很高兴,还更觉得足球是件大事,忙起来又多了几分投入。看着足球现在上升到战略高度,偶尔觉得,《三味聊斋》也做了贡献吧?

五

建宏其实与我一样,大学学的是新闻,但到北京沾上了《足球之夜》,这二十年,足球情结就越来越重地渗入血液。

记得二〇〇六年世界杯,我们一起在德国慕尼黑,那天健翔解说成了"事故",我们俩正在一起,"事故"消息传来,原本很好的心情荡然无存,建宏尤甚。一来他替健翔惋惜,二来替接下来的解说着急,同时更让他难受的是报道世界杯的足球团队会不会被连累?而那些人是和他常年一起打拼的兄弟姐妹。当天慕尼黑的晚上,我们在土耳其人开的小馆开始喝闷酒,就我们两人,他越喝越苦闷,我似乎越喝越清醒。没多久,难受加上酒精,他开始掉眼泪,打电话和同事急,我在一旁安慰并解释，直到黎明将至，大家在疲劳与难过中睡去。

不过，那一夜，我看到了建宏与足球的情感，也看到了他这个人的认真。

六

酒，是我们的另一个媒介。

第一次实打实较劲儿，是在我们家，我主场，一人一斤二两五的高度酒，段暄、陶伟等人做证，不长的时间下去，他倒了，我还行。没多久，到他们家，他主场，几乎同样的酒，这回我倒了，据说他没事儿。

后来也都多过几回，但随着年龄增长，喝多的次数在减少。然而，酒是好东西，尤其在朋友之间，哪怕很久没见，几杯酒下去，生分感也迅速消失不见。十年间，我们有一个共同的老男人局，酒是喝得越来越少，但聚的间隔却越来越短。总有些友情，会在酒精与岁月的双重搅拌下，慢慢变成亲情。

七

我们不仅一起说球，还一起踢球，一起胜利与失败着。

我们俩应当属于很好的队友，但一定是很不喜欢的对手。因为认真以及在这个年龄还不错的能力，还有急脾气。我们场上的位置不同，他中场我前锋，配合默契却各自保持不同的风格。所谓君子和而不同，其实，无论朋友相处，还是踢球，不同才好玩。即便场上偶有争执，也是乐趣的一部分。

前些年，都好胜，这两年对胜负有些淡了，但淡了不意味着不在乎。这岁数还在场上奔跑，就是我们的骄傲。我的目标是踢到六十，想实现目标，得有同龄人共同督促陪伴，建宏是个铁定的人选，都加油！

八

中央电视台欣欣向荣的时代过去了，有人走，有人留，一切正常。建宏去了乐视，这是他的下半场，依他的认真执着劲儿，将来再有个加时，也正常。

在中央电视台时，他也忙，但忙中总会有闲，甚至有时非常闲。现在到了新岗位，总看他忙，闲几乎没了。其实不管闲还是忙，走极端都不好，还是希望创业期过后，他还能有些闲。一来喝酒踢足球，二来也别让本已很白的头发再加速变色。人生需要拼搏也需要奖励。

不在一个单位共事了，但朋友与你在哪儿工作没什么关系。有的老男人，这么多年处下来，我都依然不清楚他在哪儿工作或是不是工作着。朋友关心的是内心与共同走过的路。回望过去，很长的路，我们一起走过；看向未来，路依然很长。

虽是建宏的下半场刚吹哨，但我们都不再年轻，不能总是对彼此喊"加油"，也该多说"保重"了！

期待下半场

马国力

建宏写了本书，名叫《上半场》。我理解这是他对央视的告别，或许过几年就该有《下半场》了，那将是他直接参与中国体育市场改革进程的心得。

他让我为这本书写个序，我不可以推辞，而且也十分愿意。

无论是在中央电视台体育中心，还是在北京奥林匹克转播公司，或者是在盈方中国，我经常引用毛主席的一句话：政治路线决定之后，干部就是决定性因素。不过我对里面的"干部"理解为想干事能干事的人，之所以我要特别指出这个解释，是因为现在意义上的干部并不都是想干事能干事的人。

我最幸运的一件事就是：在整个九十年代我的周围聚集着一大批想干事能干事的人，他们创造和发展了中国体育最为出色的平台——中央电视台体育频道。二十年过去，这群人还是中国体育媒体的中坚力量，即使其中的有些人，例如黄健翔、刘建宏等人离开了央视这个平台，但是他们还是在延续着对于中国体育的热爱，在更加广阔的天地间用自己的经验继续贡献着。

在这群人里面,《足球之夜》的制作者们是一个有些不同的群体,出于对足球特别是中国足球的热爱,他们对体育频道的热情更高。刘建宏就是这个群体中的佼佼者。

不像体育频道最早招聘的两拨人,刘建宏不是我面试的,因为当时的招聘有一个规定,只能是北京户口。他是由张斌招揽的《足球之夜》的"临时工",在那时的体育频道里面,由于人事部门没有名额,但是频道的节目又必须制作,所以有相当的一批人是这样的"临时工"。那个时间的中央电视台体育频道,只覆盖北京地区,全年的广告收入不过才四百五十万人民币,没有后来的较好待遇和地位,他们这些人聚到北京,不是把体育部当成饭碗和跳板,完全是出于对体育的热爱,如果不热爱体育,在体育频道工作是会非常辛苦和无趣的。不过我和他们都不很熟,因为我有一个用人原则:我选制片人,制片人选他们用的人。

由于张斌患心肌炎需要休息半年,刘建宏得以代理这个栏目的制片人,我也才有机会慢慢了解他。他给我的印象始终是一个任劳任怨、中规中矩的人。所以当二〇一四年世界杯之后他找我,告诉我他要离开央视去乐视,着实让我吃了一惊。我想到了许多人会离开央视,却没有料到刘建宏会这样选择。

不过现在看看他的自传,我觉得却也在情理之中,由于是苦孩子出身(我们中间相当多的人与他有着相同的经历),从小就抱着改善自己与家人社会境遇的目标,所以刘建宏始终在自我进取之中。否则他不会放弃石家庄电视台的职位,一无所有地闯荡北京；否则他不会一直担任《足球之夜》的制片人，直到这个栏目淡出人们的视野；否则他也不会放弃虽然逐渐平淡却是衣食无忧的央视平台。

  我始终认为人是需要精神和热情的，所以看到建宏在中年时期这么决然地重新选择自己今后的路，我由衷地佩服他这种不断进取的精神。从和他的谈话中，我也似乎又感觉到了二十年前体育频道人员具有的那种热情。

  天道酬勤，热情总会有回报。祝建宏成功！

小满足算是大回报

张斌

忘了具体的日子，不久前，几通未接电话显示在屏幕上，那是身在南粤的老友。天色已晚，凭我经验，该没啥正事，一定是喝了，微醺中拖长的尾音，说到妙处，各色方言自由切换。回电，电话另一端果然传来小嘈杂，"斌老师！斌老师！"显然喝爽了，我心里盘算着如何才能让老友的兴致自然收场。果然，直播开始了，老友与我同行同业同岗位。"喝酒呢！电话别挂啊！你听听一位老朋友的声音，他儿子很牛，刚刚加盟澳大利亚海军，练出非常漂亮的胸大肌。别挂啊！我把电话给他。"

谁啊？我脑海里没有丁点儿预感。"斌老师！我是陈亦明啊。"一声长长的"您好啊"，既是一份感慨，也是迅速找寻到最恰切的语气去对应这位昔日的采访对象。太多年未曾见面，只是从他人的闲聊中，拼凑些零散的信息——"波经"、"波胆"等等。一番客气，几多感慨之后，脑海里曾经的那个陈亦明总算复原出来了，当年在演播室中，他的紧张就汇聚在眉宇之间，无论如何都化解不开的，我至今也不能理解，他为何敢来直播中《足球之夜》。"斌老师，你当年可跟我说过，咱们的节目会有三亿人看的。"我真不记得了，三亿人什么概念？那年代根本就没有精确的收视统计，那"三亿"真若说过，那也是莽撞的我为了震慑对方才想象出的数字，也许我和同事们那会儿，直播的那一天，全中国都在看着我们。

我曾经多次写过陈亦明直播中滑落肩头的那滴汗水，看似平实，内心多少有些得意，这么多年过去，大家都淡然多了。"你得原谅我啊，那时候也只有说一切尽在不言中了。""我理解，我理解。"我其实从来就没有什么不理解的，电话挂断，那一端继续喝着大酒，往事一直在说。

我根本记不清何年何月何日采访的陈亦明，只记得当他走出演播室一瞬间，同事抄起摄像机扛在肩头的利索，长长的走廊一时没有尽头，有镜头在，好像必须说些什么才好，也才有了那句话。我只记得，直播前夜一直在开的策划会，一路奔赴重庆，"押送"陈亦明到京；一路闪电般去辽沈，直扑王洪礼，这一路就是建宏亲往，周四最早一班飞起，一分钟不耽搁杀回北京，晚上我进了演播室，外面一切还要靠建宏主理。

那一夜，太多不确定摆在我们面前，新闻事件的特有张力和压力让我们暗自亢奋着。我居然没有记下什么细节，但建宏一定是说到关键处，会在面前铺下几张纸，随时记下要点，点点画画之间，一期节目也就有了骨架，那并不舒展的字体就嵌在我的记忆里。有幸，我们一道在小小的《足球之夜》里曾经特别舒展，那种"野蛮"和"自负"也许正是建宏当下的职业状态，而状态从来都是职业最重要的一部分。

我和同事一样是从那条微博中得知建宏的离开，尽管二〇一四年给我过生日时，他曾经明确提出过未来的道路定会有新的选择，但那时也就听听而已。走得并不匆忙，职业交接处种种设计很精心，我等借此也在过往的道路上再走一遭，自此不再是同事，但继续同行同业，说好的酒始终没喝，各自忙着，即使奔波在同一赛事的同一城市中也未曾再聚，匆匆一年有余了。

中国队冲击俄罗斯世界杯是大事，我被派往深圳和沈阳，很少在江湖上走动，但我喜欢赛场的气息，赛前静静地察言观色，会在心中有所沉淀的，没有这些，时间一长，镜头前的我基本就是苍白或者胡说了。建宏比我强，他更多的在现场，更多的第一时间表达。在深圳，在沈阳，我很容易找到看台上的评论席，建宏到了很早，他不必在赛前注入点和评论席之间奔波了，从容说球是种放不下的诱惑，自然也是职业的价值。远远地，大家彼此挥了挥手，建宏灰白的头发很显眼，那一刻脸上淡淡的笑意也很清晰。总玩笑——"年近半百"，当下确实日益迫近了，因此话多还是话少都有理由的。

关于建宏，我可以说很多。但作为同行者与战友，我脑海里更多浮现的还是我们"创业"之初的种种，多说会矫情的，但进入中央电视台第一刻便扑到编辑前看素材的那一瞬间我挥之难去，拘谨的他还不能随意地脱掉身上的风衣。我还记得彼此人生中的第一台笔记本电脑，建宏的电脑大约是"NEC"，那年头不便宜。它即是建宏的生产工具，也期许着写出像样的好日子。笔耕不辍一度是他工作之余的常态,踏实、能吃苦,这都是他诸多优良品质中的关键所在。那时理想和欲望都不复杂,职业满足感能帮我们自己解决很多问题的。

这本《上半场》中会有太多故事,众人拾柴,复原一段职业旅程。我的回看并不精彩,但真心庆幸与建宏以及《足球之夜》同仁有共同经历,那经历不用来炫耀,能回忆就够棒了,实现小理想的满足感算是大回报了。

在朋友圈中,没有距离感一说,不点赞,不评论,并不意味着冷漠,建宏还是当年的建宏,自信、能搏、忙碌是他的需要,意气风发是他的需要,职业状态大多数情况下等同于生活状态。苦与无奈必须被我们隐在身后,无甚抱怨,得太多厚爱,过自己想要的日子需要勇气。让改变发生才有希望,建宏过往职业经历中他始终坚信这一条,他曾经说过,希望可以满头白发依然说球,从灰白到全白还早着呢。脑子清楚,韧性不减,还会成全我们的,一定可以的。

15

引子

二〇一四年十月二十九日。北京，轻度雾霾。中午十二点三十分，国航 CA937，飞往伦敦，参加一个中英足球文化交流活动。

这已经是我第四次去伦敦了。第一次是一九九九年初，为了拍摄国内第一部足球系列片《在路上》，追踪当时在英冠球队水晶宫踢球的范志毅和孙继海的足迹，我和同事们来到这里。因为是第一次来到欧洲，又是欧洲最负盛名的城市，我深深地被伦敦打动，回去之后逢人便讲这里是如何的"自然、秩序、和谐和人本"。我们还第一次有机会现场观看英冠比赛，尽管那只是第二级别的比赛，水晶宫主场的剧场效果和氛围还是很有感染力。后来去欧洲多了，看现场比赛多了，我确实对职业体育属于娱乐表演业有更多的认同。我也多次在节目里，包括二〇一四年的世界杯解说里提到过，没有什么真人秀节目比足球、比体育更极致。所谓真人秀，其实不过是体育的翻版而已。很小的时候这些球员便深深地热爱上这项运动，就像梅西从小抱着球睡觉一样，之后还必须接受非常艰苦的训练，西班牙国脚马丁内斯从小被母亲拉着每天开车往返三个小时去参加训练，只因为那家的条件更好和教练水平更高。只有水平达到一线队的要求，他们才有机会在数以万计的球迷面前比拼，当然这里有统一的规则，严厉的裁判，苛刻的媒体以及不留情面的观众。经过这样漫长的过程残酷的淘汰，最后的冠军怎么能不被全球球迷膜拜？

还需要补充的一点是：水晶宫的球场和其他很多欧洲球场有一个共性，就是从建筑上很讲究对声音的聚拢，哪怕现场只有一万多人，观众的呐喊也很容易被汇聚在一起，形成浩大声势。从内部体验是一个感受，从外部欣赏则是另一种冲击。二〇〇五年第一次见到安联球场，它就像一个硕大的气球飘浮在绿树的顶端，毫无违和感，反而给人一种空灵和轻巧。

所以，足球并不简单的是一场比赛，一个比分，它集科学、心理、建筑、艺术、战略、哲学、音乐等诸多元素于一身，是一门穷尽一生也很难完全参透的大学问。因此，我总是批评北京的几大建筑，国家大剧院永远在清洗，水立方的白天观瞻简直是一个灾难。不考虑环境、气候和综合因素，是我们诞生大量建筑垃圾的原因之一吧。

第二次是二〇〇一年底。中国队第一次打进世界杯之后让很多球员动起了走出去的心思。李玮峰、祁宏就利用这样一个机会，随着某企业组织的青少年足球活动来到这里，考察、接触当地俱乐部，后来李玮峰还真的来到埃弗顿踢了一个赛季，可惜他在这里的发展并不如意。这次英国之行让我第一次有机会现场观看英超比赛。在曼联的训练基地卡灵顿，我近距离观察了弗格森和球员们训练之前的传球游戏，在狭小的空间里，大家的传递快速、简练，每个人的触球都那么准确，脚背绷得像芭蕾舞演员，连老爵爷的脚法都让我很是吃惊。在老特拉福德，我目睹了贝克汉姆和贝隆赛前训练，两人相隔大约四十米，练习长传，几乎每一脚都能精准地把球传到对方脚下，简直比美国职业篮球联赛（NBA）的球员用手传球还细腻。这样的稳定和从容让我在心里暗挑大拇指，世界级的球员果然不同凡响。对于一个职业足球记者这种现场体验是不可或缺的，它直接影响着你对足球的认识和感受。犹记一九九八年张斌从法国世界杯采访归来,对我们谈起在场边感受巴蒂斯图塔射门的力量之大,是隔着电视屏幕永远无法获得的特殊体验。

那次英国之行曼联与纽卡斯尔的比赛也让我看得如痴如醉,两队球迷营造了热烈而又不失幽默的氛围,当曼联大比分领先之后,主队球迷开始拿客队头号球星希勒开涮,他们高声唱:"什么是进球啊,希勒,什么是进球。"全然不顾希勒是当时英格兰队的头号中锋,我当时就想,难怪英格兰队总是大赛的悲剧明星,球迷对俱乐部的热爱远远超过了国家队。除去深邃丰富的球迷文化,两支队伍也表现出了高水平,让我很是受用。在那两年里,我和米卢的关系日益紧密,足球世界的大门应该说直到此刻才向我完全打开,所以更能领会到比赛的诸多妙处。过去那个凭借着热爱和冲劲行走在中国足球第一线的年轻人在悄悄完成着转变。

那一次的英伦之旅还有一大收获,就是我第一次有机会和当地球队过招。他们是当地镇上的冠军球队,虽然球员们年龄参差不齐,有些人的身材看起来也不那么匀称,甚至有发胖的嫌疑,但一旦进入比赛,他们还真是一支标准的英国球队。我们这边属于临时拼凑,李玮峰和祁宏上下半场各自踢了一会,我们的主力是来这里训练的中国的中学生,我则是因为人数不够被拉进来充数。比赛的场地就是一块在英国随处可见的草坪,只有走上去你才会发现,球场的草很高,而且积水严重,很难进行太多的地面配合,唯有把球踢起来,高举高打、长传冲吊才是最经济实惠的战法。有时候球可以在空中被顶上若干次才落地。这样的比赛,也让我对英国足球有了真实的感受,在这种环境和条件里踢出来的足球不可能和炎热干燥的南欧足球风格一致。只不过后来因为英格兰职业联赛大批引入外援,再加上球场设施越来越完备,地面配合、追求技术的足球才开始真正地出现。不过到了英格兰队层面上,过往英式足球的痕迹依然没有完全褪去。而且在基层，英式足球依然如故。足球不仅仅是一项运动，更是和当地的人文、地理、环境、历史深刻地融合在一起，你中有我，我中有你。后来我又在伦敦的几个公园里踢过几场野球，更让我相信，地理环境一定是足球的决定因素之一。好比我们自己，足球场极少，就别再奢谈什么进步和提升了。

那次比赛，我打进了个人在"国际比赛"中的第一个进球。最终的比分是二比二。

第三次来到伦敦已经是二〇一二年了。我随中央电视台报道团队来到这里，只为奥运会。伦敦还是那个伦敦，十几年不来，容貌也没有多少改变。奥运会却不再让我心潮澎湃，足球、体育之于中国到底应该起到什么作用，我已经有了相对清晰的认识。我可以轻松地打量眼前的这个城市，海德公园、摄政公园里成片的绿茵以及绿茵上或奔跑、或骑行、或踢球的人群，才是让我心动的一幅图画。泰晤士河上像箭一般刺向前方的赛艇更能令我驻足观看。同样来参加奥运报道的白岩松则对伦敦很多社区的篮球足球混合场地大感兴趣。其实说起来也简单，那个装置的上半部分是篮球筐，下半部分则是小号足球门，孩子们在这里既可以从事篮球也可以从事足球，对此白岩松很是感慨，两相对比，我们的孩子真是可怜。

整个奥运会期间，我只去了一个赛场，那就是温布利大球场。一九九九年第一次来的时候，温布利刚刚决定要重修翻修，如今这座崭新的球场依旧是英国人心目中英国体育的象征，而在球场外，一九六六年世界杯冠军队队长博比·摩尔的雕像就像是它的保护神，又像是它的具体象征。在奥运会期间，我除了担任中央电视台奥运报道的总主持人之外，也给腾讯体育客串了几期节目。腾讯体育派来了仅次于央视规模的报道团队，并且经常能赛后第一时间请来刚刚完赛的中国运动员，和自己的家人在伦敦见面（运动员家属是腾讯特意请到前方的）。这样的操作模式时时触动着我。新媒体已经不再满足于文字和图片，他们向视频进军的节奏已经越来越快。这或许就是我后来做出离开央视投身新媒体的决定的原因之一，只不过当时尚未觉得。

当我第四次坐在飞往伦敦的飞机上，我的身份已经是刚刚起步的乐视体育的首席内容官。从小到大，我用了很长时间才确立了一个目标，体育可以改变人生，改变中国。如今我又给自己的目标寻找到一个新的平台，那就是互联网。这的确是一个机会，而目前来看，更是一次冒险。我能成功吗？乐视体育能成功吗？

老实说，我有些忐忑，但已经不再畏惧。因为过去四十六年的经历，让我逐步获得了一些信心。因为一九六八年出生于河北中部太行山区一个县城医院的我，在小的时候从来没有想过我能到北京上学；后来考上了中国人民大学新闻系的我，也不敢肯定将来一定能在中国最大的媒体平台中央电视台供职；而一九九六年辞掉公职开始北漂生涯的我，也没有设想过日后的《足球之夜》可以那么成功。因为我们生活在一个沧桑巨变的时代，我们就不能辜负时代的垂青，跟上时代的步伐是过去的选择，也是未来的要求。

在飞机上，过去两个月因为转换身份，改变工作，必须像陀螺一般高速旋转，不断吸收新的知识，不断调整自己的认识，也因此无法得到哪怕一刻喘息的我终于得到了难得的宁静。我终于可以打开电脑，为早就在酝酿的这本书写下第一行字：

《上半场》。

献给始终支持我的爱人和家人！

献给所有关心我的朋友！

献给中国足球！

献给中国体育！

1

一 故乡·亲人

第一章
回不去的故乡

在我的记忆里，故乡是青灰色的，那是太行山的颜色。

大学期间，我和同学们一块去看电影《老井》，那是已故导演吴天明先生的一部优秀作品，也是张艺谋第一次出任主演，可能是他长得实在太像农民了吧，我猜想，反正我几乎第一眼就接受了这个角色，并且在整个观影过程中都处在一种莫名的兴奋和焦躁之中。命运有时候很神奇，我没有想到的是，二十多年后，我和他居然在乐视相逢，成了真正意义上的同事。

兴奋是因为熟悉，焦躁也是因为熟悉之后的对剧情的紧张猜测。电影里的每一个场景我仿佛都亲身经历过。演员们的动作、眼神、台词、表情，电影的道具、场景和故事，所有的一切都是那么熟悉。八〇后和九〇后对这部电影估计没有任何了解，即便是一些七〇后也不见得有印象。因为它描写的是一个极度缺水的太行山村庄在寻找水源和改变落后过程里发生的种种悲欢离合。我恰好也算是这样的故事的亲历者。

出河北省会石家庄向西大约十五公里，有一个县城名字叫获鹿。请注意，这个"获"要读"huai"（怀）的音。相传两千多年前秦汉时期，韩信领兵行军至此，三军缺水，他便命令手下去寻找水源。接连派出几组人都没有什么收获，于是韩信决定亲自出马。在某一处他发现了一头白鹿，于是弯弓搭箭，一箭射伤了白鹿。白鹿负箭逃跑，韩信策马急追。倏忽间白鹿消失不见，而随后赶到的韩信却意外地发现了一眼泉水。为了纪念这个略显神奇的经历，此地被命名为白鹿泉。后来设县，也因此起名鹿泉县。到了唐朝安史之乱时期，为了全力剿灭安禄山、史思明，河北的很多地方都被改了名字，鹿泉改名获鹿（抓获安禄山的意思），与此有相似经历的应该还有束鹿（绑住安禄山）、巨鹿（抵御安禄山）等等。而"获"之所以读作"huai"，完全是因为当地方言所致。

一九六八年，我就出生在这个县城的一家医院。因为出生那一天新闻里播报：全国最后一个革命委员会，新疆自治区革委会成立，从此实现了全国山河一片红，于是爸爸给我起了"刘建红"这个名字。直到上初一之前，我一直觉得这个名字有些女性化，便擅自做主，拿了家里的户口本跑到派出所，给自己重新定名：刘建宏。当时，究竟是用"宏"还是"洪"，我还真的踌躇过一小会儿。看《铁道游击队》大队长刘洪可是响当当的人物，而且跟我一样也是小眼睛，不过最终，宏大、宏伟这些好听的字眼还是更有说服力。

我们那几代人，名字大多如此。建宏、建红、建军、建新、建国、建立都是建字辈。立国、立新、立军、立民都是立字辈。此外，张斌、王斌、刘斌、李斌、杨斌都是斌字辈，还有国旭、国军、国庆、国立都是国字辈。不仅名字相仿，经历也大致相同。五十年代的都经历了"文革"，六十年代前几年出生的也都赶上了上山下乡。

我是一九六八年出生，却也赶上了上山下乡，不是因为政策，而是因为我的父母。

我父母来自获鹿县的同一个村子——栈道。就是成语"明修栈道暗渡陈仓"的"栈道"这两个字。不过此"栈道"非彼"栈道"。这个栈道是坐落于太行山里的一个村庄，距离县城虽然只有二十里地，却已经四处环山，交通很不方便，在没有通公路之前，甚至汽车都开不进来。尽管如此，栈道规模可不小，因为它有七百多户，三千来人。

因为父母那时候两地分居，我上面还有一个哥哥，所以我在上小学之前的大部分时间都被送回这里，在姥娘（也就是姥姥、外婆）家长大。

这是一个贫穷的山村。我童年里最强烈的记忆，就是吃饭。夏秋两季尚好，一天三顿饭，大人们过着日出而作，日落而息的田园生活。一到冬天，噩梦便开始降临，因为担心青黄不接，家家户户都得算计着过日子，于是，三顿饭改成两顿饭。第一顿类似于现在很流行的早午餐（brunch），不过餐桌上可没有牛奶面包，玉米面或是小米、红薯、胡萝卜粥、老咸菜、玉米面饼子几乎是标配，第二顿饭在日落之前，吃的和早上没有啥区别，最多就是把饼子贴在铁锅上，那样吃起来更脆、更有嚼头，还有就是把红薯焖在柴火堆里，那样出来的烤红薯香嫩可口，还有糖汁溢出。我跟陈晓卿说，你拍摄的《舌尖上的中国》因为少了这道美食，打了不少折扣。

不过周而复始的煮红薯、蒸红薯、烤红薯终于破坏了我的胃口，到现在我在饭桌上看到红薯仍然避之唯恐不及，倒是小时候不喜欢吃的胡萝卜，现在还能吃上一点。人们如此节俭，道理很简单，谁家的粮食都不富余，如果不能捱到第二年新粮下来，那可能真的只有锁上门外出逃荒了。那时候，遇到逃荒的饥民在门口要饭，姥娘也最多让我拿半块杂粮饼子给人家。玉米面饼子舍不得，白面馍馍咱自己都看不到呢。偶尔跟姥娘一块去县城，我回到妈妈那里的第一件事就是打开碗橱，翻一翻看看能否找到馒头。偶尔发现了一次，心情也极为矛盾。好啊，你们居然背着我吃白面。当然，我自己是决不会放弃这样一个大快朵颐的机会的。一天两顿饭的直接后果就是人完全处在饥饿状态里，哪怕刚刚吃完，也没有啥满足感。不开玩笑，冬天里，我整个的念头都是想吃饭。

栈道的饥饿和贫穷由来已久，久而久之，就产生了一些故事代代相传。说一家有兄弟两个，小时候吃饺子，哥哥总喜欢吃馅不吃皮，弟弟则闷声在一旁把饭吃个精光。长大分家，败了家的哥哥找弟弟借口粮，弟弟说，你等着，去外面扛回来一麻袋粮食给了哥哥。哥哥问里面是什么，弟弟说，当年你吃饺子剩下的皮，我都给你晒干了留着呢，拿回去吃吧。这个故事现在听起来有些匪夷所思，其中颇多不合逻辑的内容，但农村里流传着大量类似的故事，不为逻辑，只为最基础的生活道德教育。

我也有过吃糠的经历，好像只有一次，但那个滋味真是永生难忘。一口糠饼子进口，慢慢咀嚼，最后留在嘴里的就是真正的糠了，无论怎么努力都难以下咽，一直卡着，粗喇喇地刺痛了嗓子。

栈道的人们住窑洞、种旱田，仿佛已经习惯了老天的刻薄和吝啬。这里雨水极少，地下水也难以寻觅，谁家如果有一口真正的水井，便如同今天的亿万富翁一样拥有先天的优越感。多数人家喝的是涮街水，它虽然是井水，却是从旱井里打出，也就是下雨时人们收集起来的地表水。这种水浑浊，还容易有异味，于是很多人就用从山里捡回来的一种石头做净化器，类似于明矾一样。每逢下雨，我要做的第一件事就是把水桶接到水檐下，接满了一桶，再冒雨换第二桶。水真的比生命还宝贵。

在大学里，我开始读黑格尔的《历史哲学》，关于人类与自然以及环境的关系，他的很多观点都对我很有启发。他说："助成民族精神的产生的那种自然的联系，就是地理的基础。……主要的而且必要的基础。""每一个世界历史民族所寄托的特殊原则，同时在本身中也形成它的自然的特性。"

由于最初生产力的低下，人和自然的关系不仅仅是一种顺从，更演变成一种敬畏。某种意义上讲，自然环境就决定这个地区人们的生产方式，也造就了这些人的宗教、文化、哲学，包括科学。

这样的观点很容易地就被我接纳，因为环境对人的制约、束缚，确实显而易见地存在。这里的人们通常是善良的，人与人之间都是亲上加亲，七大姑、八大姨地交织在一起，栈道很长时间里只有王、刘、高、赵四大姓。这里的人通常也是勤奋的，如果不去耕耘，就只能被饿死。偶尔也会有懒汉，首先他要不断接受来自长辈的训斥，其次他也要时时面对贫苦的威胁，这类人通常娶不上媳妇，贫病交加而亡，死后还会成为别人家教育自己孩子的反面典型。这里的人也是木讷的，他们多数人一辈子没有离开过这片土地，最远就是去县城或是省城。失去了眼界，他们也失去了好奇心、创造力，因为世界在他们眼里从出生到死亡，根本就不曾发生什么改变。但有时候他们也会突变，贫穷经常会让他们无所顾忌，一旦心里的恶魔被唤醒，他们也可能邪恶、狠毒和狡诈。环境塑造了他们，也决定了他们。

老人们告诉我，抗战期间这里是三不管地带，因为实在太穷，没有啥油水。在我家东北面的山上，还有据说是日本人主持修建的战斗堡垒，我爬上去看过，虽然被遗弃多年，但结构确实有些复杂，不过这个堡垒还没修完，日本人就回城了，由此可见栈道得有多让人失望。但隔一段时间刮刮地皮还是可以的。所以，那时的栈道只有一个村长，无论是日本军队、国民党军队还是游击队来到这里，都由村长出面对付。大家都来要税，于是全村人就提前凑上一笔，因为没有地方保管，村长就把钱放在麻袋里，让自己的瞎子大嫂坐在屁股底下，瞎大嫂自从失明之后就一直是坐着睡觉，她并不知道自己坐的是全村人的救命钱。

给钱就是良民、顺民，还能过生活。也有隔壁村的年轻人偷偷地杀了一个来"扫荡"的日本兵，结果全村被日本人报复性屠杀，几乎没有留下活口。

妈妈也告诉过我，她小时候，家里就经历过一次险情。半夜三更，突然从窗户里伸进来一只握着手榴弹的手，外面的声音幽幽地说，把你们家的驴交出来。对于手无寸铁的山村百姓，他们除了乖乖地把家里仅有的大牲畜交出去，还能有什么选择呢？

龙应台说，国家走了一段弯路，对你来说，就是毁了一生。栈道的人们就这样唯唯诺诺地过了一辈又一辈。栈道也在这样的唯唯诺诺里过了几百年的贫困生活。

对于贫穷的另一个深刻记忆是某次出殡。那时候我应该已经上了中学，寒假回去，有一天被号哭声吸引到门外，只见几个男女老幼号啕着扶着一辆手推车从我面前经过，出殡的景象我不陌生，但那一刻还是重重地打击了我。平板车上死去的应该是一个老者，他被用草席包裹着，只露出一双穿着旧鞋的脚，很显然这是一个赤贫之家的丧事，他们买不起一口像样的棺材，哪怕是传说中的"狗碰"（就是那种用极薄的木板做成的棺材，甚至经不住狗的一碰）。瞬间我的胃痉挛了，我感到全身发冷，通体不适，过了两三天才有吃点东西的胃口。而据姥娘告诉我，东沟（山洪泛滥之后冲出来的一个自然水沟，平常是没有水的）就是村里扔孩子的地方，谁家孩子死了或是不想养了（多数是因为孩子多，实在养不起），就把孩子趁着半夜扔到那里。孩子或者饥寒而亡，或者被各种野兽叼了去。

尽管贫穷是一种挥之不去的记忆，但当我长久地离开这里之后，不知道什么原因，它竟是我魂牵梦萦的地方。我对它的了解越多，对它的爱和感慨也就越多。

哪怕是当初那些刻骨铭心的贫穷和饥饿，到今天也变成了温馨的回忆。我同样还能记得冬天的夜晚一家人吃完晚饭，钻进被窝，挤在炕上，听大人们聊村子里的各种故事（其中很多都是半神半鬼的故事传说）是一种快乐。而在夏天的夜晚，坐在院子里纳凉，一边看满天星斗，一边听大人们聊天下大事也是一种享受。因为有了收音机，因为走出去的人开始多了，村里人偶尔也会聊原子弹、人造卫星和外面的世界。我经常好奇地看着天空，猜测着哪颗星星是播放着《东方红》的人造卫星。

夏天的夜晚，另外一个游戏也是迷人的。那就是把树苗的细管剥得很薄，然后去捉萤火虫，放进去制成灯笼。

一群孩子在一起玩耍，突然间，就会有一个玩命地跑向鸡窝，因为母鸡下蛋了，拿着还带着母鸡体温的鸡蛋，我们要向大人高兴地汇报。大人们则赶紧接过来，放到篮子里。鸡蛋的数目很清晰，因为在农村，鸡蛋是硬通货。谁家产妇坐月子，谁家过事儿，鸡蛋都是最重要的礼物。当然还有供销社，拿鸡蛋去供销社就能换回你需要的酱油、醋、火柴、针线以及食盐等生活必需品。极偶尔，大人高兴了，会奖励你一个摊鸡蛋，那可是比过年还要让人兴奋的事情。时至今日，我再也没有吃到小时候那么好吃的鸡蛋，不论是广东清远的走地鸡，还是到处都有的柴鸡蛋，都没有了那时候的味道。那就是我的"珍珠翡翠白玉汤"。

农村的孩子是不能随意闲着的，每个年龄都有每个年龄的活计。我干的第一件事是剜猪草。拿一个小柴筐、一把小镰刀，就可以去田间地头了。和小伙伴们一起，容易因为玩耍而忘了干活，眼看着要吃饭了，怎么办？很简单，从石头里找点最轻的那种铺在筐下面，在石头上再铺上一层猪草，这就算完成任务。家里大人问起，把筐展示给他们看，而到了猪圈边上，把草往里一扔，石头找个地方倒掉，今天的活计就算完成了。

也有偷不了懒的时候，有一年寒假我和哥哥回了栈道，大人们给我俩一人一个柴筐，我们的任务就是去地里把收割过后的玉米根叉捡回来当柴火。哥哥长我四岁，他用大筐，我用小点的，一天上午下午去地里两趟，回来分头堆放，看谁捡的多。结果我俩拾回来的两垛足够全家烧几个月的。

孩子虽然小，有一些活计还非孩子莫属。比如修窑洞。姥娘家院子里坐东朝西的那几孔窑洞就有我的功劳。栈道的窑洞修在黄土层，分为两种，一个是土窑，一个是石窑。原理虽然一样，工序却有所不同。姥娘家院子里，刚好两种都有。我参与了修石窑的过程。砌石头窑洞的第一道工序是先起墙。在黄土中挖出墙的缝隙，用石头砌起来，大约两米高，然后用木头搭成拱形，再用石头砌成类似于石拱桥一样的拱。接着用小石头把大石头之间的缝隙填实。撤掉木头，石窑的主体架构就算完工。下面就是我出场了，此时的石窑还是实心的，石头墙之内还满是黄土。我的任务就是把黄土一点点地挖出来，直到挖出的空间足够大，再由大人接手，挖掉剩下的黄土。

冬天里的最大乐趣是逮鸟。特别是雪后。饥饿的小鸟经常到院子里觅食，我们扫开一片雪，倒上一点干粮渣，再用拴了绳子的小棍儿支起一个簸箩，我们则牵着绳子的另一头躲在屋子里，屏住呼吸，专等小鸟上钩。现在，任凭我如何回忆，都不记得我们是否真的逮住过小鸟。因为我从来不记得后面的故事了。

鲁迅在《社戏》以及《从百草园到三味书屋》里描写的景象对我并不非常陌生。当然，栈道没有南方的清秀，却有着自己独有的雄浑。

一九八九年春节，我和大学同学爬上了村子背面的山峰，俯瞰栈道，我惊讶地发现在村子的西面，韶山（巧了，我的家乡也有一个韶山，但肯定没有毛家湾）宛如一面屏风挡住了西去的出口，而整个村落像一只凤凰一样铺陈在四面大山中间的盆地里。我第一次觉得我的家乡原来真的很漂亮。后来我听三舅说，他查了县志，了解到大约北宋年间，一个姓王的男人爬上了峭壁，发现了群山环绕的这里，于是便定居下来，后来陆续有人前来投奔，逐步到了今天的规模。我猜想那个时候栈道应该是水土丰美的，否则也不会吸引那么多人世世代代居住在这里，只是不知道什么时候开始，气候发生了变化，才让已经扎根于此的人无法逃离。

其实，哪怕贫穷也不能完全摧毁人们的精神。一个特殊的例证就是这里的人对戏曲的热爱。高晓松说"汉人没有音乐"，这个说法我部分认同，但也有一部分不大同意。在栈道，人们是曲不离口的。结婚的时候大家唱戏，生孩子过满月还是唱戏，家里办丧事出殡埋人照样也得唱戏，更不要说逢年过节了。每年春节，村子里有没有戏是一件大事。富裕的时候，就请戏班子来唱；不富裕的时候，就自己组班子唱。我父亲六十年代初因为工厂停产，回农村待了一段时间，因为会拉胡琴，跟着一个草台班子表演了几个月。后来，他能拉下整本的红色京剧、样板戏《红灯记》。我三舅某年春节也是粉墨登场，饰演了一个喜剧人物，这件事至今还是我们家庭聚会的话题。我分析，之所以汉民族音乐不够发达，多多少少和我们农耕的劳动方式有关系。一个在田间劳作多时、精疲力竭的人，晚上是无暇再顾及音乐和舞蹈的，这和游牧民族完全不同。游牧民族甚至是哼着、唱着就完成放牧了。我曾经在中学时代尝试过帮家里人收割麦子，这是农活里最辛劳的一个。弯着腰，抬着头，一捧麦子，一把镰刀，一垅下来，不仅大汗淋漓，腰都几乎直不起来了，更何况这还是一年中最热的时候。

现在我经常涌起带自己的孩子回农村体验生活的冲动，但发现已经根本不可能。那是我的故乡，却不再是他的故乡。即便是我，也已经受不了农村的艰苦了，我会发现我无法去厕所，尽管那里的味道我小时候早已经熟悉。甚至那时候，村里人去厕所都不用手纸，随便从地里捡两块土坷垃，利用解大便的时间把土坷垃磨光滑，就是最好的手纸。我也接受不了农村生活的各种粗粝了，我知道我已经不再是过去的我了。

大概四十岁前后,我好像经历了自己的所谓中年危机,那段时间我经常会想,自己死了之后是不是该埋在老家呢?我是不是现在就该回老家盖一个宅子呢?要知道大概只是十多年前,父母考虑到我们应该不会再回去了,才把村里的房子卖掉了。

现在看来,离开就是永别,我应该是永远回不去了,那片家园,只存在于记忆里、脑海中。我也终于明白,我的童年是我的,不是孩子们的,我的故乡是我的,不再是他们的。尽管我常常遗憾,他们失掉了很多我们那个时代的童年快乐。想来,这应该是很多我的同龄人共同的遗憾和失落吧。

第二章
姥　娘

在我们老家，外婆、姥姥等词语都不通用，我们的习惯叫法是：姥娘。

姥娘姓黄，她原本没有名字，解放后，思想解放，妇女解放，她才有了黄贞姐这个名字。姥娘也没有上过学，所以基本上不认字，不过自己的名字她还是会写的。

她不是我们本村人。因为来自父辈的包办婚姻，被嫁到了这个贫困的山村，一生的命运就此改变。姥娘的老家是石家庄东北的藁城县赵庄。和干旱贫瘠的栈道相比，那里至少是平原地带，口粮可以有基本保障，在山区人看来就是非常富裕的地方了。

姥爷年轻的时候跟着哥哥在正定的煤厂干活，就是个小伙计。姥娘的父亲应该也在那里谋生。有一次，别人跟他说，你看，这个王国贤非常老实本分，而且还没有婚约，你家里有个姑娘是不是可以考虑呢。可能是喝了酒，老人家一口应承了下来，亲事这就算说成了。

等到成婚的时候，他赶着马车几十里路奔波了一天，拉着姥娘来到了栈道。还没进村，他就有点后悔了，"我这是把自己闺女给坑了。"但是木已成舟，也只能看着姥爷和姥娘成亲了。那一年应该是一九三五年，姥娘十五，姥爷二十四。回去之后，姥娘的父亲痛心疾首。他把其他的孩子们（姥娘有一个哥哥，一个妹妹，还有一个弟）叫到一起说：大家都记住，我活着，你妹、你姐由我来照顾。我死了，你们都得替我照顾好她。是我把她害了。据说直到咽气的那一刻他都在说，是我害了你们二姐，你们都得替我照顾好她。

姥娘当然不愿意嫁过来，但是嫁鸡随鸡、嫁狗随狗，农村人都得认命。生活还得继续。姥爷和姥娘陆续生了九个孩子。按顺序分别是大舅、我妈、二舅、三舅、四舅、有一个姨（没活下来）和小姨，小姨之后，还有两个姨没有活下来。

为了给弟弟娶媳妇，我姥爷的哥哥（我们叫大姥爷）终生未娶，所以大舅一出生就按农村的规矩过继给了大姥爷。在农村，百年之后出殡、打幡得有男丁，否则就是绝户，这是个大事。

这么一大家子的生活都得由姥娘操持。从我开始记事起，姥娘就永远是忙碌的。一日三餐、洒扫庭除，更重要的是一家人的穿衣、穿鞋。那时候可没有什么成衣，大人孩子的每一件衣服都是她在纺车上一个晚上一个晚上纺出来的，纺出白布，还需要染色，然后才是裁剪、缝制。姥娘好强，哪怕生活再艰苦，她也要让全家人在除夕夜都能穿上新衣。

基本上栈道的中年妇女是不怎么下地的，但这决不意味着她们可以在家里养尊处优。农忙时分，男人们（应该还有年轻女人）每天一大早就去地里了，在家的女人们同样需要早起，抓紧时间准备早餐，然后把热粥放到瓦罐里，上面摆一个小盘子，放上玉米饼子、咸菜和筷子，最后用一个大海碗反扣住瓦罐，用扁担挑着给干活的人们送到地里。

从地里回来，女人们还得洗衣服，晒衣服，基本上就到了晌午，又得做午饭了。吃了午饭，妇女们喜欢拿一个铺垫到凉快的地方扎堆干活。这个时候的活计变成了纳鞋底。农民们脚上清一色的千层底布鞋都是女人们一针一线地纳出来的。

姥娘家里人多,她就得多干。但让她自豪的是,王家门(姥爷姓王)出来的人,不论男人、女人,都是干干净净、利利索索。哪怕是补丁,也必须方正,甚至美观。几十年如一日地坚持下来,姥娘在栈道村有口皆碑。

栈道穷,很多人家就选择了让孩子辍学干家务。但姥娘从来不这么做,我的大舅、妈妈、二舅、三舅、四舅和姨,无一例外都上了学。不仅如此,姥娘还支持自己的孩子们走出去,二舅、三舅、四舅都当过兵,我妈和姨都走出山村参加了工作。一方面,这是因为姥娘非常尊重知识,尊重知识分子,小时候她不允许我们把有字的纸当作手纸,通常她会把这种字纸小心翼翼地压在炕席底下。另一方面,也许她本来就是外来人,见过外面的世界,不希望自己的孩子就这么在山村里窝着,必须用双脚改变命运。

我妈小时候就经常跟着姥娘回娘家,一来是回去寻求一点接济,二来我猜,姥娘也是希望自己的孩子们不要眼光太狭窄。出生于一九二一年的姥娘幸运地没有缠足,一双大脚也成了她走世界的有力保证。她还曾经带着我哥哥去河南看过当时正在当兵的二舅和三舅。我也记得小时候跟姥娘回娘家、去姨姥姥家串门。从山村到平原的农村,变化很大,那种新奇感,至今仍然清晰可鉴。

姥娘对孩子们的日常教育也非常严格,在这个家里她是真正的精神领袖。吃饭要求碗里不能有一粒剩饭;给长辈盛饭,必须双手奉上;茶壶的壶嘴不能对着客人。连放屁都有规定,绝对不允许在众人面前,而是必须到一个僻静的所在自行解决。不许浪费、尊老爱幼、和睦邻里、乐善好施、克己容让,这些良好的家风深深地影响着每一个人。不论在家务农的大舅、四舅,还是后来走出来工作的妈妈、二舅、三舅和姨,每个人在自己的岗位上都是口碑极好的员工、伙伴和领导。

当然，孩子们的表现也不尽相同。我大舅就老实到极点。有一次，姥娘对他说，你看葡萄都熟了，自己家也吃不了那么多，你为什么不担一点到集上去卖呢？大舅不敢违背姥娘的指示，心里又很是抵触做生意这种不入流的事情，于是就真的去了。后来，村里人回来告诉姥娘，你们家大儿子到了集上，把担子往那一撂，人躲得远远的，一声不吭，别人想来买都找不到人。傍晚，只见大舅又挑着担子慢悠悠地踅了回来。满筐的葡萄没有卖出去一粒。

　　大舅是老实到木讷，二舅则是真正的老实。"文革"期间他还是中学生，全国各地搞串联。那时候只要上了火车，登记一下，就能坐着走遍天下，到了什么地方，住招待所也好，住学校也好，同样是登记一下，就能免费吃住。很多学生乘机把串联变成了旅游，免费交通食宿，这样的好事哪里去找？这样的学生往往也都是用假名字登记，日后复核，谁知道你是何方神圣呢？偏偏二舅很诚实地四处留下真实姓名、地址，任凭同学百般劝告，还是我行我素。等串联回来没多久，他就收到了四处寄来的催缴食宿、交通费的信函，他则乖乖地给人家把钱寄了过去。

　　妈妈同样也是如此。关于她的故事我后面会慢慢讲来。

　　我三舅二十八岁的时候早已经是村里的书记了，掌管着三千多口人的大事小情。有一次为了集体上的事，姥娘还追着三舅打。原因是三舅给大队开大会，强调纪律，说话比较重，姥娘觉得三舅太严厉了，想让三舅温和一点，三舅顶撞了几句，惹急了姥娘，她真动了手，几巴掌打在三舅肩头。挨了打的三舅把另一侧的肩膀也送给姥娘，倒是有些出乎她的意料。三舅说，维持纪律是我的事，让自己的娘打也得抗着，只打一边不公平，所以另一边也得打。这一幕看得在一旁的三妗子和大妗子呵呵直笑。姥娘说，算了，不打了，打得我手疼。其实，对这个孩子，姥娘操心最多。有段时间因为有人故意整三舅,他被关在大队办公室,几乎失去自由。那几天姥娘几乎没有合眼,明明知道自己的孩子清白无辜,但也无能为力,只有暗自担心。到后来,她说什么也不想三舅再做村领导,可是三舅偏偏在县环保局书记的位置上退了休。三舅同样是我成长过程中的重要人物,我在后面还会重点说说。

对待自己的孩子家规甚严,对待外人却极度宽容和友善,这是姥娘的一大特点。客人来了,哪怕家里再困难,也会倾尽所有,热情招待。村里、公社的干部来吃派饭,姥娘做出来的永远是最可口的饭菜。甚至对门口要饭的,姥娘也格外关照。每次有乞丐在门口乞讨,姥娘总会准备一点干粮和稀饭给人家端去。虽说自己一点也不富余,一个饼子,哪怕一个烤山药还是必须拿出来的。还有一次解放军在栈道拉练,几个战士住在姥娘家里,不仅住得舒服,吃得也爽,很快他们就喜欢上了姥娘。其中有一个非得认她当干娘,过了很久,小战士都退伍几年了,还专程跑来栈道看望姥娘。

含辛茹苦地拉扯大几个孩子,根本来不及享福,姥娘又得替孩子们照看孩子了。看护我们这些第三代又成了她的工作。我哥哥刚生下来没多久就被我妈送回老家,因为小的还没有断奶,看着丁点大的孩子晚上哭得可怜,姥娘索性就让我哥吃她的奶,本意不过是哄哄孩子睡觉,没料到三下五下,居然真的喝出了奶水。

我哥之后,又轮到我。在我们三个孩子里,我是最调皮的一个,没少让姥娘操心。

我小时候应该是有多动症,只要一睁眼基本上就闲不住,登高摸低,蹿上跳下。不论在县城,还是在栈道,家里的土炕多次被我弄坏,印象里除了被姥娘说几句调皮之外,并没有什么更严厉的处罚。

有一次家里请了木匠做衣柜,这成了我的一件大事,不仅围着人家打转，看木匠们如何下墨线、开板、开刨、做榫卯，在迅速和他们混熟以后，我还把他们变成了我的观众，又是《智取威虎山》里的《打虎上山》，又是《沙家浜》里的《芦苇荡》，还有《奇袭白虎团》的片段等，把他们看得兴高采烈，这可苦了姥娘。木匠们上门干活，你不仅要管人家的饭食，还得按天付报酬，我可是耽误了不少工期。

有一天中午，一向不知疲倦的我突然趴在炕上睡着了，姥娘决定抓紧时间去山药地里撩撩瓜蔓。然而她没有料到，我突然醒了，发现家里没人，门还被姥娘反锁了，这下可是害怕了，出不了门，我就去扒窗户。农村的窗户都是窗棂格裱上纸，根本禁不住三抓两抓，一会儿工夫就被连哭带喊的我抓了一个稀烂。

对我来说，最温暖的回忆则是在炕上陪姥娘做针线活。她一边干活，一边给我讲故事。我哥、我妹和我至今都还能记起姥娘活灵活现的表述。她不识字，但却特别爱看戏，这些故事都是她从戏里翻新出来的。包龙图、呼延庆、赵子龙、诸葛亮，上学之前的启蒙教育就在这一个个人物和一个个故事里悄然完成了。干活累了，姥娘会让我给她踩踩腿、捶捶腰。窑洞里的光线并不明亮，空间也很狭小，但那一刻却是可以被铭刻在生命里的温馨和宁静。

上小学了，暑假依旧回老家过。一九七六年的那个暑期特别炎热，我因为什么事和哥哥干了一架，我个头不够，力气也小，肯定吃亏，于是负气出走，一口气走了二十里山路，进县城投奔姥姑了。姥娘担心我，连续派出大妗子、三妗子进城找我。直到看到我已经在姥姑炕上熟睡，她们才放心回家。

我哥上学了，我被送回姥娘家；我上学了，我妹妹又被送了回去。有一次姥娘领着妹妹回到我们家，她和我妈唠家常时，妹妹在一边悄悄地跟我说："哥，你看我的脚心，肿了一块，知道吗？是因为我掉到窨子里了。"所谓窨子，就是地窖，是农民给自己准备的天然冰箱，像井一样，一般向下挖三四米，之后再把下面掏出大小不一的空间，用来储存山药、萝卜和其他蔬菜。听说要下去拿山药，才五六岁的妹妹就自己跑去掀开窨子盖，结果脚下一滑，整个人掉了下去。还好她是两只脚先着地，一只脚的脚心蹾出鼓包，倒也没有别的情况。姥娘怕妈妈担心，就叮嘱妹妹不要提这件事。谁知道她还是没忍住，偷偷告诉了我。我哪里是能守住秘密的人，不禁哈哈大笑，马上就大叫起来："刘建新掉到窨子里了，掉到窨子里了。"等我长大了，真正可以理解别人了，才逐步明白，就算是自己的姥娘，给女儿带孩子，也要承受很多压力。但我从来没有听到过她老人家有过任何抱怨。

就这么帮着我父母拉扯大我哥、我还有我妹，姥娘也老了。常年劳累，她的身体越来越差，特别是冬天，虽然有火炕，但是烧煤带来的煤气却是她难以忍受的，因为她的哮喘非常严重。于是姥娘会经常搬来城里，和我们住一段时间。

那时我父母刚刚解决了两地分居，一家人终于在石家庄团聚。和我们同住的姥娘经常去周边的麦子地里拾麦穗，家里人口多，负担重，口粮并不充足，靠姥娘一根根拾来的麦穗，也能解决一些问题。有一年夏天，人们说槐花可以送医院卖钱，姥娘就拉上我，在一根长棍上绑一个简易的钩子，一棵树一棵树地摘槐花。那个夏天，我们冒着酷暑确实收获了很多槐花，回来晒干处理之后拿到医院。虽然并没有得到多少回报，可是同心协力，我在树上采摘，姥娘在树下捡拾的画面，永远地定格在我的记忆之中。

我工作了，后来到了北京，见姥娘的次数也少了。但我的心里总有个想法挥之不去，得接她老人家来北京住住，哪怕是几天都好。二〇〇二年，这个愿望实现了。我们带她在西苑饭店的旋转餐厅吃饭，因为已经年过七十，还享受了打折的待遇。我又专门安排了五星级的酒店。我并不是炫富，也没有其他的动机，只是觉得姥娘辛苦了一辈子，让她好好体验一下也是好的。第二天我去房间看她，妈妈告诉我，姥娘抱着被子几乎在床上坐了一晚上。我不知道她是高兴，还是感到不习惯，但分明地，我从姥娘的眼睛里看到了一种欣慰。

二〇〇三年，姥娘走了。她得了食道癌，最后时刻，吃东西、喝水、吞咽都很费力，但是没人听到她有什么抱怨。我去看她，她就搬一把小椅子安静地坐在那里。眼睛里永远是我熟悉的慈祥的目光。三舅说，直到最后时刻，姥娘都坚持自己去厕所，只有爬不起来的时候，才在床上解了两次小手。

送别姥娘的仪式严格按照栈道村的规矩进行。门口有戏班子鼓乐齐鸣，演唱着河北梆子、丝弦等地方戏。在栈道，如今红事是不是还请戏班子我不大清楚，但白事请人唱大戏是不可或缺的。劳累了一辈子的人，在她离开这个世界的时候，有权利听听音乐，享受这样的特殊待遇。失去亲人的家属也能在这样的喧闹中尽量克制自己的情绪，甚至偶尔还能得到一种暂时的解脱。

下葬那天，我和大哥拿着哭丧棒，走在送殡队伍的最前列。按照习俗，我们不能一直送姥娘到墓地，走到不能再走的地方，我和大哥哭着跪倒在地，给她老人家磕了三个头。这个十五岁就来到栈道村的女人永远地留在了这里，她也永远地改变了我们的命运，改变了这个村庄的命运。

第三章
妈　妈

二〇一四年十一月二十号，妈妈走了。

我站在她的身旁，看着被癌症病魔折磨了两年多的她终于没能挣脱死神，平静地告别了这个世界。世界上最疼爱我的那个人走了。那个不仅给了我生命，也在用一生时间教会我坚强、隐忍、宽容的人走了。我本来心存幻想，希望能在她健在的时候写完这本书，算作儿子对妈妈一种特殊的孝敬；我本来侥幸地希望，等我稍微空闲一点，多陪她聊聊天，听她多讲讲她的故事。如今，一切都来不及了。我俯身贴在妈妈耳边低语，妈妈，您放心走吧。我会照顾好爸爸，照顾好家人。我也一定尽快写完这本书，早点给您看。

妈妈十四岁那年（一九五八年），中国正处在一个多变而动荡的关口。大炼钢铁、赶英超美、大跃进、大食堂，人们被某种激进的理想激荡得无法自已。妈妈就是在那个时候，背起铺盖卷离开栈道，准备出去寻找工作。她自小体弱多病，小学时就因为哮喘休学过一段时间。后来高小毕业，就没有再读书，开始帮家里做事，分担姥娘和姥爷的生活压力。妈妈在栈道村办的幼儿园里做过老师，虽然年龄不大，其实自己还是一个孩子，但已经表现出相当的能力，否则村里的支书也不会找到妈妈，希望她能接任妇女主任的工作。但是妈妈拒绝了，她说，在村子里不会有啥出息，我必须出去闯闯。

我很多次设想过，妈妈自己背着铺盖卷一个人走向公社的景象。在黛青色的太行山的背景下，一个瘦弱、多病的半大女孩子，背上的包袱除了被子之外，就是几件简单的衣物，除此之外一无所有，凭借着改变命运的信念，离开了家乡，离开了亲人，一步步走向未知的世界，就这样开启了后面五十多年的人生历程。

她在公社里找到了一份接线生的工作。那个时候电话很少、很珍贵，这也意味着公社的电话不会像现在的手机一样让我们爱不释手，她有相当多的闲暇时间，应该如何打发呢？妈妈想起大姥爷曾经教过她打算盘，并且在教的同时一再告诫她，这是随身的本事，可以帮自己一辈子。于是她一边等电话响，一边不停地练习珠算。就这样，某一天被县城来的百货公司经理看到了，他要妈妈当面演示一下珠算水平。看过之后，二话不说，直接跟妈妈说，你如果愿意，可以到县上找我。

离开栈道不长时间，命运就在她面前又打开了一扇门。妈妈没有犹豫，她果断地辞别了公社，奔赴县城。当然这也是有代价的，那就是必须给公社再找一个接线生来顶班。很快她就在栈道找到了合适的人选。后来妈妈说，那个时候村里大概出来了五六位女孩，最后只有她一个人坚持了下来，其他女孩子又先后回到了村里，大家的命运也因此大不相同。

她被分配到一个很小的门铺。销售、出纳都要做。有一天，老会计非常惊慌地说，坏了，账面上短了三百多元。在五十年代，三百元简直就是一个天文数字。怎么办？老会计想死的心都有了，因为他反复核查账面，也没有对齐这本账。妈妈说，要不然您给我看看。拿到账本，她几乎是一个数字一个数字地盘查，一个项目一个项目地核对，终于让她看到了问题所在。原来老会计把暖水瓶的单价和总价搞混了，三百元就这么找回来了，老会计感激涕零。故事很快传开，妈妈在百货公司一举成名。

从此她很快成了业务骨干，不论是生产还是政治活动都少不了她。大概是一九六一年前后，她接到了一封信，是一封来自石家庄的平信，写信的是爸爸。

姥娘和奶奶是栈道村里的好朋友，就是今天所说的闺蜜关系。两个人在一起纳鞋底，做家务，唠家常。可是很奇怪，妈妈和比她大三岁的爸爸并不认识。爸爸在县城上完初中，家里已经没有能力再支持他继续读高中了。其实他的成绩很好，多年以后，我参加获鹿的同乡会，一位新华社退休的老者和我坐在一起，随便聊聊，居然发现他是爸爸的初中同学，他说爸爸那时候学习很好，他印象很深，没能上高中实在可惜，否则也一定能像他一样考上大学。爸爸只能离开学校寻找工作的机会。奶奶和姥娘一样也是从外地嫁到栈道的，所以几乎用同样的方式教育爸爸，必须要离开这里，到外面寻找机会。为了供爸爸读书，她还在石家庄做了一段时间保姆。所以爸爸根本没有回到村里的打算，他在报纸上看到了一个招工启事，石家庄化肥厂招聘学员，包吃包住，毕业后直接在化肥厂就业。他报了名，并顺利通过招聘。

农村习惯早结婚，爸爸已经过了二十，妈妈也十七八了，都该找对象了。姥娘和奶奶聊起这个话题，突然发现爸爸和妈妈非常合适，那就让他们通通信吧。奶奶一封信给了爸爸，爸爸按指示行事，一封信开始了他们五十多年的恋爱、婚姻。

听爸爸、妈妈、舅舅们回忆，婚礼在村里办，妈妈是坐着花轿过的门。奶奶家和姥娘家隔着一道高坡，其实也就不到两三百米的距离，但这样的距离在农村人来看已经是相隔千万里，嫁出去的女子泼出去的水，这样的观念在栈道这样的乡土中国依然根深蒂固。

结了婚,爸爸妈妈实际上还是两地分着过。一九六四年,哥哥出生了。妈妈回栈道坐月子,自然是和奶奶住在一起。本来得了孙子是大喜事,爸爸、爷爷、曾祖父都是独子,哥哥的降生更是显得意义重大,可是偏偏奶奶突然脑溢血亡故,爸爸那时候远在太原实习,不得不急急忙忙赶回来奔丧。

在农村有个规矩,老人去世必是长子打幡,但爸爸的情况特殊。爷爷一辈子娶了三个奶奶。第一、第二个奶奶留下了三个女孩,先后病亡,奶奶是爷爷的第三个妻子,从县城改嫁过来,此前她还有个儿子留在了县城亡夫家里。有了爸爸之后五年,爷爷得伤寒也走了,只留下奶奶和爸爸相依为命。家里没有壮劳力,几亩薄田打理起来都困难。就在这个时候,奶奶留在县城的儿子因为在那里过得不开心,跑来投奔奶奶。于是,奶奶、大伯和爸爸就生活在一起。爸爸小,还要上学,家里的农活就由比爸爸大十几岁的大伯料理。

农村规矩多,大伯是外姓人,他不姓刘,姓荣。所以,他也娶不到媳妇,因为刘家的一分一毫都和他没有任何关系,这是世俗的规定,无法打破。

爸爸不仅结了婚,有了儿子,而且还在外面工作,这个同母异父的哥哥却还是孤身一人。于是爸爸自作主张,决定让自己的哥哥改姓,去堂屋里给老刘家各位前辈的牌位行了大礼,奶奶出殡的时候也由他打幡,这样就算确定了大伯的正式身份。

此举带来的结果是,大伯可以和爸爸平分家产,他很快成了家,而且还有了一女一子,在栈道村他就算名正言顺地扎下根了,终于不再是那个拖油瓶的荣家小子了。

妈妈在这个过程中没有发表过任何反对意见。事实上因为在月子里妈妈不仅要自理生活,还需要照顾老人,而奶奶的突然过世,又带来太多变故，本来身体就不好的妈妈情况变得更差，神经衰弱、支气管炎等病症先后来袭。这让她的后半生过得非常艰难。小时候,有一次妈妈的哮喘病犯了，我和哥哥结伴一起半夜敲开药铺的门。妈妈那时候留给我的印象之一就是，要经常使用治疗哮喘的喷雾剂。后来我们了解到，那种喷雾剂的一个副作用就是会伤害到人体五羟色胺的分泌，而五羟色胺刚好是为了让人类产生快乐的情绪，妈妈老了得了抑郁症，应该和这个喷雾剂有很大关系。

话说回来。

按照农民的评价标准，大伯是一个种田能手。他打理的农田总能比别人多收个三五斗，即便是在三年自然灾害时期，奶奶和他也没怎么缺过粮。因为有了哥哥，爸爸妈妈本来收入就不高的生活又得下降一个档次。不知道是哪年，要过春节了，两个人一看，面缸里实在是什么都没有了，于是他们紧了紧裤腰带，今晚就饿一宿了，明天回家向大伯借粮。

回到栈道，见到大伯，讲明来意。不料大伯脱口而出，你们两个城里来的工人好意思向我一个农民借粮吗？言语的冒犯让爸爸大觉受辱，加上此前一些小的嫌隙，爸爸冲进摆着爷爷奶奶遗像的堂屋，给他们磕了三个头，说了一句，我们从此再不是兄弟，就冲出了老院。

在那个时代，这种因为贫穷而造成的悲剧何止千万。爸爸和大伯的故事也只是沧海一粟而已。二十多年过去了,兄弟俩形同路人,没有任何联系。直到有一天，栈道有人来找爸爸，明言相告自己是大伯的儿子，马上就要结婚了，希望请爸爸回去参加婚礼。这是一种明确无误的求和信号。大伯也是那种不肯服输的人，让儿子来请自己的弟弟回家，他的忏悔之意算是婉转地表达了。其实全村人都知道，爸爸冲出家门的时候，大伯家的面缸里满满的都是粮食。

接到了这样的邀请，犯难的反而是爸爸。那时候我和哥哥都已经大学毕业，家境已经好转了许多。在外人看来，这是一个值得骄傲的家庭，三个孩子不仅都上了大学，大哥在天津的大学里任教，我也在石家庄电视台做了记者。对于那段尘封已久的往事，大家也只觉得它就是一段往事了，不会再打扰到今天的生活，怎么处理确实是个难题。尤其是妈妈，在这段故事里她做出了许多牺牲，大伯去县城她尽心款待，家里需要什么了，她也积极筹措。农村人最宝贵的煤炭，妈妈也总是想方设法予以保障。结果却是我们一家净身出户，这让一向争强好胜的妈妈始终如鲠在喉。

爸爸向妈妈坦承接到了大伯的邀请，并且询问应该怎么处理。这等于把皮球踢给了妈妈，爸爸是了解妈妈的，他知道妈妈大概不会拒绝爸爸回老家，但到底是什么样的方式确实很难决定。

妈妈没有直接表态。她找到我，询问我的意见。我既不愿看到爸爸继续承受兄弟阋墙之苦，又觉得不能不考虑妈妈的感受。两难之际，反而是妈妈建议，"不如你陪你爸回去一趟，参加了婚礼，就等于他们哥俩复合，我就不一同回去了。"这么做一方面照顾了爸爸的感情，也给自己留了一点尊严。当我在阳台上告诉爸爸这是妈妈的建议时，老爷子一下子哭出声来。二十多年压迫在心头的石头终于要搬开了。后来，我不仅陪爸爸回了栈道，妈妈也完全接受了这样的改变，每逢我们回老家总不忘让我们也去看看大伯一家。

妈妈在家里排行第二，上面是大舅，下面还有二舅、三舅、四舅和姨。她既然是第一个走出农村的家庭成员，也就必须承担更多的责任和义务，首先就是大舅结婚。妈妈和爸爸结婚了，比妈妈大三岁的大舅还没有对象。有媒人上门提亲，是村西头老高家的闺女。人家家里也是一个哥哥、一个妹妹，嫁妹妹其实也是想用嫁妆给哥哥娶个媳妇。对方的彩礼要求难住了姥娘，只能求助于妈妈。妈妈把自己所有的积蓄以及粮票、布票都拿出来，还少一身新衣服。妈妈看看自己刚刚置办的穿在身上的衣服，一咬牙脱下来就送回了栈道，大舅这才把大妗子娶回了家。二十多年之后，等到大舅的大儿子结婚，又碰到对方要彩礼，彩电、家具和其他的零零碎碎，大舅一辈子简朴、木讷，家庭条件一般，好不容易给儿子起了几间新屋，已经耗光了所有积蓄，再也无力满足女方的条件。妈妈知道后，又一次果断出手，把家里的很多家具，包括用的时间不长的彩电都拿了出来，还有被子、衣服等，满满地装了一车，运回了老家，表弟的婚礼就这样得以顺利进行。

二舅当兵回来，在妈妈的帮助下在交通局找到了工作，他的婚礼同样离不开妈妈的支持。我对婚礼也有印象，就在获鹿县城我们租住的小屋里，妈妈摆下酒席，算是为二舅款待了领导和朋友。二舅二妗的新婚之夜，也是住在了我家。

我的表弟、三舅家的儿子要上初中了，三舅提出能不能让姐姐帮着带带，因为妈妈已经培养了哥哥、妹妹还有我三个大学生，无论在企业还是在家族都赫赫有名。妈妈没有犹豫，一口答应了下来，那时候她的身体并不好，因为精神衰弱，她有两次不得不休长假，回老家疗养。表弟来了，在爸妈家一住就是六年。他不仅顺利地考上了大学，还在北京工作了一段时间，和我生活在同一座城市，当然也经常来看望他的大姑。只有他最明白妈妈在他的成长过程里付出了多少。

在获鹿工作的时候，妈妈偶然听说有一个机会，年龄合适的姨可以报考财贸学校，尽管只是一个中专，但这也是她改变命运的关键一步，于是赶紧给她落实了考试的一切。等到快该发榜了，姨却迟迟没有接到录取通知书。有天妈妈去市里开会，有个好心人悄悄地对她说，你妹妹估计是被人顶替了，你赶紧自己想办法吧。听到这个消息，妈妈一下子就急了，那个时候她正怀着妹妹，顾不得那么多，她借了辆自行车一路从石家庄三十里地骑回了获鹿，找到相关部门，在她的强烈要求下，人家让她查了文档，果然姨被另一个人顶替了。这下，穿帮的顶替操作不下去了。姨最终获得了录取通知书，如愿上了财贸学校。到姨退休的时候，她已经是当地的银行行长了，她对姐姐的感情从很多细节都能体现出来。姨刚刚上班，在公社工作，公社发了西瓜，她舍不得自己吃，骑着车几十里地驮着两麻袋西瓜给我们送过来。哥哥、妹妹和我过寒暑假，经常到姨那里一住就是很长时间。姨有了什么好东西，从来都会慷慨地馈赠给我们。等我工作了，偶尔去她那里，她都会让姨夫拿出最好的酒来款待我。我当然知道在我们身后的妈妈才是最重要的那个人。

从一九五八年到一九七五年，妈妈在获鹿生活工作了十七年，结了婚，有了三个孩子，她和爸爸始终两地分居。小时候我对爸爸的印象很淡，只记得他回来的时间毫无规律，有时候早上，有时候晚上，直到我因病被爸爸接到市里治疗，住在他的单身宿舍，才知道他上的是三班倒。有时候早上醒来的时候，发现爸爸已经不见了，大概八点多才回得来。有时候大半夜被他用棉衣裹着抱到调度室，打开一个铁皮柜，把我往里一塞，醒来的时候又回到了床上。

常态下，爸爸是无暇顾及我们的。他的工资也不高，因为奔波于市里和县城，很有必要买一辆自行车，而一辆车要一百多块，他的工资才三十来块，没有那么多钱就只能借。借了钱得还，所以爸爸的工资除了他自己的必要花销，就都用来还钱。妈妈用自己不到三十块钱的工资来养活我们四个。不仅如此，她还得时不时接济接济姥娘。

打我记事起，家里的经济就没有宽裕过。有一次吃晚饭，照常是红薯玉米面粥加饼子、咸菜，突然爸爸严厉地对哥哥说，把山药皮（前面介绍过，在栈道我们就把红薯、白薯统统叫山药）吃了。哥哥一向听话，马上就想把刚刚剥开的山药皮吃掉,却被妈妈制止了。妈妈的理由是山药放的时间长了,已经发霉,吃到嘴里太苦。那个时候还不知道发霉的东西吃了会致癌。在农村吃饭,饭碗里一定不能有任何剩饭,哪怕一粒米、一口粥。这种节俭的根本原因还是因为穷,太穷。为了吃不吃山药皮,爸爸妈妈吵了起来,把我和哥哥都吓傻了,我自己一定是号啕大哭了,因为好像哥哥也哭了。这个故事的结局记不清了。哥哥到底是吃了还是没有吃那块山药皮,后来也被我们反复讨论,结果还是没有定论。但那是幼年时期关于贫困的又一个深刻的记忆。

即便我们全家都搬到了石家庄,经济条件也没有太大改变。一九七五年,我上学了,因为我实在还小,妈妈每天给我五分钱让我坐公共汽车去上学,学校离家比较远,大约四五公里,哥哥则每天只能步行去学校。放学之后,我要在哥哥的带领下回家。当然也是为了省钱。

妈妈还一直为一件事情后悔不已。那是一九八一年,哥哥参加高考,考试第一天,妈妈特意给哥哥煮了两个鸡蛋。看到弟弟妹妹没有和自己一样的待遇,哥哥很难从容地在我们面前把鸡蛋吃下去,在妈妈百般劝说之下才勉强入口。后来妈妈不止一次地说,那时候为什么不给你们也煮鸡蛋呢,不就是多四个鸡蛋吗。

穷归穷,生活压力归生活压力,妈妈从来没有影响自己的工作。她走到哪里都是深受好评的员工,不仅态度认真积极,工作能力也很强。妈妈去世后,她在石家庄化肥厂财务科的老领导对我说,你妈妈的业务没得说。全厂三千多人的工资奖金,只有她和另外一个同事能拿起来。而另一个同事是个大学毕业生,专门学会计的。正是凭借着一股不服输的劲头,妈妈以小学学历,成了涨工资、发奖金的排头兵,实在是因为她干得太出色。但因为太玩命,她的神经衰弱的老毛病又发作了,才不得已离开了财务科,最后从工会退休。而她最为同事们所称道的，则是她的率直和善良。"文革"期间，她看不惯造反派对老干部的迫害，拍案而起，仗义执言，让造反派很是下不来台。多亏她的贫农出身，这才没有被更多纠缠，不过她因此也落下个"保皇派"的名声。很多次，她和爸爸在家里讨论工作，都能听到她言语中对很多不平不公的愤懑和怒火。时间长了，有些人对妈妈也都是退避三舍。

按照她当时的发展势头，如果不离开获鹿的话，她在事业上应该还能有更大发展，她常说，为了你们，我把自己牺牲了，否则我最少也能做到县妇联主任啊。

是的，为了我们的学业，为了全家团聚，为了结束和爸爸十几年的两地分居，一九七四年底，我们举家迁入石家庄。属于我们家的新的一篇开始了。

一九七五年，我们全家结束了两地分居的生活，终于团聚在石家庄。最初的居所只是一间不到十五平方米的单身宿舍，但我们已经觉得非常不错，每天晚上一家人围坐在小饭桌前有说有笑吃饭的场景，每每回忆起来都充满温馨。

生活依然拮据，妈妈的精打细算必不可少。

早晨她会给我和哥哥准备好两个饭盒，每个饭盒里是两个馒头和一点咸菜。这就是我们上学的午餐，她会叮嘱哥哥把饭盒拿到火炉房热一下，冬天的时候哪怕是在暖气上烤一烤也是好的。托化肥厂的福，我们就读的子弟学校每个教室都有暖气，这可能是那个时代最让人羡慕的福利了。

最初我们的住处离学校比较远，妈妈早上会给我准备五分钱，这是去学校公共汽车一趟单程车票的花费。哥哥是没有的，他必须走着上学，所以出发得也早。而到了放学，哥哥还必须领着我一起走回家。我们回家的路上有热电厂建的一片巨大的蓄水池，很多人都喜欢在这里游泳，也有很多人因此丢了性命，妈妈几乎每天都会叮嘱我们要远离这片危险之地，我们也很听话，从来没有下去玩耍，所以到今天我还是个旱鸭子。

两年之后，我们搬家了，这次依旧是一间房，还不如那个单身宿舍大，不过离学校近了很多，而且我们还有了自己的一个小厨房。但此时妹妹又到了快上学的年龄，也回来加入到大家庭，这个家更热闹也更拥挤了。妈妈安排我和哥哥中午的时候轮流和面，留待下午放学之后，回来蒸馒头。这样的锻炼让哥哥的蒸馒头技术突飞猛进，之后哥哥考进了石家庄市一中，这个工作又转交给我。于是在小学四五年级的时候，我已经算是一个非常好的面点师了。和面要能在最后时刻不用洗手而手上也没有任何面的痕迹，蒸出的馒头又白又大，还特别有嚼头。之后我还必须给全家熬上一锅粥，单等爸爸妈妈回来之后，炒两个菜全家人就能美餐一顿。

哥哥从小学习就好，无论在获鹿还是在石家庄化肥厂子弟学校不仅是尖子生，还总是班长、红小兵司令、红卫兵司令啥的，为了让他回家后还能好好学习，妈妈安排我们饭后出去疯玩，啥时候玩够了，啥时候回来睡觉。而哥哥则一个人在对面的小厨房里学习，不论冬夏都是如此。中考之后，哥哥说自己的分数可以报考重点高中，妈妈就开始了一轮又一轮的寻访，逢人便问，一中怎么样？应该不应该上一中？爸爸的老同事周伯伯和李华阿姨比较懂教育，告诉妈妈无论如何也要上，于是哥哥就成了周边最早上一中的。套用一句新闻联播的惯用语：这对我日后报考一中产生了深远的影响。

我在家里的另外两个经常参与的家务是晒白菜和伺候蜂窝煤。短缺经济的年代，什么都宝贵。几乎所有家庭都是姐姐、哥哥穿过的衣服改一改再给弟弟、妹妹穿，剩菜、剩饭是不会随便处理掉的。通常来说，都是家里的母亲负责安排这一切。

冬季快来临的时候,就是所有北方城市家庭开始准备冬储大白菜的时候。妈妈下班之后,天色已晚,她会带着我来到离菜市场不远的马路边上守候那些拉着一车白菜进城的菜农。一旦遇到合适的,妈妈迅速地拦下、砍价、成交。然后让菜农直接把四五百斤的这一车白菜拉到我家。这样做,第一省去了菜市场的环节,按现在时髦的说法是去中介化,买卖双方都获得了足够的实惠,买得便宜,卖得不贵,各自欢喜。第二可以直接把白菜运回家,也省去了自己找车的烦恼。

接下来的这个冬天,这堆白菜就成了我的服务对象。首先要把它们安置在自家后院的地窖里,地窖也是按照农村的习惯自己挖的。然后每逢天气晴好,中午我必须遵照妈妈的要求把它们一棵一棵地摆出来晒晒太阳,在下午放学之后再把它们一棵棵请回地窖。平日里我则需要隔三岔五地搬几棵进厨房,冬天家里的餐桌上,白菜几乎是唯一的主菜。尽管腌白菜、熬白菜、炖白菜、煮白菜、醋熘白菜、生拌白菜,家里想尽了一切办法,但白菜终归是白菜。有一段时间里,我最烦的菜就是白菜。但是神奇的是,今天它又成了我最喜欢的菜肴。

如果说白菜只是冬天的唯一选择,那么蜂窝煤在我的小学时代则是全家全年必须的选择。其实也是那个时代很多城市家庭唯一的选择。

为了打制蜂窝煤,爸爸在工厂里赶制出了蜂窝煤的模具。那个时代,在工厂工作的许多人都是出色的匠人,家里需要什么他们就能在厂子里生产出什么,比如菜刀、剪刀、铲子、锥子,甚至锅碗瓢盆也不在话下。据我爸讲,"文革"期间厂子里太乱,为了防身,他还给自己打造了一把手枪,随身携带。

冬日快到的周日上午,我们的固定项目就是打蜂窝煤。先按比例和好了煤，然后一个个、一排排地打下去，在一片空地上就罗列出了蜂窝煤的方阵。之后，我就成了这个方阵的检阅者。估摸着时间差不多了，我开始把它们一个个地从平躺变成竖卧，然后隔天再变换姿势，好让阳光把它们都充分晒透。之后就是把晒干的蜂窝煤一块块地在厨房外码好，像是一座黑色的城堡，供给了全家一年的能量。

哥哥考上大学后，去上海就读。这个时候，随着社会的变革，家里的经济条件开始出现了好转，这也是大多城市家庭能够感受到的。周日晚上吃饺子几乎成了我们家的保留项目。剁肉馅和剁白菜是我的第一个工作。爸爸、妈妈准备饺子馅的时候，我必须把面和好。之后，擀饺子皮就是我的事了。

不夸张地说，擀饺子皮是我这辈子最擅长的事。我擀的饺子皮圆润、舒展，厚薄适度，姥娘、妈妈每次都赞不绝口，当然，这也是经过一段时间的练习之后掌握的本领。

进大学的第一年元旦，全班包饺子，结果除了我之外，只有一个来自山东的女生会包饺子，其他人都是大眼瞪小眼。偏偏还没有擀面杖，我因陋就简，用啤酒瓶子担负起擀皮的任务，其他同学则是一哄而上，包出了各种形状的饺子。结果那年元旦，我们其实吃的是疙瘩菜汤。

一家五口，偶尔姥娘也来住，人不算太多，但只有一间不到十二平方米的房间，显然是腾挪不开。周日的时候，妈妈就让哥哥带着我去市图书馆学习。我还记得自己第一次走进图书馆的时候，真的是被震撼了，没想到会有这么多人聚到一起看书，居然没有一点声响。那种景象让我第一次产生了读书很神圣的感觉。之前，我在家学习，其实就是写作业，经常是开着收音机边听边写，爸爸很多次看到都会怒斥，我总会辩解说，我写作业的时候是听不到收音机里说什么的。我说的是实情，说明我还能够做到所谓的聚精会神，但图书馆不一样，宏大的阵仗，如山的书籍，安静的人群，确实让我明白了安静阅读的意义。哪怕我在图书馆里看的其实只是初一的生物课本。

现在想想，那确实是粉碎"四人帮"之后，民众自发产生的求学潮的一个典型体现，在经历过造反有理，学习无用的逆流之后，民间对知识的渴望也因为恢复高考这样的制度引导变得不可阻挡。到处都是这样热烈学习的景象。

妈妈在那段时间里，也考了会计师证书，爸爸拿下了经济师证书。家里订阅了《中国青年报》《参考消息》《中国青年》《读书》好几种报纸和杂志，这些都是我最重要的精神食粮。我们是工厂小区里为数不多的坚持订阅报纸、杂志的家庭。《中国青年报》《读书》等都是我今天最美好的回忆。同时哥哥为了准备高考购买的什么一九七七年、一九七八年、一九七九年等高考优秀作文集也被我翻看了不知道多少遍，多少也成了我记者梦最初的起源。

从初中开始，妈妈每逢寒暑假都会把我带到厂里的图书馆，我会用几个书包装着借出来的书回来阅读。为此，图书馆的阿姨都跟我变得很熟。一个暑假我可以来来回回地借十几本书。《水浒传》《三国演义》《西游记》《东周列国志》《青春之歌》以及"三言二拍"等各种书籍就成了我假期最好的享受。虽然很多都是囫囵吞枣，不过这样的广泛阅读还是让我的眼界不断被打开，对世界的想象也不断在丰富。

客观地说，搬到石家庄之后，妈妈在工作上的投入明显减少了。教育我们三个成了她另外一个事业。每天晚上在饭桌上，我们听到最多的，就是她关心我们的学业，其次就是和我们海阔天空地聊天，多数也离不开历史、地理、数学等。

妈妈的另一个本事是给我们讲故事,用九〇后的语言来说,就是"洗脑"。

她说得最多的一个故事就发生在我们村——栈道。有一个人叫王素中,学习特别刻苦。考到县城读高中后,为了能完成学业,必须勤工俭学。每天天不亮就起床,到山上割草料,然后打成两捆,用扁担挑到十五里外的县上运输队,那个时候的运输队都是骡马运输,草料需求量很大,卖了草料,换来的收入勉强支撑学业。有时候,钱不够了,就晚上加班,回到栈道后先割草料送一趟县城,然后再返回栈道家中。天色晚了,就点起油灯,坚持学习。终于,王素中考到了北京的航空学院,并最终留在北京工作。

这个故事,妈妈给我、哥哥、妹妹包括表弟讲过何止千百遍。我们每个人都耳熟能详,基本上她讲上句,我们就能接出下句。不过,即便如此还是有遗漏。直到近些年,爸爸妈妈也来到北京和我们一起生活,有一次交谈当中我才听出问题:"妈,什么?您说的王素中是个女的啊?""可不是吗,"妈妈回答,"她和我年龄差不多,是我最佩服的村里的女孩子。"天呀,一个我听了四十年的故事,原以为主人公一定是个半大小伙子,谁知道竟然是个女孩。这确实太颠覆了。

我也不止一次地听妈妈说头悬梁、锥刺股的故事,也读过凿壁取光、映雪夜读的故事,可总觉得那不是真的,又或者离我太遥远,只有王素中阿姨的故事被妈妈完全融入到了我的骨子里。可惜的是,一直想替妈妈找到这位陪伴了我们几个一生的榜样,却始终没有认真执行过,现在一切都来不及了,痛哉,悲哉!

王素中阿姨,如果您能看到这本书,请接受我以及我妈妈对您的敬意!

陈晓卿曾经回忆说,他上中学时,他父亲为了激励他好好学习,对他说,你要是实在考不上大学,能找到的最好工作就是在县上的粮站干一份开票员的工作。为此陈晓卿还专门偷偷跑去粮站看个究竟，到底开票员是干啥的，不看则已，一看之下大惊失色，马上决定好好学习，这才成就了后来的经典纪录片栏目——《见证》以及名动天下的《舌尖上的中国》。

和陈爸爸一样，我妈也有她的方式。无数次，她对我说过，"现在找个工作不容易。很多家为了孩子上班，父母提前退休，好让孩子有个顶替的名额。但是我和你爸绝对不会这么做，因为我们都还年轻，不会那么早退下来，你们就不用有这个打算了。而且我们也没有什么本事能够给你们找到更好的工作。考不上大学，就去火车站扛大包吧，只有这个工作不需要走后门。"我不需要像陈晓卿一样去火车站考察，也从来没有想过自己的未来会是火车站。但这样的教诲还是会让你铭记终身，它所传递的只有一个意思：要靠自己的努力改变自己的命运。

妈妈走后，妹妹在收拾她遗物的时候，无意中看到了她保留的哥哥在获鹿上小学时，班主任和她之间的通信，她还保留了我上大学之后写给家里的每一封家书。而和她一起离开我们的，还有她对我们成绩的如数家珍。不论什么时候，她都能轻松说出我们几个的高考成绩，甚至某一次期中、期末考试的成绩。她能清清楚楚地说出我们各自学习的规律、起伏、特点等。她还能准确地回忆出某次家长会，我们的老师都对她说了什么。我们当年的同学甚至我们都记不得了，她却还可以叫出老师的名字。

当然，她并不是一味要求我们的成绩。带我们看戏、看电影，也是妈妈留给我们的美好回忆。除了那个时候流行的露天电影，她还经常带我们去剧场、影院。

放映露天电影是小区里的节日。孩子们早早地就知道了今天会放映哪个电影。不管是《地雷战》《地道战》，还是《奇袭》《南征北战》，看它一百遍又何妨。家家户户把孩子们派出去，拿着各式各样的板凳、马扎去占地方，早去自然能占据黄金位置。而看电影则是一个完整的过程，就像一场比赛有赛前热身、赛中高潮和赛后余波一样，放映前调试机器，无数双手会借着光影在屏幕上投射出各种动物造型，或走兽、或飞禽。然后正片开始，遇到老片子，一些经典桥段的经典对白就成了全场的齐声朗诵。等到电影散场后，全家甚至几家人的热烈讨论也是保留项目。

免费的露天电影是一周里的节日，去电影院或者剧场看一场真正的电影或演出，那才是真正的享受。记得京剧《杨门女将》复映时，爸爸妈妈带我们全家特意去看了这部经典电影，从回到家之后妈妈和爸爸的热烈讨论中，我仿佛有点明白，经历了"文革"的文化沙漠之后，他们是多么渴望艺术的回归。某年冬天，应该是我们刚刚到石家庄之后不久，有个晚上妈妈带我和哥哥去看演出，那个夜晚非常冷，风很大，妈妈一个人骑车，前面横梁上坐的是我，后面座子上是哥哥，回来的路上遇到了一个长长的斜坡，我和哥哥不得不下来推着妈妈的自行车一路向上，路灯昏黄，行人稀少，一家三口就这样奔向家的方向，小小的我竟然从中感受到了一种幸福的温暖。

和姥娘一样，爸爸、妈妈都喜欢看戏。爸爸小时候还专门学了京胡。一九六二年，他因为厂里放长假，回到栈道之后，被一个剧团借去给人家操琴。"文革"结束时，爸爸可以把整本的《红灯记》拉下来。妈妈则是喜欢看，有时也哼唱几句。搬到石家庄化肥厂生活小区后，有时候会停电，这个时候全家通常会守在收音机旁，收音机里传来的也多是戏曲。

我大学毕业前还特意给姥娘买过京剧的盒带。爸爸妈妈退休之后搬来北京和我们一起住，我还经常安排他们去看演出。这也是他们最开心的时候。有一天央视同事白燕升来我家里做客，妈妈爸爸见了，兴奋异常，因为他们的电视机经常就停留在戏曲频道，白燕升自然是他们最熟悉的主持人。家里主持人来来往往本是平常，偏偏这次他们一定要求我给他们和白燕升拍一张合影，我知道对白燕升这是常事，但对父母简直就是最难得的机会。

爸爸过生日的时候，我托同事帮忙物色一把好的京胡，辗转得到了一把张火丁的琴师退下来的京胡，花了八百元，这也成了爸爸的最爱。闲暇时，烧好松香，调试好琴弦，来一曲西皮流水，哼几句二黄、慢板，这才是晚年应该的生活。

这样的耳濡目染，让我们兄妹三人都喜欢上了戏曲。在我现在的iPad里，至少有一百多段戏曲唱腔，京剧、河北梆子、豫剧、评剧、越剧都有。旅途中，不论在飞机上、火车上还是汽车上，我都会随意听听。有时候工作忙了，或者自我感觉压力大的时候，听几段戏曲更是很好的一种调剂。二〇一〇年，在南非世界杯上，我听得最多的就是一段河北梆子：刘文静演唱的《穆桂英挂帅》选段——辕门外，三声炮。高亢的嗓音，激越的腔调，从容的心态，都让我在紧张的工作里得到极大的放松。

随着时代的不断改变，京剧和其他戏剧早就有了落伍的嫌疑，白燕升出版的书籍就起了多少有些自嘲的名字——《冷门里有戏》。不过，对于我们这些自幼多有熏陶的人来说，戏剧依然代表了一种特殊的感情。它就是我们的流行音乐，梅尚程荀就是我们的邓丽君、周杰伦、王菲、李宇春。

辛辛苦苦把我们几个拉扯大，妈妈并没有让我们守在她身边的打算。哥哥大学毕业的时候有三个选择，回石家庄、去天津或者沈阳。综合考虑，妈妈支持哥哥去了天津。我大学毕业的时候，分配形势非常不好，我自己甚至做好了去海南闯一闯的准备，跟爸爸、妈妈说了我的打算，他们不仅没有反对，反而宽慰我说，在那边混不好，我们总还是能给你一口饭吃。一九九六年初，我打定主意离开石家庄去北京，妈妈同样第一时间表示了支持的态度。后来，妹妹也选择辞去了公职来北京打拼，妈妈、爸爸退休之后索性卖了在石家庄的房子来北京和我们住在一起，当起了老北漂。

我知道，他们完全是为了我们做出了巨大的牺牲。谁不喜欢和老朋友、老街坊、老邻居们住在一起呢？不论什么时候见面，都能家长里短地唠唠家常，不论什么时候想回老家了，坐上公交车，不一会儿就能见到故乡的亲人。而来到北京这样的大城市，出门不方便，在小区里也没有什么朋友，每天只能与电视做伴，想念老朋友了，只有通过电话互相问候问候。只是为了不束缚我们的手脚，或者减少我们的负担，他们毅然决然地继续做出牺牲。

每一代人都是承上启下的一代。和我们相对更纯粹的城市血统相比，妈妈爸爸他们这代从农村走入城市的人，过得真正不容易：出生在中国社会的巨变时期；少年时期因为贫穷和条件限制，求学艰难；青年时期赶上的是大跃进、四清、三年自然灾害和"文革"，几乎没有过一天安稳的生活，在那个靠牺牲农业来追求工业发展的时代，农民的生活固然不易，工人的日子也很难熬，常年不涨工资，每个家庭都过得紧紧巴巴；人到中年，拖家带口，上有老下有小，中国又进入到另一个高速发展的轨道，时代的巨变冲击着他们曾经非常单纯的价值观，身份的疏离又加剧了他们的失重感；进入老年，他们又赶上了企业的重大转制和社会的不断转型，很多人常年劳累，身体变得很差，不得不隔三岔五地往医院跑，还要经常为自己的退休生活提心吊胆。

虽然我们几个都算孝顺，爸爸妈妈再不用为生计发愁，但妈妈经常说："我不喜欢用你们的钱，我希望的是我能给你们钱。"她真的是说到做到，退休了也不肯闲着，偏要自己做点小本生意，虽然没挣什么大钱，但还是可以让她找到一些存在感。直到有一天，身体实在不允许她再干下去，她才恋恋不舍地收了生意。

两年多以前,她有一段时间总是低烧,到普通医院检查也看不出个所以然,我们决定让她住院检查一番,结果在最后时刻确诊为:晚期输尿管癌。接下来的两年时间连续做了两个大手术,情况却始终未见好转。

第一次手术之后我在病房陪床,我知道她的身体一定极不舒服,但她始终忍着不发一声。几次住院,她都是病房里的"政委",总能耐心地开导那些同病房的病友。只是到了最后时刻,病痛实在难忍,她已经不能平躺睡觉,只能靠服用止痛药,艰难地同病魔抗争。

妈妈对自己的病情早有预感,也曾经非常平静地和我们讨论过她的后事。她是希望回老家,回到栈道的。我猜想,如果可能,她很想能陪伴在姥娘左右,但是对我们几个来说,这就意味着每次扫墓都得是一个漫长的旅程,并且爸爸也不是很同意,毕竟故乡一旦离开,回去并不那么容易。最后在三舅的劝说下,妈妈勉强同意了后事由我们和爸爸商量着来。

二〇一四年十一月二十日,妈妈走了。我坐在灵车上送她去八宝山。当年那个在公社里一边转接电话一边练习珠算的小姑娘,那个一边养活着三个孩子还需要接济着农村亲戚的百货公司职员,那个苦口婆心地培养了四个大学生的妈妈,那个退休之后为了方便孩子毅然来北京做北漂的老太太,走完了自己的一生,平静地上路了。

从此之后,我只能把她深深地铭记在脑海里,只能在回忆里一次又一次地和她见面。

妈妈曾说过,我刚刚出生时,有八斤半那么重,和她一个产房的另外一个产妇,恰巧同一天也生了一个女儿,这是那个产妇的第四个女儿了,她的丈夫是一个小学体育老师,最大的心愿就是能有一个儿子。于是他们拼命鼓动妈妈:"你都有一个儿子了,如果换了,正好儿女双全,而我们不就盼着有个儿子吗，而且我们的家庭条件也比你家好，孩子在这里肯定不会受苦。"可是任凭他们如何巧舌如簧，妈妈抱着我坚决拒绝了这个方案。

妈妈还告诉我，我很小的时候头上发脓，臭不可闻，她四处求医，终于用一个奇特的偏方治好了我的病，就是用香油反复涂抹，也不知道我用掉了多少香油，要知道很长时间，我们家吃饺子的时候，醋里的香油都是点到为止，是绝对不可以太奢侈的。我喜欢吃糖，妈妈不管怎么样还是要弄点来，没有白砂糖就用红糖代替。

在获鹿时，条件许可的时候，她早上起来也会给哥哥一毛钱，让他带着我去小卖铺买一两饼干吃。上小学时，妈妈托人从北京买回来准备过年的杂拌糖被我发现了藏匿之处，我今天一颗明天两颗地偷吃了一个精光。哥哥上大学了，她会给哥哥多寄几块钱，为的是让我穿上有生以来的第一双皮鞋，还是上海产的。

高中时代，因为我要主持班里的迎新晚会，她给我置办了第一身西服，让我知道原来我穿上西装也很有型。我上大学了，她花了三十多元给我买了一双特别漂亮的绛红色的皮鞋，为此爸爸还和我大吵了一架，他心疼是因为那几乎是他一个月三分之一的薪水。工作了，还是她给我买了当时相当于我几个月薪水的杉杉西服，让我穿着可以漂漂亮亮地出镜采访、主持。

我知道，我考上了一中的时候，妈妈一直为我悬着的心放下了一半；我考上了人民大学，妈妈终于可以为我感到一份喜悦；我成为了一名记者，妈妈有了一点小小的满足感；我在《足球之夜》做出了一点成绩，她终于可以以我为骄傲了。但我更想说的是：妈妈，你才是我的骄傲！你教会了我坚强，教会了我宽容，教会了我善良，教会了我做人。妈妈，下辈子还让我做您的儿子吧，妈妈，我爱您！

二〇一五年初，我去澳大利亚报道亚洲杯，一天晚上在布里斯班植物园慢跑，抬头突然看到一颗星星，明亮而温暖，不知道为什么，我强烈地感受到，那就是妈妈在注视着我，默默无语，却用爱笼罩了一切。我久久地、久久地盯着那颗星，把我的心里话向她倾诉。我从来不曾迷信，但这一次，我确信那就是妈妈和我交流的一种方式。我期待着下次，期待着和她的再次重逢。

第四章
三　舅

"山高坡陡水断流，有雨三成熟，没雨饿死牛，吃粮靠统销（山村穷，按当时规定，人均每天八两粮食，自己能生产三两，其余的五两要靠国家统销），花钱靠贷款（有了统销粮还不行，老百姓手里没钱，还要靠国家贷款，才能买得起），东买粮，西驮炭，村外十里担回水，栈道把锅安，姑娘往外跑，光棍连成串，人口连年往下减，计划生育不用管。"这是上个世纪八十年代之前，栈道人自己总结的关于本村生活的准确描述。

前面说过，栈道穷，有自然原因，也有人为原因。到了改革开放前，贫穷已经像个恶魔，紧紧地扼住了这个村庄的脖子，人们只能感受到一种绝望的气息。

一九七八年，栈道进行过一次人口统计，结果显示，四十周岁以上、没有结婚希望的光棍总共一百七十六人。

连在这里下乡的扶贫工作组来到栈道之后不久，也很快根据自己的亲身体会编出一条顺口溜：一月一双鞋，一年一条带（自行车带），喝的洗街水，吃的粘头菜（栈道的一种野菜团子）。

贫穷看起来注定与这个山村为伍了。

那时候无论谁都没有想到，栈道还会有今天的景象。

今天的栈道，全村的工业总产值早就过了亿，村子里的百万富翁、千万富翁有好几十个。有人住楼房，有人修自己的豪华住所，每逢春节，从新疆、浙江、江苏、上海等地开回来的豪华轿车就有百十来辆。本地人除了老人、孩子留守之外，很多年轻人都在外面经商，而栈道本地则有上万的外来人口在这里打工、生活。

毫不夸张地说，这一切都源于一个人，那就是我的三舅。

三舅，本名王丛树，因为排行原因，姥娘叫他"三儿"，兄弟姐妹叫他"老三"，村里的平辈叫他"三哥"。生于一九四八年的三舅属虎，从小就展示了他与众不同的一面。有例为证。

有一年冬天，三舅因为和姥娘顶嘴，被姥娘喝令脱光了衣服到门外的石头上罚站。倔强的他果然是一丝不挂地站到了门外，就是不肯开口讨饶，直到邻居过来说情，冻得青紫的他才回到屋里。

五六岁的时候，据姥娘回忆，有一次她包了粽子，装在篮子里，吊了起来，结果还是被三舅发现了，三舅就能手脚并用，一路攀爬，把篮子摘下来，一口气吃了八个大粽子。这么多粽子进肚，一下子就形成积食。三舅变得一点胃口没有，好几天都只能喝一点点水，人很快饿得脱了形。再这么下去，小命不保。

关键时刻又是邻居救命，隔壁大娘给了一个偏方。把粽子烤煳了，擀面杖擀成末，熬成粥，让三舅喝了下去，很快三舅咳出了几块带血的块状物，这才算过了这道坎。

三舅学习的成绩不太好，校园不是他的精神家园，栈道的广袤山野才是他的乐园。所以小学之后，他就开始帮助家里干活。十五岁的时候甚至还在县城帮助他大姐，也就是我的妈妈带了一段孩子，那个孩子就是我哥。

一九六九年二舅报名参军，三舅送二舅进城报到，看到军队威武雄壮的样子，完全被吸引，找到部队首长，死说活说，非得跟部队一块儿走。姥娘没有想到，一下子自己的两个儿子都离开了家。

三舅跟随部队来到了河南信阳，他参加的是真正的野战军，而且是骑兵，我至今还记得一张他站在战马身边的照片，他还是连队的重机枪手，看过那么多枪战片，我们都知道摆弄那个大家伙，没有一副好身板是绝对做不到的。事实上，直到现在我和他掰手腕还是手下败将，要知道今年他已经六十七岁了。

一九七二年，三舅复员回到了村里，第二年就成了大队副书记，还兼任民兵连长。于是，在姥娘家的西屋里总放着几杆步枪，三舅严禁我们进那个屋，但我还是会偷偷溜进去，拿起枪来反复摆弄。枪，还是真枪，对一个小男孩来说，吸引力实在太大了。

三舅做民兵连长，对自己的兵要求非常严格，他第一有副大嗓门，第二有一副坏脾气，民兵连无论男女都非常怕他。三舅看上了连里的一个姑娘，决定非她不娶，就是我三妗儿。有一天晚上，三妗背着弟弟（弟弟比她小很多）从姥娘家门口经过，三舅刚好看到，他咳嗽了一声，吓得三妗一哆嗦，差点把弟弟摔下来。三舅自己上门提亲，这在村里也是一景，老丈人本来不想答应，因为姥娘家还是太穷，可是看看三舅这个架势，似乎不答应也过不去，一咬牙就把三妗许给了三舅。

公社来人开大会，台底下乱糟糟，人声鼎沸。三舅给村里开会，底下却是鸦雀无声，搞得后来公社书记都向他取经。后来，他做了村支书，更是让人敬畏。据说栈道村里的妈妈管孩子都会这么说，别哭了，再哭老三就来了。

我自然也是怕他的。有一年夏天，我和小伙伴们四处闲逛，看到一家门外的杏树上已经结了很多杏子，于是爬上去偷杏，这时候人家的老人看到，走出门大叫一声，我匆忙中往下跳，结果一根野生蒺藜从我的右脚心扎进去，一下子穿透到脚面。我被抬回家，放到炕上，伤口疼，必须把蒺藜取出来，但是我大喊大叫，任谁也不让动，因为蒺藜一动，伤口更疼。

三舅回家了，看到我这个样子，二话不说，一胳膊夹起我就去了村卫生所。在他逼视下，我愣是一声没吭，让医生用镊子把蒺藜拽了出来，而且根本没有上麻药。

一九七五年冬天，三舅迎娶三妗，走的是革命婚礼的路线。早上很早起床，一众人等步行到三妗家，又步行回姥娘家，就算是结了婚，我负责迎亲队伍快到家门口的时候燃放鞭炮。据三妗后来回忆，刚到家，看到炕上一边摆满了好几条被子，心想看来这个家还不是太穷。可是等到晚上睡觉的时候却发现，除了两个人盖的被子，其他都不见了踪影，这才知道那些被子不过是借来做样子的。

太行山区里有很多这样的故事。结婚的时候桌子上摆一盘鱼，却不能吃，因为是木头做的。新娘子的新衣服只穿一回，因为是借来的。你家办喜事，座椅、板凳需要从四邻八方借，当然不收分文，因为等人家办事的时候，你也必须无偿借用。不仅如此，办事的时候七大姑八大姨都来帮忙。每个人脸上都洋溢着真诚的笑容。那一天婆婆是最幸福的，但也是最危险的一个，按照栈道的传统，一定会有人偷偷地取到锅底黑，趁着婆婆不注意，在婆婆脸上狠狠地摸一把，然后在大家的哄笑里，一溜烟跑开。

我理解，在贫困的生活里，大家更珍惜这样难得的开心时刻。而在这样的贫困里，每个人都没有失去对美好、富裕的向往和追求。

在栈道，和婚丧嫁娶同样重要的还有起屋架梁。俗话说，安居乐业，盖房子更是一个大工程，也是生活改善的重要标志。三舅就常说，自己一辈子都在盖房。

三舅婚礼的不一样之处还在于，他们多了一个重要环节：他和三妗与其他的新人一起，来到栈道学校，在操场上当着众多学生，又进行了一个革命化的婚礼。有没有捧红宝书我忘记了，但那个场面至今还鲜活地存在于我的记忆中。

太行山缺水，修渠就是个重要任务。一九七八年当地组织挖修绵右渠，征调了大批民工，三舅率队出征。当过重机枪手的他干起活来喜欢冲锋陷阵，有一次为了赶进度，他又一次抢过了风镐，面对着巨大的山石全力冲击。突然间山石松动，一块大家伙重重落下，瞬间就把三舅砸晕。幸好他戴了安全帽，否则真的是后果难料。在工地上干活苦，口粮分得自然也多一些。三舅把分来的粮食换了一些白面。要知道白面在那个年代比现在的山珍海味还难得。就因为这个，有人把他告到了公社。

在中国的农村，各种关系也是错综复杂，所以看过《白鹿原》，我深深地佩服陈忠实能够如此准确地还原中国乡土的真实面貌。

投机倒把、自由贸易在那个时代是重罪，不过是换了点白面的三舅被关在村支部的办公室，不许回家，连拉屎撒尿都有人背着枪在后面跟着。姥娘在家里也是一夜一夜地睡不着觉。但是调查人员又实在查不出什么问题，尤其是告状诬陷的内容，几经调查严重走样。无奈，他们只能放三舅回家。

之后，工作组准备悄悄地溜出村子，却被村民们包围，无奈之中还得请三舅出来解围。在公社的主持下，村里重新改选，三舅还是被选到班子里。这也确实让某些领导下不来台。

姥娘担心，三妗忧心，三舅也伤了心。一气之下，他离开了栈道，进城自谋生路去了。

那是改革开放的初期，城里的机会虽然多，但三舅也只能选择自己擅长的事情做。他有一身的力气,城里又到处都在搞建设,那就从这里入手吧。他拉起了包工队,四处承接工程。一段时间里,他们修过护城河,砌过石墙,阔过大理石。

收入滚滚而来,三舅很快就成了万元户。在我记忆里,很多新鲜玩意儿都是从他那里看到的。过去,三舅来我家,看到爸爸自己组装的收音机,觉得很好,就自己回去鼓捣,也弄一个出来。逢年过节,三舅把硫黄、硝胺、卷纸以及引信(俗称药捻)准备好,自己动手制作二踢脚。有一年上头号召沼气发电,三舅和村干部们边学边干,最后还真的实现了沼气灯,还有沼气炉,只不过太过复杂,产量也不够,结果不了了之。现在有钱了,三舅先骑了一辆摩托车回来,那差不多就是村上的第一辆了。然后家里置办了电视机,再之后就是录音机。电视机再从黑白过渡到了彩色。三舅刚结婚时,和姥娘、大舅、四舅住在一个院里,有钱了,就可以起新屋了。这次他没有再修窑洞,而是另选地点,盖起了砖瓦房。那一排砖瓦房很气派,院子也大,我放寒暑假回家,就经常住在三舅那里。因为三舅家的伙食好,也是因为他这里的新鲜玩意儿多。小到录像机,大到汽车,都是三舅先用起来的。

三舅成了万元户。今天这个词早已经被首富、亿万富翁这些词覆盖掉了,但是在二十世纪七十年代末,那绝对是鹤立鸡群。就在前几年,三舅再次搬家,发现了一张被遗忘很久的银行存折,上面还存着一万元,拿去银行支取,连本带利,一共七万三千多。三舅一高兴,把那三千多留给银行工作人员,请客了。

村里人坐不住了:老三(这是栈道人对三舅最普遍的称呼)能干,咱必须把他请回来。

姥娘是反对三舅回栈道再做村干部的,之前的担惊受怕让姥娘恨不得三舅能够远离各种是非。村支书不好当，这是共识。很多时候村民们为了宅基地，哪怕一分一厘的得失也要闹到村支书家，各种家长里短的事儿也必须要领导出面。这是个得罪人的差事，不论你一心为公，还是中饱私囊，到头来都很容易被骂得狗血淋头。

但是三舅最终还是回去了，他对家人的解释是，村里、公社三番五次找他，他实在不好意思。但我心里知道他是希望回去的。他是那种有领导力也渴望在更大舞台上证明自己的人。一个万元户，不是他的追求。

外面的世界已经发生了改变，尽管政策的风向标还不是非常明朗，哪怕三中全会提出了改革开放的政策，基层的老百姓，尤其是山沟里的农民还是会怀疑，会畏首畏尾。但是三舅还是决定从兴办乡镇企业入手，村里没钱，他就找了几个手头上有点富余钱的村民，大家集资建厂。钱凑了点，做什么又成了问题。经过市场考察，他们决定建一个塑料厂。

接下来，技术又成了问题。三舅找到了我爸、我妈，让他们帮忙寻找专家。不巧的是，爸妈相熟的一个工程师刚刚调回杭州工作，于是，三舅直接上火车去了天津，在那边先找了一圈工程技术人员，之后一路南下杭州。那时候的火车远没有现在这么发达。车次少，车票紧张，乘客多，三舅一路从天津十多个小时站到上海，才找到座位，到了杭州。在那边找到爸妈介绍的工程师，取经学习完毕，马不停蹄地就回到了石家庄。

那是一个中午，我和妹妹在家正吃午饭，三舅敲门走了进来，一进门，先从橱柜里捞出一瓶白酒，猛地吮了一口，然后从兜里掏出五块钱，扔给我，让我马上出门给他买点熟肉回来。事后我才知道，带着三百元出门的他，在进我家门的时候，兜里只剩下那五块钱了。他就用这五块钱犒劳一下自己了。

攻克了技术难关，塑料厂效益出乎意料的好。接下来，他们又办了鞋厂，同样是大受欢迎。有一段，据说销售单位都得上门来央求三舅多给他们一些货。在那个短缺经济时代，谁的胆子大，步伐大，技术好，谁就一定能挣到钱。

几个股东赚得盆满钵满，从来没有见过这么多钱的他们甚至感到了一种害怕。有种说法，某人把现金用塑料袋包裹起来，在自家院子里埋了起来，因为银行在村里人眼里也是不可信的。谁料几年之后再挖出来，却发现钱都霉了，根本不能再用。

就在这个时候，三舅又做了一个让所有人一时无法接受的决定，他说服大家把企业交给村里。这相当于把印钞机给了大队。

这就是栈道乡镇企业大发展的开始。从那之后，栈道迅速发展起焦化、玛钢等企业，村民致富速度明显快于周边地区。去年，栈道编纂了自己的村志，我看了一下，仅玛钢一项，栈道在全国就开设了三百多家办事机构。如今的栈道不仅是全国的，也是世界的玛钢管件生产以及经销的一股重要力量。

而几乎与此同时，栈道先是修通了盘山路，继而实现了沥青铺路，进县城从此不再是羊肠小道。三舅又找到省里的地质勘探部门，把栈道周边勘察了一个遍，终于打出了深水井，让自来水流进了每家每户。

然后就是孩子们的教育问题，栈道修起了教学楼，孩子们迁进新校舍。有了教育上的投入，栈道先后有二百五十多人考上了大学，还有五名学生出国留学。

一九九一年我已经大学毕业，栈道也第一次修起了自己的居民楼。祖祖辈辈住窑洞的栈道人终于搬进了单元房。我拍摄了新闻，看到自己的父老乡亲住进了新居，内心也是止不住地翻腾激荡，我把新闻送到了央视播出，还在年底的新闻评比中获了奖。

栈道出名了，县里领导三天两头地来视察，后来市里领导也来了，然后是省里、中央。三舅也被评为省级劳动模范。

一九九二年底，三舅离开了做了十二年的村支书位置，来到乡上，成了石井乡的书记。再后来，他从鹿泉市环保局退休。

虽然不常回栈道了，但是栈道的老人们只要一提到王丛树，都会告诉下一代，这里的真正改变是从他开始的。

2

二 我的足球启蒙

第五章
聂老师

聂老师是我初二到初三的班主任,我是她任命的班长。从小到大,包括后来到了大学,我只在聂老师手下做了两年班长。

在聂老师治下,我不仅官运亨通,球运也不错,至少球技进步明显,而我的学习更是走上了正轨。时至今日,我常常会想,如果没有聂老师,我的人生会怎样呢?

这不是矫情,而是实情,列位看官,容我慢慢道来。

中国足球队在上个世纪六十年代一度进步非常明显,和一九六六年世界杯上淘汰了意大利进入八强并且差点再赢了葡萄牙的朝鲜队比赛,也只是微弱处于下风。后来因为"文革",中国足球动荡不堪,被公认为非常有天赋的前锋胡登峰因为出身问题上吊自杀,队友只能悄悄地用板车把他的尸体运走。全国比赛的冠军奖杯也险些惨遭毒手,还是足协的工作人员韩重德冒着风险把它偷回家里,在床下静静躺了十多年,才重见天日。

此外,大批运动员也被下放,其中有两个国家队队员就来到了我父母工作的石家庄化肥厂,恰巧两个人同样也都来自八一队,一个踢前锋,一个踢后卫,踢前锋的年纪小,个头也小,被称作"小八一";踢后卫的年龄大,块头也大,自然就是"大八一"。在他们的带动下,石家庄化肥厂的足球水平快速提升，很快获得了石家庄市企业比赛的冠军，大人们喜欢踢球了，自然而然影响到了我们这些孩子，在石家庄化肥厂子弟学校读书的我，从一进校就感受到了不错的足球氛围。我们学校在当时举办的萌芽杯、贝贝杯、希望杯、攀高峰杯的比赛里，也曾经获得过不错的成绩。

"大八一"叫尹秋文，聂老师就是他的爱人。

聂老师名叫聂萍珊，毕业于北京体育大学运动生理系。跟随爱人下放石家庄之后，就在我们学校教书。她教过我的哥哥，刚好在我升入初二的时候成了我的班主任。

我上初一的时候，成绩还凑合，但是很不听话，属于老师眼里调皮捣蛋的那一类。比如我们曾经从核桃树上捉来一种黄色的小虫子，在考试的时候把它们偷偷放到学习好的同学身上，那种小虫子有一个本事，被它们蛰过之后，人会一会儿发热、一会儿发冷，非常难受。看着人家痛苦不堪，我们在一旁暗自为自己的恶作剧洋洋得意。我们上课的时候传小纸条，一旦被老师发现了，有的同学居然把纸条直接塞进嘴里咽到肚子里，然后振振有词地说这是从革命电影里学来的本领。中午，我们有时候还会传看手抄本的黄色小说，有一次我们一个同学正看得聚精会神，恰巧被老师逮到，把小说撕了，丢进下水道里，我的同学居然钻进下水道，把碎片捡回来耐心拼凑完整，粘在一起，供大家继续观看。这样的一群捣蛋鬼也确实够老师受的了。

上初二了，我们不仅重新分了班，还换了老师，第一眼就知道，聂老师一定是这个学校里最漂亮的女老师。她一米七的个头，身材匀称，皮肤白皙，眉目清秀，在我们的学校里显得格外抢眼。她平时和我们话不多，但也不是不交流。有一次开学校运动会，我正在那里和同学们海阔天空地聊天，猛然间聂老师打断了我们的谈话，指出我在谈话过程中的一个问题，这一刻让我很是吃惊。原来她一直在关注着我们。再后来，我注意到，上体育课踢球时，总会有一双眼睛在盯着我们看。那是聂老师站在体育教研室里透过窗户在观察我们踢球。这足以令我们兴奋，看来班主任不仅不阻止我们,还用这样的方式在鼓励我们。我们当然踢得比以前更欢实。踢完球，我们跑到学校门口，买几根冰棍儿走进教室，突然又被聂老师叫住，她拿来几个茶缸，让我们把冰棍儿放进去，并且告诫我们说，你们刚刚运动完，身体各个器官都处在兴奋状态里，这个时候食用太冰冷的东西，很容易对内脏器官形成伤害。我们听得似懂非懂，但是对老师的这种处理心服口服，直到后来，我做了体育记者才慢慢明白了老师的细致入微。

那时候我并不知道她有一个前国脚的丈夫，也不知道她的爱人在国家队里是何等了得。据说，尹指导常常在国家队训练结束之后，还要跑到护城河再游上几千米才算过瘾。他一对一的技术在当时也是罕有对手，队友经常很长时间都抢不下他脚下的球。离开石家庄之后，尹指导去了陕西，在足球相对落后的地区为国家队挖掘了一个好苗子，就是王宝山。一九九六年我进入《足球之夜》去佛山采访，当时佛山球队的主教练就是王宝山，我把这段渊源说了，他非常高兴，说自己就是尹指导的干儿子，和聂老师也是情同母子。

虽然酷爱足球，但我的水平有限，进不了校队，也和业余体校无缘，只能向身边的人学习足球技能。恰好在我们班上有一个同学在足球少体校训练，他叫牛子。经常是他头一天从少体校学了新的动作，第二天我们就放学后找个空地开始练习，从他那里我学会了双脚各个部位的停球、运球和射门，也学习了胸部停球、头球的很多基本功。我们组织起自己的班级代表队和其他班比赛。这样的比赛对我们而言是一周里最重要的任务。守门员不仅自备手套，当然是那种普通的线手套，还从家里拿来那时候不多见的云南白药，我则总是要把开胶裂缝的球鞋在比赛前缝好。那时候的球鞋不贵，是石家庄长征胶鞋厂生产的一种帆布带钉足球鞋，售价七块五。说实话，这种鞋的质量实在太次了，并且我也太浪费，几乎每天都是它，常常两个星期不到就被我穿得裂开了缝。家里人肯定不能接受这样的更换节奏，所以接下来的几个星期必须靠自己的努力，我用越来越粗的线把裂缝缝上。从一开始一两公分长度到后来的十多公分，直到完全报废，一双鞋可以坚持一个多月，有时候运气好，可以穿两个多月。

聂老师从来不反对我们踢球，偶尔我们还能看到她和其他老师在篮球场上比赛。有了这样的班主任，我们的足球环境得天独厚。二〇一三年，中国队世界杯预选赛再次出局，我在演播室提出了被很多朋友称道的五问："如果你是一个家长，你会让自己的孩子踢球吗？如果你是一个班主任，你会让班里有一支足球队吗？如果你是校长，你会让孩子们到操场踢球吗？如果你是房地产商，你会在盖房子的同时也修一块足球场吗？如果你是一个市长，你知道你的城市有多少足球场吗？"那一刻我的脑海里确实浮现起当年我们踢球的场景。

后来我再回石家庄化肥厂子弟学校，才看到我们当年踢球的那片我曾经认为很大很大的场地，其实很小，根本不是标准球场。再后来，改了名字的学校终于连那块球场也没留住。

台湾作家齐邦媛在《巨流河》中有过这样的记述：抗战中撤退到后方的天津南开中学把临时校址选在了重庆的沙坪坝，学校规定每天下午三点，所有教室大门上锁，全体学生必须到操场上从事体育活动，规定每个同学不论如何，都要选择一个项目，于是瘦弱的她选择了垒球，不料却从中发现了自己的速度和奔跑能力。抗战期间，重庆几乎无一日不被日军飞机轰炸、骚扰，但那个时候的教育家们尚且坚持让学生们真正做到德智体全面发展。这和我们现在的校园有着多大的差距？后来抗战胜利，南开中学回了天津，但也给重庆留下了一所南开中学，我还听说，齐邦媛在写完《巨流河》之后，特意委托台湾文学馆副馆长为重庆南开中学送上了繁体字版以及日文版的《巨流河》。直到今天，重庆南开中学都保持着自己的体育传统，女篮和田径尤为出色。

北大历史上最著名的校长蔡元培也有如下论述：完美人格，首倡体育。他把体育教育放在了重中之重的位置上。从德国留学归来的他，想必是深深受到德国人对体育重视的影响。

一九五七年，战后的联邦德国政府推出黄金体育计划。每年有针对性地在全国修建以足球场、田径场、游泳馆为主的体育设施，向公众和社会开放，为所有公民参与体育锻炼提供方便，截止到一九七四年，他们在全国共投入一百七十七亿德国马克。我没有认真研究过德国的体育发展史，但可以肯定的是，这一百七十七亿德国马克一定在德国体育的重新崛起中起到了不可替代的作用。我请搞金融的朋友帮忙算了一笔账，当时十七年的一百七十七亿德国马克，在今天相当于七千五百多亿人民币（美国发生金融危机时，我国政府拿出四万亿人民币来应对，大家可以进行一个简单的比较），相当于一年政府用在体育基础设施上的投资在五百亿左右，如果持续这样的投入，我们不应该再抱怨身边的球场和运动场太少了吧。

我去过北京一所著名的学校——汇文学校。这所学校是北京最早的现代学校之一，一八七一年（同治十年）由美国基督教会创办。一百多年来，这里培育了许多优秀的毕业生：副总理刘延东，中国足协主席、国家队队员、教练年维泗等等。我们这一代人听着他的故事长大的孙敬修老师，也在这里任教。在校史展厅，我被曾经的汇文学校震惊了。那是从现在的同仁医院，也就是崇文门内大街以东到东二环的一片巨大的校区。新中国成立后，为了修建现在的北京火车站，以及后来的街道改造，学校占地被不断压缩。只有在沙盘上，你才能看到当年的学校是多么的开阔。足球场、篮球场、游泳池甚至棒球场都应有尽有。而据著名教练金志扬对我说，整个东城区现在还有标准球场的中学也不过才一所。那还是民国时期留下来的。

我们的教育病了，而且病得不轻，在这样的环境里，不要说中国足球上不去，更可怕的是，一代代并不合格的"产品"被不断输送到社会上，这才真的令人寝食难安。

一次，前中国足协副主席薛力非常认真地跟我说道：我去国际足联访问，布拉特对我说，我们帮助中国推广普及足球，并不是期望中国能够涌现多少个梅西和C罗，而是希望帮助你们培养出更多优秀的公民。薛力说，布拉特的这番话让她也感触良多。对方的高度，显然是一心只想着国家队能进世界杯的我们目前所无法企及的。

多年从事足球和体育报道，也让我不断地思索：中国足球以及中国体育到底进入了怎样的一个误区？

在英文中，体育是 Physical Education，简称 PE，通常是指学生们在学校期间的体育课。由此可知这个单词和教育的关系。它本身就是教育的一种，是现代教育利用身体训练进而对学生从身体到精神上的一种塑造。学生通过体育，要建立起全力争胜的竞争意识，要懂得团队协作的重要性，要明白规则和裁判的法律性质，要学会处理顺境、逆境，也就是我们常说的，要能够光荣地迎接胜利，也要能体面地面对失败。当然，学生的身体素质、协调能力、反应判断能力在其中都能得到极大的提升，只有具备了这种能力的毕业生才是这个社会最需要的人才。

有鉴于此，我在各个场合不断在强调：体育是帮助中国加速现代化进程的重要方式，不可等闲视之。有一位素不相识的大学体育老师在看完《鲁豫有约》对我的采访之后,通过微博留言给我:这番话听后倍感鼓舞和震撼,推崇之至,感觉当代中国体育迫切需要这样的诠释,改变社会公众对体育学科、体育文化的传统认知。

我也在私下里和不少朋友开玩笑说,按照现在的工作性质,国家体育总局真不应该叫这个名字,而是应该更名为国家运动总局,因为他们的主要工作其实更接近Sports（运动或者竞技）。

好在二〇一五年,国务院出台了关于中国体育的一系列新政。对体育的回归和调整让我们对未来看到了一些希望。不过,即便如此,我们的差距依旧大得令人瞠目结舌。比如我们提出的目标是：到了二〇二五年,人均体育用地达到两平方米,和现在的人均是一点一平方米,看起来提高了将近一倍。但是,如果你知道日本和美国的人均体育用地是十九平方米和十六平方米后,你会怎么想呢？

三十年前,中国的教育还没有今天这么畸形。我们的课外时间还有,操场也还能随意对学生们开放,我们的作业不少,但还可以在完成后,给自己更多的运动选择。这只能说是我们这代人的幸运,七〇后还好,八〇后、九〇后就没有那么多的自由了。

聂老师让我们钦佩和喜爱的还有很多地方。她教我们语文,但英语老师病了,不能来上课,她拿起课本让我们翻到应该学习的新课,就开始教授,水平一点不比英语老师差;数学老师家里有事了,她也能教数学;如此全面,让我们刮目相看。

在我成长的过程里,有几件至关重要的事都和聂老师有关。我即便当了班长,依然很难管住自己。上物理课,我领悟得比较快,物理老师黄老师在黑板上出的题,等号写了,问号下面的那一点还没写完,我已经脱口而出答案了。黄老师警告一次不成,两次无效,就决定把我赶出教室。我偏赖着不走，两个人就在教室里绕圈子。全班同学哄堂大笑，兴高采烈地看着这一幕。黄老师追不上我，只能去搬救兵，不一会儿聂老师就来了。我打心眼里喜欢聂老师，也打心眼里敬畏她。聂老师平静地说："拿上你的课本，跟我走。"我便乖乖地拿起课本，跟着她去了她的办公室。一路上惴惴不已，暗中在想：一会儿会面对怎样的处罚？到了办公室，聂老师在自己的座位上坐下，示意我坐在她对面，然后还是非常平静地说："你自己看书吧。"啊？！这是怎么回事呢？难道我得叫家长了不成？那一刻，我的小心脏翻江倒海，宛如全世界的兔子都在我体内集合了，可是看看聂老师，她依然不动声色地在对面批改我们的作业，完全不知道她的下一招到底是什么棋。

这么坐了一会，我也慢慢地平静下来，索性按照她的要求自己看书学习。直到下课铃响，什么也没有发生。正在我又一次不知所措的当口，聂老师抬起头来，又是轻描淡写的一句："回去吧。下次要记着控制好自己。"

直到此时，我才明白自己算是涉险过关了，赶紧带着书本一路小跑逃回教室，仿佛一支被围攻了整场的球队，光门柱、横梁就被人家打了十多回，居然还捡了个平局，这得多大的运气啊！

若干年之后，我当面问过聂老师，为什么会用这种方式处理。她笑着说："我知道你不是那种坏孩子，你就是管不住自己，还喜欢显摆自己的小聪明，所以，批评你其实意义不大。我把你叫出来，可以保证课堂秩序，还可以让你自己学习，岂不是两全其美。"

话虽如此，聂老师也有非常严厉的时候。那是初二的时候，班里第一次发展团员，聂老师指定我是第一批，让我写一份入团申请书。我兴高采烈地写了交了上去，不料却被她叫到办公室一通猛批，"让你写个申请书，不是让你伸手要。"说完就把我的申请书扔了回来。我一看，原来自己把申请的"申",写成了伸手的"伸"。从那以后,我对文字变得格外敏感,生怕再闹出这样的笑话。我后来高二时选择了文科,看来和这也不无关系。

当我犯错误的时候,聂老师处理的方式通常是多样的,有时候不动声色,有时候会急风暴雨,更多时候她会把道理讲得很清楚,她说得最多的一个词就是:反思。于是,从那时起我开始写日记,一写就是十多年,直到大学毕业参加工作之后才逐步停下。

我在日记本上写下了"静、思、行"三个字,提醒自己要提升自控能力、思辨能力以及最后的行动能力。不仅如此,我还让父亲用毛笔写了这三个字,贴在床头,时时提醒自己。

我在初二、初三两年,学业突飞猛进,妈妈至今都还记得一次期中考试,我九门功课考了八百六十多分,平均成绩在九十五分之上。

站在今天的角度,我更加珍惜的,是聂老师给我打下的各种基础,爱上足球、学习自控、尝试思考,凡此种种,无一不对今天的我产生了重要而深刻的影响。

初中毕业,我考上了市重点中学一中,也就此离开了聂老师。不过我们的联系从未停止,听说聂老师全家要搬迁到西安,我还专程到家里送行。我考上了人大新闻系,写信向她汇报,她回信说,你那么喜欢足球,为什么不考虑做一个体育记者呢?她还说:"尹指导的队友高丰文是国家队主教练,如果你需要采访和实习,我可以给你牵线搭桥。"说话间,这都是一九八六年前后的事情,那时候我真的不知道自己将来会彻底走上足球记者这条路。冥冥之中,自有天意,和聂老师的缘分最终有了一个让我们都意想不到的结果。

《足球之夜》开播后的一天,我接到了聂老师的电话。她和尹指导来北京了,我非常高兴,下班后跑去看她。多年不见,她已经青春不再,但依然沉静典雅，一见面仍旧不留情面地指出我们在面对中国足球时莽撞和不恭的地方。

再后来，有一天她又发来短信，大意是：建宏，知道你忙，不过还是要告诉你，我和尹指导都觉得你现在变得客观了。随着你对足球认识的深入，你开始能够传播有价值的内容和思想了，这才是对中国足球真正的建设。

二〇〇四年的某一天，有同事告诉我，尹秋文指导突发心脏病去世了。我真正地心如刀割，尹指导夫妇伉俪情深，经历过真正的磨难，好不容易安稳下来，却又遇到这样的变故！命运对他们这一代人真的过于残酷了。

从那之后我暗自提醒自己，一定要多去看看她，给她做学生应该的慰藉，可是却没能认真执行。这些年也只是见过一两面，通过两次电话而已。

聂老师，对不起。我这就去看您！

第六章
足球的失败与胜利

前面说过,我因为父母所在企业的关系,上了石家庄化肥厂子弟学校,也因为偶然的因素,接触到足球,并且逐步喜欢上了足球。

我在《足球之夜》工作了一段时间之后,足球装备有了较大改观,很多刚刚推出的新式足球服装、足球鞋我都能很快拥有。一九九九年,因为一双小罗款的新鞋,我陷入到对一段往事的回忆。

那是我上小学二年级,说好了下午的体育课我们要和其他班踢一场比赛。那个时候有足球鞋的很少,能有一双解放军穿的绿色解放鞋就算奢侈了。于是我希望能够穿上刚刚拿到的一双新布鞋去比赛。我的换鞋被哥哥发现了,经他盘问,我实话实说。孰料他马上说,布鞋不是踢球的,更何况还是一双新布鞋,坚决表示反对。于是哥俩之间冲突再起。我被他反绑了起来,眼看计划泡汤,我不由得悲从中来,放声大哭起来。可能是我哭得可怜,又打动了他,于是最后时刻哥哥松口了,同意我可以穿新鞋去比赛。至于后来我是不是真的穿了那双新布鞋去比赛,我已经完全没有了记忆,但对足球的迷恋却是一天强似一天。

我不仅踢球,也开始看足球。学校团支部书记办公室里居然有一台电视机,于是这里就成了我们的天堂。我们在这里看了一些比赛,印象最为深刻的就是省港杯。这种级别的比赛今天已经不再有多少人有兴趣，但那时候对很少能看到足球比赛直播的我而言，就是琼浆玉液，甘美无比了。在省港杯上我认识了容志行、古广明，看到了惊心动魄的点球大战，那时候我眼里的广东队、香港队就是今天很多球迷心目中的曼联、拜仁与阿森纳。

有些比赛，有电视也看不到，这个时候广播就是一个很好的补充。

我在收音机里，听了很多场长城杯，那曾经是二十世纪七八十年代在中国非常有名的一个国际邀请赛。宋世雄老师的解说也变得熟悉和亲切起来。一九九六年来到《足球之夜》，第一次陪宋老师配音，内心深处还是有很多感慨，没想到昔日的偶像就坐在自己身边，而且还谦虚地说，"你们才是专家。"

一九八二年之后，电视里的足球赛多了起来，但是有一些比赛并非直播。一九八三年，中国队参加在曼谷进行的奥运会预选赛，和韩国、泰国等分在一个小组。两场比赛都和韩国打平，第一场比赛平了泰国，只要最后一场平泰国，中国队就能晋级下一阶段。不知什么原因，中央电视台居然没有安排直播，转而安排到晚上十一点多录像播出。白天我就牵挂着比赛的结果，到了晚上更是坐卧不安，可是因为没有直播，我无法得到赛事的任何消息，那时候也真是闭塞，央视即便安排录播，也是所有媒体里最先知道比赛结果的。还有一个大问题是，我家的电视机是放在父母卧室的，我如果提出晚上看球，父母是万万不会答应的。平常他们虽然不反对我踢球，但对于我看足球比赛的要求还是非常严格的。他们挂在嘴边最常说的一句话就是：足球是踢不完的，今年有，明年还有，但是你的学习是没法子耽误的，等你上了大学，可以看个够。

怎么办？我冥思苦想了一天，总算找到一个方案。那天放学回家我表现得极为听话，早早地做完作业，不到十点就上床睡觉了。我父母一般睡得也早。我苦苦计算着时间，在距离比赛录像开始播出前的十分钟，我悄悄起床，开始行动。必须蹑手蹑脚，不能发出一点动静，推门要慢点，再慢点，爸妈刚刚入睡，随时可能被惊醒，慢慢地靠近电视了，电源的位置早已经了然于胸，不过拔出电源还需要极为谨慎，接下来，我抱起电视，像是足球比赛里回放的慢动作一样，缓缓地退出。这是一次非常完美的行动，熟睡的父母毫无察觉。掩好父母的门，回到我的卧室，把电视放到床上，接好电源，声音和开关旋钮调至无声，轻轻的啪的一声，电视打开了。比赛还没有开始，我还有时间再考虑考虑，没有声音的比赛太无趣，我决定还是打开一点点声音，至少可以听清楚评论员的解说。但是如果被父母听到怎么办？我把被子拉开，整个罩住了我和电视机，这样，外面是应该听不到什么声音的。

比赛在大雨中进行，中国队最终被当时的泰国头号球星皮耶蓬攻入一球，饮恨曼谷，失落的我也只能带着无限的痛苦慢慢睡去。

就算计划再周密，我也没有想过把电视偷出来后是不是应该还回去。第二天父母震惊了，他们先是发现电视机失踪，随后又在我的房间里抓了一个现行，早就做好打算的我老老实实地承认了错误，并且表示下不为例，让还处在懵懂里的父母一时也哭笑不得。

那个时候，足球和体育的消息来源非常有限。偶尔弄到一本《新体育》杂志，能让我兴奋好多天。我还经常跑到《石家庄日报》社和《河北日报》社门口的报亭去免费蹭看，体育版当然是我最先看，也是看得最仔细的。

当时，中央人民广播电台二套节目每天中午十二点十五分有一档《体育新闻》可谓我的最爱。从这档节目里我得到了大量体育资讯，也积累了很多体育知识。在高中考入石家庄一中之后，因为学校离家又远了点，我被允许骑车上学。从学校到家，正常情况下需要二十到二十五分钟。如果骑得快，最快也得十五分钟。而我们上午的最后一堂课是十一点五十分下课，如何争分夺秒就成了一个挑战。我的做法是，最后一堂课的最后几分钟我会提前整理好书包，一旦听到老师下课的口令，我基本上都是第一个冲出教室，第一个进入存车棚，此刻大批下课的同学还在路上，我可以迅速取出自己的自行车，赶在车棚大堵车之前，顺利上路，此时差不多已经是十二点了，我一路狂奔飞回家。十二点十三分，我提前两分钟打开了收音机。这样的状态我在高中保持了三年。

一九八六年高考前夕，正是世界杯如火如荼的时刻。为了多看两眼世界杯，我同样绞尽脑汁。这一次情况刚好相反，大多是早上七点开始的比赛，如果计算得法，我应该至少可以看上半场。那时候足球比赛还没有伤停补时，我也差不多是半场裁判哨子响起，才恋恋不舍地离开家向学校疾驰，多少次我都是踩着学校第一堂课的铃声走进教室。

一九八九年七月十五日，中国队在世界杯预选赛里和伊朗队狭路相逢，主场凭借着柳海光和张小文的进球中国队二比〇获胜，能否出线就要看关键的客场比赛了。那场比赛没有现场直播，早上的新闻里也没有成绩播报，中国队到底出线没有，我只能寄希望于收听中午中央人民广播电台的体育新闻了。那天上午说好了要回老家，从获鹿到栈道是二十里的上坡路，眼看已经十一点了，家里其他人都还没有出发的意思，于是我决定单独出发，平常栈道人进城相对便利，因为下坡一路轻松。但是回村就有点难了，即便骑自行车，大多数人也只能是推着车子慢慢步行。那天为了赶时间，我始终在车上没有下来，哪怕山路再陡，我也顽强地一路骑行。就这样，终于在中午十二点十分赶到了家，这次中国队没有让我失望，体育新闻说，中国队虽然客场二比三告负，但依然从小组中顺利出线。

而在那年年底进行的六强赛,两个"黑色三分钟"则成了我关于中国足球最惨痛的记忆。输给阿联酋已经让人无比失望,而同卡塔尔的那场关键比赛的失利更让人无法接受。我是在大学寝室里和同学们一起看的最后一场比赛,本来中国队只要获胜,就能史无前例地进军世界杯,而中国队也确实获得了领先的局面,又一次,在最后时刻,卡塔尔扳平了比分。眼看比赛时间所剩无几,我完全陷入到绝望之中,那是我第一次没有完整看完中国队的比赛,我冲出宿舍,到校外的烟摊上买了一包烟,坐在草坪上一根一根地吸着,校园里很平静,我从这种平静里判断出中国足球在这一晚没有奇迹发生。很晚我才回到寝室,进门的第一句话我就对大家说,谁也不要跟我提今天的比赛。

第二天,报纸来了。郁闷了一晚上的我忍不住还是打开报纸,翻到了体育版,"咦?一比二,啥?中国队输了?"在我感觉里,那只是一场平局啊!此刻同寝室的同学才说:"你不让我们谈论比赛,我们还以为你知道最后的结果了呢!"

二〇一四年的世界杯上,我因为在自己解说的最后一场比赛里,用了两分钟的时间谈论了一下中国足球,在网上引来一些争议。这本在我意料之中,九〇后、八〇后很多球迷是看着欧洲足球长大的,他们可以因为一场欧冠、德比而欢呼雀跃,或垂头丧气,这和我当年的经历并无二致。白岩松告诉我,在曼城最后时刻逆转夺冠的那场比赛里,他儿子巴蒂(岩松用自己的偶像给儿子起的小名)哭了两次,一次是觉得曼城夺冠无望,另一次则是最后时刻死里逃生的喜极而泣。一个人的青春期和足球牢牢地捆绑在一起,他对这个队伍的感情就如同初恋一样至死难忘。所以,我可以理解那部分八〇后、九〇后的情感,但也同样希望他们明白,我的青春期是和中国足球紧紧联系在一起的。更何况,在《足球之夜》工作的十八年,更是让我和中国足球形影不离，看着别人在世界杯赛场上驰骋，如果没有心生嫉妒，又怎么可能呢？

我的足球道路在高一的时候面临一次巨大的挑战。

一九八三年，我顺利地考上了哥哥曾经就读的石家庄市一中，这是当地最好的高中，升学率非常高。妈妈很高兴，因为一向顽皮的我从来没有让她真正地放心过。开学之前，她很郑重地对我说："我们对你的期望不高，只要保持在班级中游水平就可以了。"一中那时的升学率在百分之八十以上，保持中游就意味着我肯定有个大学上。我深刻地理解了家长的意思。

第一学期期中考试，榜单发布，我名列第二十五名，本班总共五十六人，我可谓不偏不倚的中游。这个成绩让我有一种如释重负的感觉，谁说一中藏龙卧虎了？谁说这里竞争惨烈了？我并没有觉得费啥力气，不是还考了一个不错的成绩吗？

于是，我更加放松起来。踢球、参加各类课外活动，很轻松地又过了半个学期。期末考试有点不妙，很多知识感觉自己非常茫然，面对试卷经常不知所措。等排名公布的时候，我的感觉变成了无情的现实。当班主任念道"刘建宏，四十九名"时，我平生第一次体会到什么叫五雷轰顶。我的脸滚烫滚烫，虽然低着头，却感觉所有的人都在看着我。从小到大，我虽然不是成绩始终拔尖，但一直都是班上的佼佼者，我自己也从来没有觉得学习是一件多么费心的事。但是就在那一天，我被彻底震惊了。

晚上回到家，父母照例会问问考试和排名情况，我胡乱地塞过去，说今年期末考试没有排名。幸亏那学期没有开家长会，我的谎言才没有被戳穿。关上门，我坐在书桌前，打开日记本，在上面重重地描下了"49"的字样。我告诉自己，从此刻开始，我需要调整自己的目标了。既然用中游做目标，最后换来的是这样的结果，那么我必须进行调整。新的目标应该是什么呢？我又在日记本上重重地描下了"第一"的字样。对，第一名，从现在开始将成为我追求的方向。哪怕不能实现，我也要把自己的眼光牢牢锁定在这个目标上。

从初中课程到高中课程的转变是巨大的，之前我凭借自己的一点小聪明，很轻松地就能应付各门功课，而现在，有些功课我从一开始就感觉不明就里，特别是数学。三角函数、解析几何对我仿佛天书，那些令人挠头的公式，我完全不得要领。

我给自己制订了一个学习计划，新学期既要全力跟上新课程，还要有目的地解决存在的问题。很多次当我完成了老师布置的作业之后，打开第一学期的数学课本，究竟应该怎么理解这门功课呢？我决定从那些公式开始入手。一次一次地我把公式写出来，并反复研习，询问自己是否真正理解了其中的道理。不知过了多久，有一天，我正在厕所里冥思苦想，突然间，确实有一道灵光在头脑中闪现，啊，我明白了，终于明白了。我冲到书桌前，翻开本，拿出笔，根据刚刚的理解，迅速推导出了所有公式。从那时起，我本来最为薄弱的数学环节成了我最强的一环。无论什么时候，我都可以轻松地推导出任何一个公式，于是那些曾经冰冷无比阴森可怕的公式成了我最好的朋友，我的解题能力迅速提高，很多时候我看到一个题型的时候，我甚至马上就能明白出题的人到底想考哪个公式，或者是哪几个公式的组合。

我的学习成绩提高得很快。高一第二学期的期中考试，我是全班第三十一位，提升了十八位，班主任表扬我是全班进步最快的学生，这样的说法还是让我如坐针毡。到了期末考试，我是第十一名，距离前十真的只有一步之遥了。

这个时候，我们要分科了。从小就喜欢文科的我不知道从什么时候开始就对家人说，长大之后希望能成为一名记者。于是，我没有太多犹豫，坚定地选择了文科。

高二的第一学期，期中考试我名列全班第六，从此之后，我的成绩再没出过前十。也许是尝到了自学的甜头，我不知不觉地走上了自学的道路。按照自己的思路制订学习计划，按照自己的进度安排时间。比如学习历史，我把世界历史和中国历史放在一起混合进行，我自己做了两张时间表，把历史事件按照进程写下来，这样彼此对照，互相印证，对我而言是很好的学习方式。多年之后，我才慢慢悟到，进入高中之后，随着智力和自控能力的提升，获得知识是一个任务，培养自学能力，为将来进入社会之后继续保有学习能力奠定基础，是更重要的一个目标。因为高一的那次沉重打击，我阴差阳错地开始了自学生涯，而这种能力的建立，对日后我的学习和工作都产生了深远影响，当然这是后话了。

发展到高三，我几乎不再按照学校的安排学习了，常常是英语课我在学习数学，语文课我在学习地理。只要我坚持自己的计划，我的学习就不会出现大的问题。

我并没有忘记和疏远足球，相反，足球依然在我的生活里占据着重要地位。

那时候，每个星期《足球》报出版的那一天就是我的节日。我会在第二节课下课之后悄悄地溜出学校，到最近的报亭买一份《足球》报，接下来的两堂课就交给《足球》了。其他同学也想看，我就把报纸撕开，一人一版，看了之后再交换。

我每天都会去踢会儿足球，一来这是紧张学习过程里很好的调剂，二来我发现这样的节奏，让我的学习不仅没有受到丝毫影响，反而有利于我提高学习效率。

老师们当然不喜欢我们这样，尤其是我的班主任，韩老师。

韩老师从高二第二学期开始成了我们的班主任，她是一位有着丰富教学经验的地理老师。对于自己的学生她愿意付出一切，爱校如家。因为无法顾家，她的女儿（比我们小几岁）经常会跟着她一块上课，于是和我们也混得很熟。韩老师对待学生就像自己的孩子，她虽然是地理老师，但也会把我们男生和女生分开，给我们讲解男女不同的生理卫生知识。她会告诉我们，男孩子还在发育期，过早穿牛仔裤对我们不利。她还会告诉女同学，要善于保护自己。她会细致观察男女同学之间的关系，一旦发现什么苗头，她就会果断采取措施。高中毕业很久以后，她告诉我："那时候，你和张希颖没有少受委屈，因为郭爱君和魏松坡上课总讲话，我如果只批评他们，过于明显，所以拉上你们做垫背。"尽管如此，郭爱君和魏松坡还是成为了幸福的一对，有时候老师越是担心的，却被事实证明是最合适的选择。

学习尽管很紧张，她还是组织我们出去郊游。我至今还记得全班一块坐大巴去清西陵，连去带回一天的时间，大家玩得很高兴，她还给我们拍了很多照片。我青春期为数不多的照片，清西陵留影就占了好几张。

学校的歌咏大赛，她带领我们精心准备，反复练习二声部，服装上也别出心裁，我们不仅表现优异，整个班级的凝聚力也大幅提升。直到今天，每逢节假日，韩老师家里总是宾客盈门，她教过的历届毕业生都会有人登门探访。她则是乐此不疲地给这批准备了午饭，又给下一批准备晚饭。

唯独对踢球，韩老师很难接受。多次口头制止无效，她就采取强制措施，比较极端的做法就是把我们的足球没收。没有了球，我们就去蹭别人的球踢，也算是个办法。有一次实在没辙了，大家要求我无论如何得把球弄出来。被逼急了，我决定铤而走险。收齐了全班的地理作业，走进了韩老师的办公室，把作业放在她办公桌上，和老师寒暄了几句，说话间，伸出右脚，顺势一勾，球就被我带了出来。完成这样的任务，第一要求观察细致，必须早早就知道足球的方位，以便选择最有利的位置出脚；第二得胆大心细，一边和老师聊天，一边趁势行动，不能有丝毫破绽；第三，还得有良好的脚法，哪怕有一丝声响都可能被识破。

顺利偷出球，接下来就是一段欢乐的足球时光。我尤其享受踢球之后，回到教室，任凭大汗淋漓，感受着汗珠从身体里肆意地溢出，仿佛能听到自己出汗的声音。

在这样和老师的周旋里，终于还是出事了。有一天下午我们六七个男生又一次跑到操场上踢球，只一会儿，其中一个悄悄地嘟囔了一句：苗苗来了。苗苗是我们给韩老师起的外号，因为她姓韩，我们就把"文革"后期电影《春苗》里的老师韩苗苗的名字编排给她。怎么办？远远地看到老师正疾步赶来，我们只能一走了之。大家分头行动，沿着操场的不同方向撤退。可是接下来去哪里又成了问题。校园大门平常都是锁着的，上课期间，整个校园空空荡荡，我们除了自己的教室根本没有去处。于是闲逛了几分钟，我们只能回到教室，追不上我们的韩老师早就回来了，她这次真的被惹恼了，一股脑地把我们几个的书包隔着门都扔了出来。我上学这么久，还真是第一次尝到了被扫地出门的滋味。站在教室外，几个多少有点被吓傻的高中生面面相觑。过了许久，终于有人提议，咱们去给韩老师承认错误吧。我们排好了队，整整齐齐进了她的办公室，瞧见这一幕，连办公室里的其他老师都乐了。看着几个半大小伙子愧愧的神情，听着他们多少有点言不由衷的道歉，心软的韩老师原谅了我们，事后她对我们说，扔书包的时候劲儿用大了，结果把吴新宇的一支新钢笔摔坏了，她很是心疼。

就这样，我们就要迎来高考了。

在高考之前的最后一次全市摸底考试里，我终于考到了全班第一。听到这个消息的时候，我努力控制着自己内心的欣喜，回到家中在日记中这么写道：

> 两年多的时间，我从刚刚升入高中时的懵懂，变得清晰坚定，虽然不时受到青春期荷尔蒙的干扰，但始终能集中精力在学习上。

这些年我自己也在不断地回味这段经历，足球到底给我带来了什么？我高中的这个过程，到底是足球的失败还是成功呢？

后来和颜强聊天，他告诉我，当年现代足球在英国的公学之所以能兴起，就是因为老师们发现，正在经历青春期的男生手淫现象非常严重，于是大家决定加大体育课的分量，尤其是足球这种强体力活动。激烈的拼抢，强硬的碰撞，拼命的奔跑，消耗了学生们的体能，也平衡了他们因不断成长而时常摇摆不定的心理。甚至因为公学里一个宿舍是十个学生加上一个辅导老师，所以宿舍之间的对抗就是十一人对十一人，久而久之，这就成了足球正式比赛的标准建制。

我想，我就是这样一个非典型实例。高中的功课非常紧张，但我基本都能应付自如，特别是晚上开夜车，两三点是常事，偶尔熬一个通宵也没问题。有那么两三次，为了应付第二天的考试，我不得不开夜车，连轴转（这也是因为我有自己的学习计划，为了不受到更多的干扰，一般的考试我不会打断自己的节奏和计划）。高中毕业之后，我们骑自行车去郊游，我的体能充沛，在经历过炼狱一般的高考之后，多数同学的身体都不能算强悍。我一边自己骑车，一边用另一只手拉着另外一个女同学的车把，带着她一路向前，我们超越了小二十辆拖拉机，始终骑在队伍最前列。

也正是因为有了这样的经历和体会，我坚信，只要处理好踢球和学习的关系，两者不仅不会有什么矛盾，反而能互相促进，相得益彰。所以，我坚定地选择把儿子也送上足球场。让儿子踢球，我已经不再是当年的菜鸟，对于足球的理解较之年轻时早有了大幅提升。我会尽量地引导他，让他慢慢体会足球的真谛。某个冬天大雪纷飞的早上，推开门，外面早已经银装素裹，我故意问儿子："怎么样，要不要去踢球啊？"聪明的他早已经在我的话语和语气里听到了某种期许，坚决地表示可以去踢球，于是儿子和我爱人一起来到足球俱乐部，在白色的球场上，只有三个教练，其他的孩子都没有来。在大雪里，儿子和教练们尽情地嬉戏。训练结束回家后，我特意给他鼓掌，并且明确地告诉他："你这么做，老爸非常为你骄傲，因为没有什么困难可以阻挡你。"

一九八六年的高考，我的发挥一般。学习成绩上来了，但心理还是不够强大，高考前一天晚上，我失眠了。平常睡眠极好的我，无论怎么样都睡不着，辗转反侧到十二点，妈妈问我："要不要吃一片安眠药？"我担心吃了会影响第二天的发挥，坚决拒绝了。结果差不多到四点我才睡了两个小时，不到六点，又醒了，兴奋的心情和疲惫的身体让我感觉状态很差，骑车去考场的时候，路过一个十字路口时，还和横向骑行的一个人发生了小小的碰撞。待我跟人家解释清楚，赶到考场的时候，心情和状态都无法马上调整过来，高考就这样正式开始了。第一天的发挥不佳，但疲惫的我却睡了一个好觉。等到第二天考完，想到明天高考就结束了，我的心情再次因为紧张、不安而兴奋起来，差不多又是一个不眠之夜以后，我完成了第三天的考试。

幸好，因为有了平常的底子，我的成绩尽管和预期至少还有二三十分的差距，但根据我的估分，我依然可以按照自己的心意选择专业。

我在家里排行第二，自幼深受长我四岁大哥的影响。大哥从小到大都是好孩子，在县城读书时是班长、三好生，到了石家庄很快又成了班长，还是红小兵的司令。他考上一中，一中就成了我的目标；他上了大学，大学也就成了我的追求。前面曾经说到，在高中我逐步掌握了自学的能力，说起来这也要归功于哥哥。小时候家里的书不多，但他却总能找到类似《十万个为什么》这样的读物，我也因此提前接触到很多知识。我上初中后，因为家里实在过于狭小，我们很难同时摆开书桌，于是每逢周日，我们就一起到市图书馆，在那里享受一个安静的学习日。第一次去，我很是惊诧，没想到世界上还会有这么多人在一起读书的所在。大家安静地查阅图书卡片，安静地填写借书单，安静地取书，然后找到一个位置，安静地坐下，安静地阅读，对于我这个从小就不太安静的孩子，这实在是太新奇了。那段时间不是很长，我们就搬家了，但这样的经历还是给我留下了深刻的印象和影响。我在图书馆，翻看自己的生物课本、英语课本、数学课本，也必须静静地阅读，读着读着，整个人就沉浸在书本里，浑然不知身外的世界。

很小的时候，我曾经看过一部新闻纪录片，对其中的一幕印象深刻：一个女记者坐着汽车到某地采访。那个女记者长得什么样？不记得；她去哪里采访？不记得；她采访了什么问题？不记得。饶是如此，我的某根神经还是被触动了。长大以后，我也要像她一样，做个记者。在农村的时候，不要说汽车，就是家门口过一辆拖拉机都是新鲜事。真的来了汽车，我们一帮孩子能追着汽车跑很远很远。去县城串亲戚、赶集，有马车、牛车坐，就相当于坐进了经济舱，倘或极为偶尔有汽车可以坐，那简直就是头等舱待遇。或许因此我才想做一个记者吧！恐怕我自己也给不出准确答案。但是一个记者可以走南闯北、可以见多识广，这些一定对于我这个渴望了解世界的孩子有着强烈的吸引力。

等到大哥考上了大学，我仿佛受到了某种刺激，又或者是激励。妈妈说，哥哥离开家去上海上大学的第一个学期，我仿佛一下子长大了，学习成绩突飞猛进。等到寒假，哥哥回来了。闲聊的时候，他对我说，你不是想当记者吗？上海复旦大学新闻系，每年在全国只招收三十名学生，你如果能考上，那在未来就可能是最优秀的记者。我至今都没有走进过复旦的大门，但在那个时候，"复旦大学新闻系"这几个字就被深深地刻入心底。为什么不去呢？初中二年级，去复旦大学成了我追求记者梦想的又一个重要事件。

高考开始之前，拿到那年河北省各大学的招生计划，我有点傻眼，复旦大学新闻系一个名额都没有给河北。这可怎么办？我一下子紧张起来。天不绝人，那年刚好有几个人民大学新闻系的学生在石家庄的新闻机构实习，他们受一中的邀请，来学校给我们进行报考指导。在我们文科班的小平房教室外，他们告诉我，中国有两所大学的新闻系是最好的，复旦当然是其中之一，但中国人民大学的新闻系在当时有两个正教授，而复旦只有一个，显然人大新闻系更胜一筹。我绝无冒犯复旦大学之意，只是如此记录这段经历。其实，事后我还曾经不止一次地设想，如果我真的去了复旦大学读新闻系，我的人生会是什么轨迹？我将和另外一批在过去的二十多年里，深刻影响了中国新闻的大牛们同窗共读，想必也会十分有趣。不过，我决定了，去人大！

当时人民大学新闻系共有三个专业，新闻学、新闻摄影、广播电视。新闻摄影，一望可知，一定是摆弄相机的。新闻学？这是一个什么专业？不会是研究新闻理论的吧？我学习新闻，是为了将来成为一个记者，关在书斋里做学问，那可不是我的所愿。那么广播电视呢？多年以后，张斌曾经和我在一次对话里表达了同样的困惑。他说，自己当时也有点含糊，不会是修理电视机、收音机的吧？不过仔细想想应该不会。一九八六年的中国电视事业才刚刚起步，很多家庭都有了电视机，甚至是彩电，虽然电视里的节目并不能令人满意，但看电视毫无疑问已经成了老百姓最重要的娱乐方式。那个时候，很容易就有一个事件，因为电视的放大而成为轰动全国的新闻。因为一场开始〇比二落后，然后三比二的男排大逆转，北大的学生点燃了床单、笤帚，走上街头，喊出了"振兴中华"的口号。我也记得，中国女排获得世界杯冠军的那一天，离比赛还有一段时间，大街上已经空空荡荡，人们早早地守候在电视机前，全家人一起，给中国队加油。那样的比赛如果也有收视率调查，应该有百分之一百零一吧。因为可能还会有的人，家里没有电视机就跑到别人家蹭看；或者是躲在别人家窗子外，把电视解说当收音机听。我个人就有过类似经历：高三时，上晚自习，我偷偷溜出来，跑到一中老师的宿舍外，在他们的窗户外徘徊，听着从屋内传出的汤姆斯杯决赛的现场解说。虽不能见，也觉得非常过瘾。

我郑重地填下了第一志愿：中国人民大学新闻系广播电视专业。之后，又一口气填了另外八个学校的新闻系或者中文系新闻专业。妈妈问，大专志愿还填不填？我坚决否定了，大不了再考一年。

那一年不知道为什么，人大的录取通知书来得有点慢。北大、清华、复旦的都来了，我却迟迟等不到自己的通知书。我跑回栈道想调整调整，结果午睡的时候，梦到通知书来了，一伸手把姥娘糊在墙上的报纸抓了下来。姥娘问明了原由，对我说，反正你也沉不住气，还是回石家庄等着吧。终于有一天，梦寐以求的录取通知书来了。

未来，我就是一名记者了。

第七章
我们是冠军

　　二〇一四年的上半年，记不清是哪一天了，我突然接到一个短信，大意是：师兄，告诉你一个好消息，咱们人大新闻学院足球队今年终于在校甲级联赛决赛里大比分击败对手，继一九八八年之后，时隔二十六年又一次获得了冠军。

　　二十六年，用我已经认识了二十七年的老六的口头禅来说："苍天啊！有那么久了吗？"可为什么夺冠的那一刻记忆是那么清晰，仿佛就在昨天呢？

　　一九八六年九月，我怀揣着人民大学新闻系的录取通知书，踏上了北上的火车，这是一次真正的离家。此前，我只去过一次北京，除了对颐和园人群的拥挤和全聚德菜价的昂贵有点感觉之外，并没有特殊的记忆。

　　哥哥在北京站接我，并且一路把我送到了学校。显然这是爸爸妈妈安排的，一向持重老成的哥哥永远是他们最信任的。

　　报到，买饭盆、暖水瓶、饭票，交书本费，进宿舍，把自己随身带来的铺盖打开，收拾好床铺，见了同学，我的大学生活就这样开始了。

　　就在我的新鲜劲儿还没有完全过去的时候，宿舍里来了一位高年级同学，他问："你们有踢球的吗？"我回答说，我喜欢踢。他马上说，那就一块来玩玩吧。

按照约定的时间，我来到操场，果然见到一群高年级的新闻系师兄。大家摆开阵势就热火朝天地踢了起来。

散场的时候，那个来找我的高年级同学叫住我，自我介绍说，我叫李晖，是新闻学八五一班的，也是新闻系系队的队长，你如果愿意，就来系队吧，校庆杯马上就要开始了。

校庆杯是人大校园里最重要的足球比赛，既喜欢标榜自己是新中国成立后建立的第一所大学的人大，也喜欢把自己的建校史追溯到一九三七年陕北公学时代。因为陕北公学是在秋冬交替的时节成立，所以人大的校庆杯也就安排在每个学年的第一学期进行。

一九八六年我们遇到的对手都很强。其中财政系是一个很难对付的球队。他们球队里有几个校队成员，其中有老将，也有和我一样刚刚入学的新生，一进校就能加入校队，显然是特长生。

我被安排打前锋，可能是李晖觉得我速度还比较快（对，当年我确实还有点速度，百米十二秒多，至少不算慢，据说那个时期号称中国足坛头号球星、绰号矮脚虎的赵达裕百米差不多得跑十五秒），脚下也还有一定的控球能力。比赛之中，我果然获得了一个机会。我们的后卫后场一记长传，打到了对方的防线身后，我高速插上，已经形成了单刀，猛然间我被从身后猛追的对方后卫绊倒了，在人大的黄土操场上，我瞬间失去了重心，一路滚了出去。我躺在地上，有那么一阵短暂的时间，我仿佛感受不到疼痛，身子甚至轻飘飘的，可是突然所有的疼痛涌来，一下子就变得那么真实，五脏六腑仿佛都要跳出来。队友们冲上来慰问我，犯规的对手也抱歉地拍了拍我，但我根本没能记住对方的模样。还好，稍微缓了缓，我又可以投入比赛了。

那场比赛我们最终一比〇拿下。

晚上，李晖拉着我去食堂吃夜宵，一会又凑过来几个我根本不认识的外系同学，交谈中我慢慢听明白，他们就是我们下午刚刚战胜的对手。其中一个很白净的小伙对李晖说，你回去转告一下你们的前锋，我今天那个身后的犯规真的是没有办法，我如果再不下绊他就进了禁区了，那就没有机会了。啊，原来这就是从身后对我下黑脚的家伙！放在现在，破坏进攻一方的明显得分机会，一定得拿个红牌才对，但裁判好像只给了一张黄牌，这确实让我在场上有些愤愤不平。不过，离开球场了，一切都又变得不同。我笑着对他说："哥们，你知道吗，我就是那个被你绊倒的前锋。"说完之后，我俩不约而同地大笑了起来。这就是足球的奇妙之处，球场上的势不两立，在球场外却真的可以相逢一笑泯恩仇。接下来我知道，他叫李征，和我一届，也是校队的中后卫。进入大之前，一直是北京某区少体校的主力球员。

一九八六年校庆杯，我们最后是在八进四的淘汰赛里一球小负法律系，虽然我们的实力在对手之上，可是显然我们没能将自己的水平完全展示出来。这多少让人觉得有些遗憾。当然在有些位置上我们也确实还有短板。

对于刚刚入校的我而言，最大的收获是一下子认识了很多学校里的球友，前面提到的李晖、李征就是代表，而他们又为我打开了另一扇门。

有一天李晖找到我，"校队教练希望你去校队试训，表现得好，完全有机会留下来，因为有一批大四的队员要离队。"

这可是我从来没有想到过的机会啊！从小到大，足球始终能够给我带来莫大的快乐，上小学时，我也曾经偷偷地设想过，有没有机会进入校队，我们的校队那时候经常还能参加萌芽杯、贝贝杯、希望杯、攀高峰杯等比赛，可是明显的，我只能上体育课或者放学之后踢踢球、过过瘾。上了初中，我对足球更加狂热，头脑里或隐或现地有一个念头，只要好好踢，或许能进国家队。可是，一个暑假，我们一帮乌合之众临时组建了一个队伍和省体校的同龄人踢了一场，让我看到了巨大的差距，在他们面前，我们用丢盔弃甲、溃不成军、惨不忍睹哪个词形容都不为过，在场上的心态也从刚刚开始的羞愧难当，到中间的自叹弗如，直至最后的麻木不仁。差距实在太大，从那之后我就没有再敢继续自己的国家队梦想。当然后来阴差阳错，我还真的有那么一个机会代表国家队踢了一场球，这已经是后话了。

到了高中，大概是高三吧，我们几个同学议论说，学校要组建足球队参加石家庄的学校高中比赛，但是考虑到高三功课压力比较大，学校不准备招入高三学生。这让我们这些自认为球已经踢得不错的同学很是不服，于是大家商议，我们自己组建一个队伍，挑战已经组建并开始正规训练的校队。

这又是一场正规军和乌合之众的比赛，所不同的是，这次的乌合之众是经常在一起踢球的一众熟人，虽然大场十一人制踢得少（因为很难有那么多人同时逃课），经验偏少，但我们在小场地上也形成了我们的默契和局部的优势。那场球我们和校队踢成了二比二平，让校队的教练还真的有点不敢相信。事实上，上大学后，我们文科班的不到三十名男生里有七八个入选了各自学校的校队，有青年政治学院、对外经贸大学、天津财经大学、河北大学、河北财经学院。

几次想着进校队而无果，现在突然机会出现在面前，还真让人有点不敢相信。这不仅仅是一种荣誉，还意味着许多福利和优惠。校队用餐是有独立餐厅的，一开始甚至都不用交伙食费，这在那个时代实在太有诱惑力了。而且，校队还有免费的运动衣和运动鞋。人民大学各项目校队的外套都一样，是那种深蓝色绒衣，在胳膊和裤腿两侧分别有浅蓝色的一条，放在今天，哪怕是最low的运动品牌也不会有这么简单的设计了，但对于我来说，它有着太强的吸引力了。

这样的召唤无从拒绝，哪怕前途未卜，我也得去试试。在校队经过了漫长也是多次的训练，教练既没有说可以，也没有说不行，现在看来他也在犹豫，其他几个人跟我差不多，也都是踢野球出来的。这种悬在半空的感觉不太好，但我似乎也没有其他更好的选择。我们是校队的编外成员，既要跟着一起训练，前面提到的诸多好处也落实不到我们头上。

这种局面持续到大二，才有了真正的转机。新一届的校庆杯开始了。八七级新生的到来让我们满怀期待，也许他们当中可以选拔出几个好手，这样在校庆杯上我们就可以大展身手。调查了一圈下来，情况不好，踢得还不错的只有来自成都的蔡咏松和安徽合肥的黄路，其他几个嘴上说的显然比脚上踢的更好。还有一个情况特殊，他身材高大，超过了一米九，弹跳摸高也不错，因为是一名接受训练多年的排球运动员，只是脚下相对一般，综合考虑，就成了我们的主力轮换前锋，他就是张斌。

这一年我们的成绩和表现都不好，再次在淘汰赛第一轮就出局。不过，对我而言，好消息是校队终于接纳了我。我可以去运动灶吃饭了，我可以有一身让很多人羡慕的运动服了，重要的是连球鞋也有着落了，校队会定期发放。也有小小的遗憾，刚好学校食堂改革，校队依然有单独的食堂，却取消了免费就餐，我们也需要缴纳一定的伙食费，不过和普通学生相比，依然是个巨大的优惠。我们每个月只需要缴纳四十元，就可以随便用餐，而到我们毕业时，普通学生的每月伙食费差不多从刚开始的三十多元上涨到了七八十元。这样我就能为家里省下一些钱，到大四的时候，我每月从家里拿七十元，除了伙食费，加上那个时候特殊的补贴，每个月我手里大约有五十元的零花钱，已经觉得非常宽裕了。

我很珍惜来之不易的机会，几乎从来不缺席任何一堂训练课。有一次虽然觉得不舒服，还是坚持了下来，之后我马上冲进就在球场边上的医院，大夫一测体温，妈呀，三十九度多了。还有一次打比赛，我一个侧铲，虽然把球铲出边线，自己也铲到了一个碎玻璃碴上，形成了一条二十厘米长的伤口，顿时血流如注。教练在场外问我，要不要下来处理一下，我摇摇头，顺手抓起一把黄土往伤口上一抹，又投入到比赛当中，而伤口愈合之后留下的那道疤至今还在。有一年我们要在开学之后马上参加比赛，教练要求我们提前返校开始训练，在北京八月的骄阳下，每天我们都在最热的时候开始训练，即便如此，我也从来没觉得有什么不舒服，对足球的热爱完全控制了我。所以到了大四，按照规定我们都应该离队了，但我实在舍不得，就偷偷找到教练央求，希望能多待几天，没想到他非常痛快地就答应了。后来，毕业了很多年之后我们再见面，我问他为什么一点犹豫都没有，他回答，你的投入和精神是我最看重的，我希望你能留在队里，影响影响其他的新队员。

据说，有时候训练结束之后或者是一场胜利之后，加图索会忍不住冲上去拥抱卡卡，然后捏捏卡卡，看看这是不是真的，他对卡卡、皮尔洛等人显然是已经心悦诚服，所以甘心去做脏活累活。据说戴维斯当年也曾经迷恋盘带，可是自从来到尤文图斯和齐达内同队之后，他就彻底改变了球风，一心一意，做好拦截、抢断，把更高级的工作留给齐达内。我可没有他们的水平，更没有他们的觉悟，我唯一知道的是只有努力才能留在校队，只有努力才能从替补变成主力。

一九八八年五月，人民大学校队在北京高校乙组比赛里一路杀入最后的决赛，并且获得冠军，时隔几年之后重返甲组。我也在球队中逐步站稳了脚跟，校队主教练给我最后选择的位置是右后卫。

转眼我已经升入大三。这年秋天，八八级的新生来了，这次我们有了意外的收获。练习跳高的吴兵，非常适合打盯人中卫，因为哪怕他顶不远，他也总能在第一时间控制住球的落点，在球场上还出现过几次这样的现象：吴兵第一次顶到球，见高不见远，当所有人准备再次争顶时，又是他第一个把球顶到，甚至可以连续三四次。其他几名后卫的防守因此变得容易了很多，我们只需要保持好和他的距离，就总能轻松地化解对方的进攻。速度奇快的赵彤杰当然适合打前锋，他十秒八九的百米能力，哪个后卫防守起来会觉得容易呢。在比赛里赵彤杰的过人基本上就是简单粗暴的强行超车，F1讲究内道超车，赵彤杰则完全不管不顾，把球向前一捅，剩下的就是和对方飙速度了，所以如果对方只有一个人防守他，常常要吃大亏，不仅速度惊人，赵彤杰还有一脚大力射门的绝活，这就让他的突破变得更具威胁。

他们两个都是学校田径队的特招生。

我们的主力阵容基本形成了。

守门员李晖，他的身高达到了一米八五，虽然有点发福，但柔韧性很好，他曾经在我们宿舍一抬腿就几乎踢到门框的下沿，着实吓了大家一跳。据说一九八五年的柯达杯之前，当时的中国队曾经找过他，但他更希望上大学才放弃了那个机会。李晖的另外一个特点是反应快，对手的点球手面对他的扑救也经常脚下发软，当然作为这个球队的核心，他可以指挥任何人。李晖之前练习过柔道，擒拿格斗也是一把好手，有几个同学不服气，四个人联合跟他斗，结果没多久就被叠罗汉一样，把哥几个全部擒获在地。后来新闻系流传了一个关于他的笑话：几个同学在卧谈会上商量怎么样才能把李晖拿下，有人就建议趁他睡觉时用绳子把他绑起来，可是马上有人指出，一旦他被惊醒，还是没戏。于是又有人建议说，先拿一根棒子，一棒子将他打晕，这就可以了。突然，有一个声音悠悠地从角落里传来：万一他被打醒了呢？此人说话的声音并不大，但大家仿佛一下子被惊呆了，久久地没有人敢接茬。当然，李晖平日里更像一个温顺的大动物，跟谁都嘻嘻哈哈，很难见他凶猛的一面，而在球场上则是另当别论。

中后卫蔡咏松，他的个头还不到一米七五，身体绝对不够强壮，速度也算不上惊人，但在这个位置上他的意识、站位、预判和反应非常出色，他就是典型的巴雷西、卡纳瓦罗一类的中后卫。他和我一同正式进入校队，并且很快占据了主力位置。这个成都小伙表现出的足球智商确实让我佩服不已。和我一样，刚开始他被安排打前锋，后来无论在校队还是在系队，他都是中后卫的不二人选。

另一个中后卫则是弹跳惊人的吴兵。

左后卫黄路，安徽人，身材矮壮，拼抢积极，防守能力较强，基本不给对方突破机会。

中前卫汤英军，我们都叫他汤姆，技术全面，奔跑积极，能传能射，是我们的中场核心。汤姆是我见过的业余球员中对足球最为痴狂的一个，直到大学时代他都没有泯灭自己的足球梦想，我常常看到他在球场上拼命练习，只因为他相信自己一定有希望成为国家队的一员。

右边前卫史兵，我的同班同学，百米速度也在十二秒左右，球风扎实稳健。

左边前卫何文新，个头不高的技术型中场，场下他非常安静，场上却总有出其不意的表现，所谓静若处子、动如脱兔说的就是他。技术好，预判好，踢球聪明，也是校队和系队的绝对主力。

右边锋赵彤杰，校田径队的百米高手。

左边锋毛建军，又是一个校田径队百米高手，百米成绩据说也在十一秒上下，他和赵彤杰一左一右的突破，确实让对方的边后卫压力很大。

中锋，我们有几个选择。更多时候，我们的主力是张斌。一米九二的身高，一定的头球能力和护球能力让他在这个位置上优势更明显。当然我们也有旗鼓相当的替补。

对，还有一个位置，右后卫，那就是我。进入校队之后，我逐步被固定在边后卫的位置上，按个性我并不喜欢这个位置，但是既然教练安排了，我也就慢慢接受了。在越来越多的比赛里，我发现自己在这个位置上反而踢得更加自由。

有人说守门员是球场上最有全局观的，用已故国家队守门员李富胜的话说，守门员出干部。因为大量的时间里守门员可以轻松地观看全场的比赛，因为他是最接近底线的人，他也经常处在闲暇之中，这个时候如何集中注意力，准确判断形势，并且做出准确的预判就是他最常做的一件事，久而久之，他就养成了爱动脑子的习惯，而如果能够踢到国家队这个层面，他的智商就不是一般人可以比拟了。

中后卫同样是个脑力劳动者，在这个位置上身材高大、强壮、弹跳好、对抗力强固然是重要条件，但其实用心观察，更准确判断对方进攻意图，同时在本方有球时，能够敏锐捕捉战机，第一时间发动进攻，这才是中后卫的最重要的能力。

而在边后卫这个位置上，我可以用对角线的方式观察球场，这也应该是最开阔的一种视野了，在这个位置上，我既可以接到守门员的传球，也经常可以得到中后卫、前卫的传球，在充分利用了场地的宽度之后，我在进攻上也可以有很多种选择，尤其对于我这种长期踢野球的人，这个位置让我不再没有战术纪律地乱跑，而是可以比较好地融入到整个球队之中，在系队的比赛里，我们因为阵容齐整，实力强大，也更容易发挥我助攻好，传球好的特点。

一九八八年的校庆杯，我们被分在了一个相对较弱的小组，整个小组赛就成了我们磨合阵容的最好试验田。我们几乎每场都是三四个球以上的大比分击败对手，顺风顺水地进入到淘汰赛。

四分之一的对手依然比较弱，当我们杀入半决赛时，考验才算真的来了。我们的对手是老冤家财政系。那一年财政系和我们一样，也是兵强马壮，雄心勃勃欲染指冠军，可以说谁是半决赛的胜者，谁基本上就是那次比赛的冠军。

我们同样志在必得。比赛开始之后，我们马上确立了优势，围住对方狂轰滥炸，对方能够推进到我们禁区内，威胁到球门的机会几乎没有。也许我们太急于得分，急躁的心理影响了进攻的质量，〇比〇的比分迟迟没有改写，比赛转眼进入到下半时。对方在一次反击中边路传中，跟进的中场队员，也是我在校队的队友一记搓射，球速虽然不快，角度却很刁，李晖又恰恰被前面的防守队员遮挡了视线，球进了。

一瞬间，我们都傻了。这是大家谁都没有设想过的局面。短暂的迷茫之后，我们马上展开了殊死的攻击，但进球依然迟迟没有到来。

我凭直觉也能知道时间已经越来越少。

我在边路获得了一次机会，带球过了半场，对方的一名队员上来拦截，我一个变向摆脱了他，随即准备提速，禁区离我已经不远了，这时对方的一名中后卫补防出来，却已经不在有利位置，只好出脚犯规。裁判鸣哨，任意球。我站起身来，准备主罚这个球，一回头看到本班同学张庆刚好就站在场边，和其他同学一起给我们助威，我赶紧问道："比赛还有多少分钟？"一向稳健成熟的张庆抬腕看了一下手表，回复道："慢慢踢吧，还有二十多分钟呢。"听到这句话，我悬着的心一下子放了下来，二十多分钟，足够我们扳回比分的。

此时，又发生了一件事。久攻不下的我们决定调整中锋，八五级的张鹏要替下首发的张斌。在场边简单地热了几下身，张鹏就出场了，周边的同学大声吆喝着，张鹏进一个。张鹏也很自信地答复说，放心吧，看我的。

我抬头看了看禁区内的形势，一脚球送向后门柱，只见一个身影及时前插，一头把球顶进了球门。他就是上场之后第一次触球的张鹏。我们扳平了比分。希望回来了。

正当我们准备乘胜追击的时候，裁判却突然结束了比赛。不是还有二十多分钟吗？我大为不解。马上去找张庆核实，不承想，他慢悠悠地说了一句："那时候就只有五六分钟了，我骗你的。"

这真是让我倒吸了一口凉气。天哪，要是那个时候他如实告诉我时间会怎样？简直不敢设想。而如果那个时候我们没做换人调整，又会怎样？足球时时刻刻不忘向我们展示它吊诡的一面。

九十分钟之后天色已晚，我们只能择日进行加时赛。死里逃生的我们这次没有重蹈覆辙，加时赛上半时，我就助攻队友得分，随后，在一次角球里，我又直接主罚得分，把球旋进了球门后角。这不是我第一次，也不是唯一的一次角球直接得分，却是我印象最为深刻的一次。我们最终以四比二的比分晋级决赛，将和计划统计系争夺最后的冠军。

计划统计系是那年的黑马，他们球队里几乎没有什么校队成员，却意外地杀入了决赛。论实力我们绝对有优势。

开场之后不久，我们就连进两球，很快，我们又获得了一个角球。我开出的角球准确地找到了埋伏在后门柱的张斌，只见他高高跃起，在一众人的头上把球顶进死角。上半场我们就取得了三比〇的优势。

进入下半场，我们依旧牢牢控制着局面。一个意外，让我的决赛之旅未能圆满。下半场我们球门背后是一群计划统计系的同学，面对本方的落后，他们心有不甘，嘴里各种风言风语，这其实也是中国足球存在的一个最大的问题，那就是不懂得如何面对失败，接受失败。在业余足球里，打架或者不欢而散的事情屡见不鲜。我们的门将李晖在一次捡界外球的时候和对方的球迷发生了口角，大家的情绪一下子都激动了起来，我因为距离门将很近，冲过去准备帮忙，突然从人群中飞出一个汽水瓶子，不偏不倚地砸在了我的头顶，瞬间鲜血就流了下来。

我被换下来拉去医院缝针，其间我不断催促医生快点快点，我的印象里缝针时没有打麻药，简单包扎之后，我马上返回球场，此时比赛还没有结束。对手虽然扳回了两分，但我们也再进一球，四比二，人大新闻系历史性地夺得了校庆杯的冠军。

这个冠军是我人生中的第一个冠军，也是我认为最重要的一个冠军。因为它不仅见证了我的成长，也记录了我的挫折，更让我收获了比冠军更多的财富。

我在球场上属于话比较多的那种球员，我知道，这常常会比较讨厌。在系队和校队的两年，我开始意识到自己的问题，努力加以改进和控制。虽然年近半百的我到现在都不敢保证，能够在比赛里持续地良好控制自己的情绪和嘴巴，但至少从那个时期开始，我已经在做着各种努力。

因为没有踢过相对专业的球队，我其实一直就是个标准的野球分子，在场上乱冲乱跑，根本没有什么战术纪律可言，在这次比赛里，我转型成了一个后卫。既有防守的职责，又有进攻的空间，这让我的位置感以及和队友的配合大大加强。在那年的校庆杯里，我应该是助攻最多的队员。

在足球世界里不断转换位置，并且最终获得成功的大有人在。范尼在青年队时就是个不太出众的后腰，加拉也从前锋的位置上一路后撤，直到踢上了中后卫才最大限度地发掘了自我。人生当中何尝不是如此，有时候你会觉得这个位置非你莫属，但其实你还有更合适的岗位。有时候你拒绝变化，殊不知变化可能带来更多的机遇。足球教会了我，在竞争中展示自己，在竞争中发现自己，在竞争中改变自己。

一九八九年的校庆杯，我们又一次杀进了决赛，没有了八五级的中坚力量，我们完全靠着团结一心才取得了这样的成绩。这一年我成为了球队的队长，也是球队实际上的主教练。比赛一直打得很艰苦，半决赛我吃到了红牌，球队也是通过点球大战才击败了对手。比赛可谓一波三折。

说到那张红牌，那还真是我人生当中的第一张红牌，我其实是冤枉的。故事是这样的：我们的另外一名球员在中场和对方发生了小冲突，我过去拉架，不承想裁判上来就给了我一张红牌，让我十分震惊。

于是我不得不缺席了最后的决赛，只能作为一名观众在场外焦急地看着我们最后遗憾地输掉比赛。因为在决赛里，我们一上来就获得了一个点球，假如我在场上，作为第一点球手，肯定由我来罚，在比赛里，我几乎没有罚失过。而如果我们一上来就取得领先，比赛就将进入到另外一个节奏，可惜老蔡点球打偏了，我们二比三输掉了决赛。那场比赛的另外一个惨烈记忆是，我们的主力门将马云鹏，他本是人大校队从陕西青年队特招来的门将，因为在校队比赛里手臂骨折，无法再为我们把守球门，但鉴于人手紧张，他也带伤上阵，一只手拐着绷带出现在我们的后卫线上。关于那场决赛之后发生的故事，老六（彼时他在场外观战，并且是随后酒局的主角）另有描述，有兴趣的朋友可以找来他写的《记忆碎片》翻看一下。

多年之后，我得知了这样的一个内情：决赛之前，对手考虑到我们很可能就是他们的最大对手，而如果能罚掉我们的主力，他们获胜的可能性才更大一些。于是他们提前宴请了裁判，据说还给了裁判两条烟，我便成为了"黑哨"的牺牲品。

你看，我对假球、黑哨的痛恨绝对不是没有缘由。

球场上结下的友谊是真正的友谊。

一九九六年我进京找工作，第一个找到的就是张斌，而他提供的《足球之夜》的机会也永远地改变了我。

和李晖、赵彤杰、李征、吴兵等不论系队还是校队的队友，我们都保持着长久的联系。每次见面，大家喝得畅快，聊得开心。大学四年足球场上的故事，不管是趣闻还是恶作剧，都被我们反复回忆。我相信，那里面不仅有我们的青春，更有我们成长的轨迹以及种种的酸甜苦辣。就像烈酒，喝的时候刺激，储藏起来则是历久弥香，更值得回味。

多年之后，我们还会偶尔约着一块踢踢球，喝喝酒。此时，那些陈年往事都是我们酒桌上最好的下酒菜。我发现，球场上建立的友谊要远胜其他关系。不论曾经是对手还是队友。二〇一五年初，我在美国休假，见到了二十五年未见的人大同级同学，攀谈之中我们自然地聊到了当年宿舍楼下的那片小球场，随后就开始共同回忆那些在这块小球场上踢球的同学，仅仅十几分钟，二十五年的疏离感就被淡忘，我们仿佛一下子又回到了当年的青葱岁月。

喜欢运动的我们还有一个很相近的选择，那就是普遍都鼓励、支持自己的孩子投身运动之中。我的儿子已经踢了七年球，李征的儿子练习击剑，李晖的儿子还在足球和篮球里进行抉择。无论如何，在我们看来，让自己的孩子拥有健康的体魄，并且养成一个终生的运动习惯是非常必要的。况且和孩子一起运动还是缩小代沟，更多与孩子交流的最好方式。喜欢运动的家庭通常是和睦的、阳光的，有一种看不到的气质会改变一个人、一个家的整体感觉。

此外，运动也是一个年轻人扩大社交圈子、开阔视野的方式之一。我清楚地记得，在当年人大校队外出比赛的校车上，我常常会和我们的右前卫坐在一起，他学的是金融，也是一个狂热的戏曲发烧友，特别对人艺了如指掌。很多关于人艺的桥段都是他告诉我的。人艺讲求实物道具，通常排练之前都会提前安排好由不同的演员从家里带来不同的道具。有一次，一个演员忘记了从家里带门帘，所以就央求台下的导演，我们进门的时候假装掀一下门帘可以吗？老导演没有说话，走上台来，找了锤子、钉子，把自己披着的呢子大衣钉在门上，转头对演员说，这不就是个帘子吗？韩善续演《雷雨》里的鲁贵，一次排练，仅出场的台步就被导演要求走了好多遍，因为导演始终认为他的出场没有找到感觉。我们的右前卫还告诉我，姜文曾经追着人艺连看了若干场《雷雨》，别人问他为啥这么痴迷，他回答说，话剧是现场表演，每一次看到老艺术家在场上的发挥，再进行前后的对比，都能让自己从中感悟到许多。大学毕业后，我很长时间都没有见过这位右前卫，直到有一次在电视剧《橘子红了》里，我看到一位西装革履，佩戴着金丝眼镜的熟悉的面孔，大叫着对妻子说："这不是郑重吗？我的队友啊。"马上上网一查，还真的吓了我一跳，他还是热播剧《大明宫词》的编剧呢。看来当年校车上的故事没有白讲。

提到运动，国人常常会提到的一句话就是，运动员四肢发达，头脑简单。这其实是对运动最大的误解。运动不仅仅需要强健的体魄，更需要灵活的头脑、敏捷的判断、果断的抉择，具备了这些优良素质，在步入社会之后，常常更容易获得成功。美国电影《社交网络》里就描写了这样一个故事，扎克伯格最初的两个合伙人不仅仅是技术精英、商业人才，更是体育健将，他们一起参加了北京奥运会，还在赛艇项目上获得了名次，而扎克伯格最终赔付了他们数亿美金。

政界人物里也有许多运动健将。美国总统里喜欢运动的就大有人在。

奥巴马是篮球爱好者，老布什则是跳伞爱好者，连自己的八十岁生日都要用跳伞庆祝。德国总理科尔则是个狂热的足球爱好者，只是在他从政的那些年，他想踢一场球的代价有点高昂，据说还得坐直升机去参赛。

而我的昔日队友，也都在各自的人生里打拼出了一番成就。从企业家到金融家，从优秀摄影师到著名记者，各行各业都能看到他们活跃的身影。

3

三 《足球之夜》

上

第八章
斯科拉里

二〇一五年，斯科拉里来中国执教了。既然里皮可以来，埃里克森可以来，他为什么不能来呢？但是对于熟悉《足球之夜》发展历程的人，他的到来却有点黑色幽默的意味。

一九九六年四月四号，《足球之夜》正式开播。当时的国际足球的主编黄健翔和另外一位同事去采访在工体进行的一场比赛——北京国安对阵来自巴西的格雷米奥，当时斯科拉里正是格雷米奥的主教练。北京国安三比二击败了客队，继续延续着工体不败的神话，但斯科拉里却并不服气。赛后接受黄健翔采访的时候，他直言，"你们的裁判太好了，不仅主裁判是主队的第十二名球员，两个边裁也是主队的第十三名、第十四名队员，如果你们总是用这样的方式来击败每一到访球队，中国队将永远进不了世界杯，永远！"

斯科拉里的话很刺耳，态度也很强硬。在电视机前收看了那场比赛直播的我们都知道，是裁判明显的主场哨伤害了他，让他在接受采访时一点都不客气。他也成为揭开中国不公平竞赛黑幕的第一人。

我们把这段采访原封不动地播了出去，这在当时很有点不合时宜。因为不论是北京国安队还是中国国家队，那一段的成绩都不错，先后战胜了来访的桑普多利亚、AC米兰、阿森纳等强队，一度让在职业联赛第一把火烧得很旺的中国足球界产生了一种迅速赶超的虚幻意识。而裁判的问题，包括其他不公平竞争的现象显然被忽视，或者被有意识地漠视了。

《足球之夜》是第一个敢于直面这个现实的媒体。这也成为了日后我们报道中国足球的一个序曲。那个时候，一群年轻人聚集在一起，不为别的，只是希望做出一档真正的足球节目。

我还清楚地记得一九九六年的元宵节，我来北京寻找发展机会，出了西客站，一抬头就看到了中央电视台，那个今天看起来已经没有了特点的火柴盒一样的建筑，是那个时候中国电视人心目中的圣殿，我几乎没有犹豫，就从这里开始了试图转变人生轨迹的北京之行。

我在传达室门口给张斌打了一个电话，他把我接进了央视大楼，来到了位于主楼二十二层的体育频道的大办公室。

他对我说，上午公事很多，我们只能在午饭的时候再进行交流，然后就把我扔到了办公室径自忙碌去了。于是，我有些好奇地打量着进进出出的各色人等。走进来的那个大胡子，我已经在电视上认识了，他叫师旭平，是当时已经很有些影响的《世界体育报道》的当家人。一个身形一晃而过，但我还是看到了，他就是韩乔生啊。一个身形瘦削的女孩子就坐在一个角落，对，她叫罗宏涛，也在体育频道的几个节目里出过镜了，我们应该是同龄人。还有这个刚刚进来的白面书生，他应该叫张虹，也是《世界体育报道》里的主力记者。

那个时候的体育频道年轻而充满活力，尽管只有《世界体育报道》《体育沙龙》《体育新闻》等为数不多的节目，但开播之后不久，就已经吸引了广大体育迷的目光。

直到中午，我才和张斌来到央视食堂。一路上我只是简单说明了来北

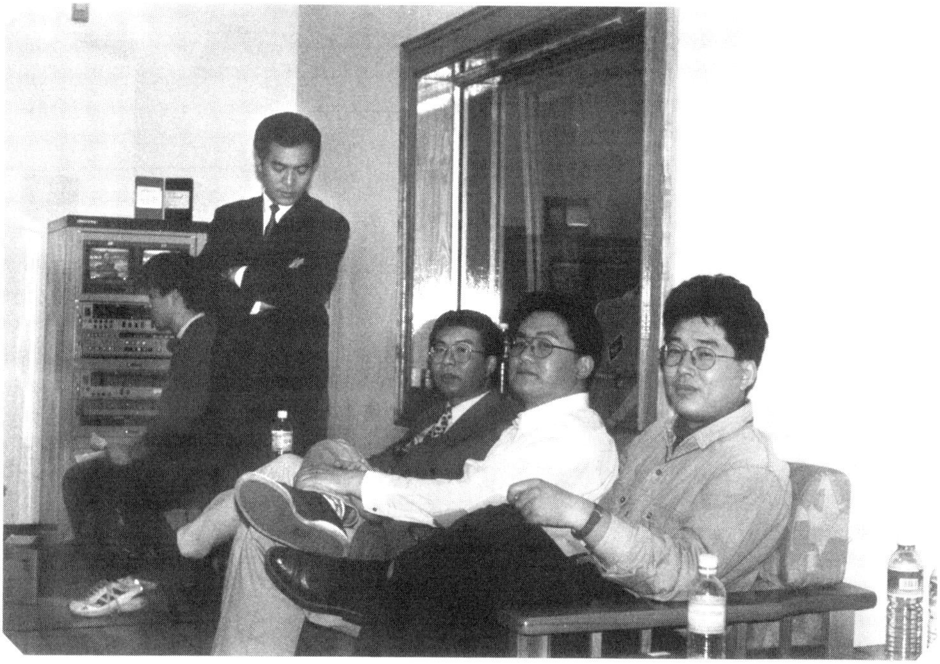

一九九六年《足球之夜》刚刚开始播出，人员紧张，几乎每个人都是多面手。在这张照片里，张斌、韩乔生、黄健翔是主持人，我是记者，坐在最远端正在负责放磁带的是段暄。

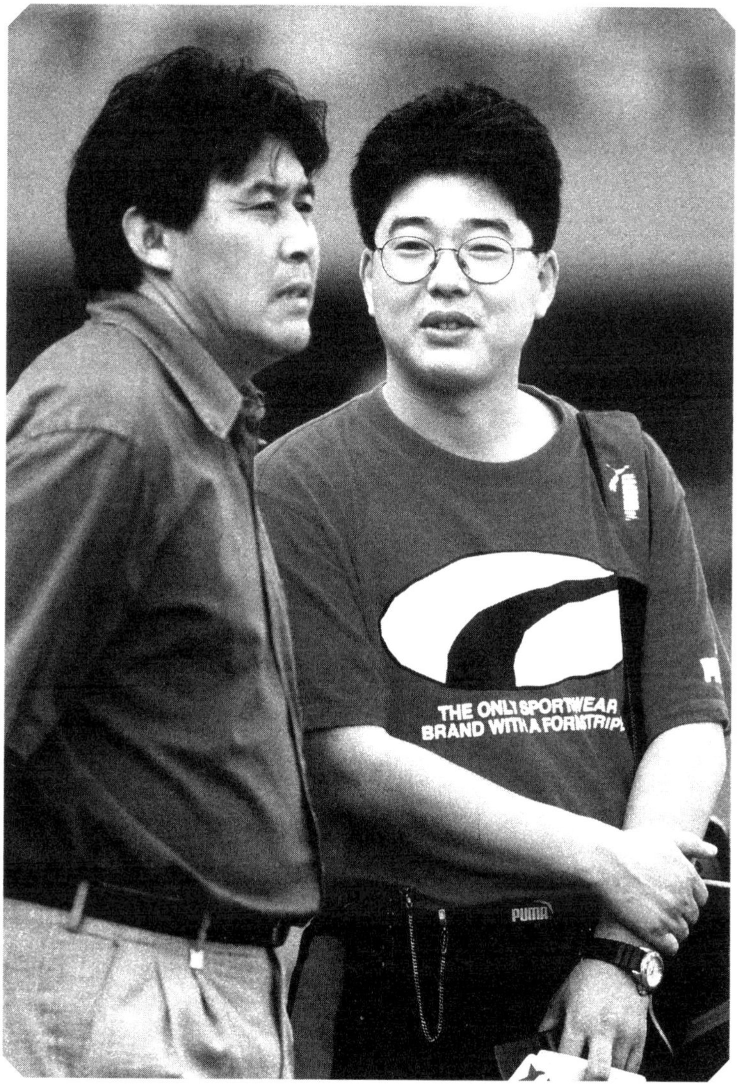
PUMA

开播的前几年，我更多的是一线记者，教练、球员以及球队都是我的采访对象。久而久之，大家也就熟络起来。此图是和时任大连万达主教练的迟尚斌在一起。

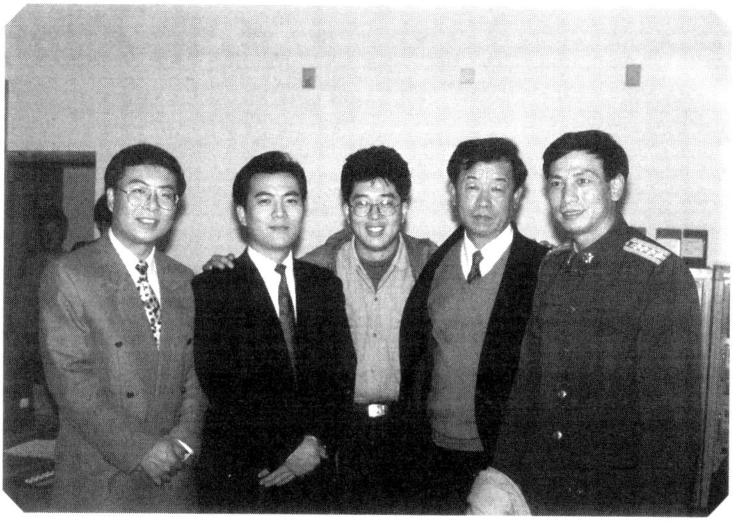

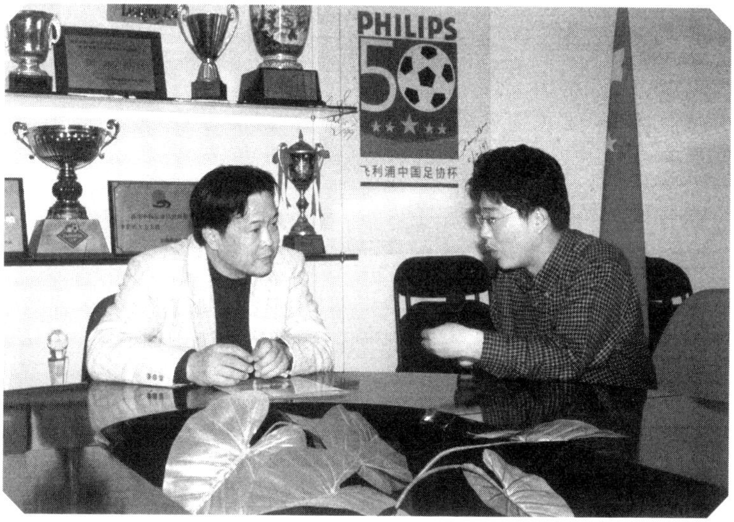
PHILIPS
飞利浦中国足协杯

早期《足球之夜》经常邀请球员、教练走进演播室，刚刚进入职业化的他们还不习惯聚光灯，经常汗流浃背，手足无措。和他们比起来八一队的李富胜、刘国江算是见多识广。

一九九九年，《足球之夜》拍摄纪录片《在路上》，旨在总结刚刚起步的中国足球职业联赛。图为采访时任央视体育中心主任的马国力。

京寻找工作的意图,张斌也语焉不详地和我聊了几句。直到在三楼的一张餐桌坐下,我才明白这并不是只有我们两个人的午餐,张斌依旧利用午餐的时间在讨论工作。我惊讶地发现,刚刚见到过的韩乔生老师又出现在餐桌旁,而另一个也坐在这里的年轻人我已经比较熟悉,他就是刚刚在足球解说里崭露头角的黄健翔。

一九九六年的元宵节的中午,张斌、黄健翔、韩乔生和我坐到了一起。张斌对他们两位说:"那个节目名字我已经想好了,就叫《足球之夜》。"这是我第一次听到这个名字,并没有特别的感觉,当然更没有意识到从此我的命运将和她紧密地联系在一起。张斌继续说:"这个节目的宣传词我也想得差不多了,《足球之夜》——球迷每周的节日!"这个说法令我心动了一下。看来这是一个即将创办的节目啊。然后,他们开始各抒己见,发表着对未来节目的种种看法。我除了吃饭,基本上都在旁听,只偶尔地以观众的身份说一点我的感受。

午饭之后,我马上就要离开了。在送我出台的路上,张斌问我:"怎样?来《足球之夜》吧!我知道你喜欢足球,这个节目可以保证你每周都能去甲A和甲B的赛场,让你和中国足球生活在一起!"我则回答道,给我一个月时间,回去处理一下在石家庄电视台的工作,我就来北京投奔《足球之夜》!

就这么简单,我成为了《足球之夜》敲定的第一个编制外人员。

尽管一切看起来都匆匆忙忙,但《足球之夜》的灵魂还是由一群喜欢足球的年轻人共同铸造的。比如斯科拉里的这次采访,它所表现出的责任感、公平心以及逼近真相的努力,都是《足球之夜》日后一直秉持的原则。

二〇〇二年,中国足球再次和斯科拉里不期而遇,在韩国的世界杯赛场,不知道他是否还记得当年送给中国足球的咒语,但这些也许并不重要,因为他的球队四比〇干净利落地击败了中国队，在迈向世界杯冠军的征途上顺利地前进了一步。

到了二〇〇四年，在欧洲杯的赛场上，我又一次遇到了他。彼时他是东道主葡萄牙队的主教练，在他的带领下葡萄牙一路杀进决赛，却输给了大黑马希腊队。此时的斯科拉里如日中天，世界冠军和欧洲亚军让他成为了最成功的教练。我在解说比赛的时候，偶尔会想起他的谶语，心下时常黯然。

二〇〇六年，世界杯上再遇斯科拉里，他的葡萄牙和荷兰在斯图加特的球场上杀得难解难分，最终四红十六黄的场面让在现场解说的我不禁目瞪口呆。看了二十多年球，解说了也有三四年，我依然没有料到会碰到如此荒诞不经的场面。当时白岩松和我一起来到现场，比赛结束之后许久，我依然坐在评论席上有些痛苦地复盘，因为在比赛的后半段我简直无法正常表述，因为我确实搞不懂为什么在世界杯的赛场上会有这样的事情发生。最后还是老白拍了拍我说，走吧，一切都结束了。

在从斯图加特返回慕尼黑的路上，我依旧沉浸在挫败的情绪里，既为足球、为世界杯感到一丝无奈，也为自己的力不从心感到几多懊悔。

突然想到，二〇〇六年的春天我曾经到阿根廷采访，遇到了一位七十多岁的阿根廷足球评论员，他从一九五八年就开始采访世界杯，是国际足联认可的连续采访世界杯次数最多的记者，虽然年事已高，还在主持阿根廷最受欢迎的一档足球节目。遇到这样的前辈我自然不会放弃取经的机会。不料我的第一个问题还没问完，老人已经开口：从五十年代到现在，我已经看了太多比赛，一场足球比赛常常是毫无逻辑的，你可以占尽优势，却输掉比赛，但当成千上万场的比赛堆积在一起的时候，足球的规律就呈现出来了。

我们常说，听君一席话，胜读十年书。此前也曾经有过恍然大悟，但像这次的醍醐灌顶对我而言还真的是第一次。

什么叫一句话点醒梦中人。我常常苛刻地要求自己去解读好每一场比赛，却每每发现自己力不从心，常常试图用各种道理、规律去拆分一场比赛，到头来还是徒劳。这样的纠结和挫败感是无法回避的，但就在那一刻，这位白发苍苍的老者用智慧的语言终于将我脱离出了苦海。

从阿根廷回国之后，我几乎逢人便讲，几乎把这句话当作了《圣经》一样。因为它确实让我站在了更高的角度上去理解足球。

至此，那场令我如此不快的比赛也终于如浮云一般散去。

不过斯科拉里始终如影随形。李章洙执教恒大之后，也多次传出了斯科拉里和恒大的"绯闻"，我还特意从侧面打听过这到底是不是空穴来风，我得到的消息是，斯科拉里很贵，而且始终对中国足球心存芥蒂。

二〇一四年，他率领巴西队本土作战，四分之一决赛时和士气正旺的哥伦比亚狭路相逢。这次他再次祭出老招数，把华丽的桑巴足球变身为凶狠的杀手型足球，巴西队确实如愿以偿地进入四强，但被激怒的对手废掉了队内的头号球星内马尔。目睹此情此景，坐在评论席上的我不禁轻轻摇了摇头，我不再是那个第一次坐在现场解说世界杯的年轻评论员了，他的打法和初衷，我可以一目了然，所以面对再困难混乱的局面，我都可以从容叙述，从二〇〇六年到二〇一四年，八年时间，斯科拉里用他的两场比赛考验了我。蓦然回首，我也欣慰地看到了自己的进步和提高。

而当斯科拉里签约恒大的消息传来时，我更是极为平静。当年的诅咒早已飘散，曾经的芥蒂也不复存在。他终于阴差阳错地和中国足球牵手了，而我则从一九九六年到二〇一四年度过了完整的十八年足球记者生涯，仿佛这个巴西人一直是我的考官，接下来，会再出什么难题呢？

第九章
川鲁风波

一九九六年夏季的某一天，山东的《济南时报》突然登出了大标题为《足球之夜，颠倒黑白》的文章，把刚刚开播不到五个月的《足球之夜》送到了风口浪尖之上。

事件的起因是这样的：那一轮甲A结束之后，按照惯例我们要在周一制作《甲A集锦》，首先需要把六场比赛缩编一下，我负责济南泰山将军队和四川全兴队的比赛。比赛的前半段一切如常，只是到了下半场，情况发生了一些诡异的变化。全兴队两次极有威胁的反击都被判越位在先，其中姚夏一次在右边路的进攻距离边裁不过两三米的样子，此时姚夏完全没有处在越位位置，但当他眼看就要形成单刀的时候，边裁还是果断地举旗了。比赛编辑到这里，我已经是如鲠在喉，不吐不快，因为后来主队依靠一个头球取得了比赛的胜利，这让刚刚成为足球记者的我大感不平。于是马上抄起电话打给张斌，"比赛不能这么踢啊，全兴这球太冤枉，我们必须秉公而断，仗义执言啊。"张斌也许是受到我的叙述和情绪的感染，当即决定追踪此事。《足球之夜》派出了当时唯一能够派出的记者段暄，前往成都采访。之所以这么说，完全是因为当时人手极为紧缺，除了张斌一个正式员工，只有我和另外七八个同事是全职参与《足球之夜》，我们常常为了能否派出足够的采访组，或者是能不能借到足够的摄像机和其他设备而发愁。很多次，我们需要想尽一切办法才能勉强保证基本工作，或者和设备科的阿姨套套近乎，送上一件球衣或其他小礼物，或者找外面相熟的朋友租借或赊来机器，更有甚者，我还曾经拉拢我在北京台工作的同学，让他带上自己的设备，我负责解决机票、食宿，和我一起下到赛场采访。段暄就是当时我们唯一能够派出的记者了，因为其他人手上都有工作，走不开。

段暄在成都受到了热烈的欢迎。因为在比赛里郁闷之极，外援马麦罗一把撕下了当值主裁判胸前的国际裁判的胸徽。赛后双方也发生了一些不快和小冲突，有全兴球员还企图围攻当值的裁判组。

所有这些我们都是根据现场录像做出的判断。于是在周四晚上播出的《足球之夜》中，段暄在成都完成的采访成了重要内容。

这样的处理让济南媒体和山东球迷感觉到了不公和伤害。于是他们的反击也开始了。不仅媒体上连篇累牍地批评《足球之夜》，球迷的来信也不少。大多数都指出，《足球之夜》有偏袒四川全兴之嫌。

我们则感觉很受伤。如果此前的斯科拉里报道虽然有不同声音，但总体还让大多数人接受，那么这次的川鲁风波，会有这么强烈的反弹，让我们所有人都有些始料不及。

我们的确没有任何偏袒一方的意思，只是想根据比赛的进行把前因后果都交代清楚，如果全兴的两次反越位有一次得手，他们也不至于空手而归。而在最后时刻因为另外一个有争议判罚而丢掉比赛，更让所有队员出离愤怒。

但，仔细想想我们也确实有不妥之处，假如实在派不出记者了，是不是也可以考虑请济南当地媒体协助，尤其是电视台帮忙，也能听听比赛另一方的看法，这样的报道才不至于失去平衡，从而给山东媒体、球迷造成不够中立的印象。

当然，这样的反思都是随着我们的经验和阅历逐步积累过程中，才慢慢地有了清晰的答案。只是在当时，我们每个人都深感委屈。难道为了中国足球伸张正义还有错吗？

说实话，这样的疙瘩在心里也存在了很久。

与此相仿的是，在那一年的京津大战中，天津门将施连志冲出禁区，飞踹国安前锋高峰的那一幕，同样引来了许多争议。记得在评论的时候，黄健翔特意从家里带了一本《贝利自传》，翻开其中的一页，念了一段世界杯比赛里捷克斯洛伐克球员如何公平竞赛的原文。

这样的处理同样引发了天津球迷的不满。认为《足球之夜》因为地域的原因，就是北京国安的天然盟友，甚至是沆瀣一气的论调经久不绝。而在那之后，我们也总是时不时就被卷入到舆论的漩涡之中。

我们一边在这样的争议里成长、成熟，但也在这样的争议里逐步树立了《足球之夜》公平公正的主流形象。

一九九九年，霍顿因为带领国奥队冲击奥运会决赛阶段失利而下课，我们按照外界很有代表性的两个意见做了一期《正反霍顿》的节目，让我们的报道看起来确实要平衡和客观了很多。

二〇〇四年，因为冲击世界杯未果的阿里·汉安然下课，我在对他进行专访时的第一个问题，也是要感谢他对中国足球做出的贡献。阿里·汉听到问题之后，先是很狐疑地看了我一眼，仿佛我是一个怪物一般。不过当他明白我们确实不是去猎奇，而是很认真地在工作之后，终于打开了心扉。

换个角度看，风波是《足球之夜》的营养液，对于一个那时平均年龄还不到三十岁的年轻群体来说，朝气是我们的财富，也常常会带来不必要的麻烦。不得不说那是一个极为特殊的年代。中国电视在进入二十世纪九十年代后的高速发展，给我们这些人天然地创造了机会。我们得以在二十几岁的时候就坐上了主播台。

白岩松写过一篇文章——《渴望年老》曾经被反复引用，其实表达的也正是这种兴奋之后的困惑与不安。时代给了你机遇，但时代也在时时考验着你的能力和表现。

更要感谢的是我们的观众，尽管时不时会有批判甚至谩骂声响起，但更多人是在逐步地认可我们，日久见人心，古话不欺。在和观众的真诚沟通与交流中，《足球之夜》一步步变得更加强大，更受欢迎。

第十章
王师北定中原日

一九九七年夏末到初冬的大连金州。中国足球度过了进入职业化时代之后最令人刻骨铭心的时段。

那一年，对足球痴迷有加的王健林指示万达俱乐部，一定要拿下中国国家队世界杯预选赛亚洲区决赛阶段，也就是俗称"十强赛"的主办权。显然他希望的不仅仅是自己的俱乐部获得联赛冠军，他更梦想着和全国人民一同庆祝中国队进军世界杯。

他的这种期望绝非奢望，而是有据可依。那时的中国队确实云集了一大批好手。门将位置上区楚良和江津难分伯仲，后卫线上既有已然成名的徐弘、范志毅，也有新锐张恩华、孙继海，前卫线上彭伟国、马明宇、李明都是老国脚，李铁、隋东亮等从巴西归来的健力宝球员也都可以一用。前锋更是多样化，快马高峰，妖人郝海东，铁头黎兵，还有崭露头角的于根伟。

在"十强赛"开始之前，中国队还特意到英国拉练，在那里初步确立了451的阵型，在和几支英格兰球队交手之后，球队的信心很足，渴望着能够第一次杀进世界杯决赛圈。

第一场比赛，中国队主场面对伊朗。赛场内外的气氛相当热烈，看台上不仅有大量资深的大连球迷，更有从全国各地赶来的骨灰级球迷。锣鼓喧天，红旗飘扬。中国队也很快确立了二比〇领先的优势，其中李明的侧身凌空进球煞是精彩。后面的剧情老资格的中国球迷也都刻骨铭心。二比四中国队输掉了比赛。我清楚地记得在金州球场，我用肩头的摄像机拍摄下了中国球迷半场时的一张张纯朴、热情的笑脸；也记得当比赛终场哨声响起，现场所有人的迷茫，除了伊朗人在庆祝，其余的面面相觑，不知所措。说实话，即便是面对伊朗这样的强手，从上到下，从里到外，中国足球好像就没有人会想到是这样的结果。

棋圣聂卫平曾经和我复盘过一九八五年的"五一九"。他那天刚好和邓小平一起打桥牌，因为惦记着晚上的比赛，邓小平询问周围的每个人对比赛的看法。结果异口同声，得到的都是乐观的判断，主场作战的中国队必胜无疑，问题只是看中国队到底能赢几个。听到大家如此议论，邓小平突然放下了手里的牌说，既然你们大家都这样说，我反而认为晚上的比赛可能不是很容易。

于是，胡耀邦抓起电话打给了当时的国家体委的负责人，非常严肃地提醒，晚上的比赛务必加强治安。不承想，即便如此，比赛后还是发生了"五一九事件"。

十四年的时间过去了，尽管经历过"黑色三分钟"，经历过国庆之夜的主场失利，经历过吉隆坡兵败，但每逢大赛来临，中国足球依然还是习惯性的乐观，仿佛出线也是水到渠成。

也许一切都还是因为我们的经历太少，我们没有巴西人主场痛失世界杯的经历，也没有那些足球强国百多年来，在胜利之下掩藏的无数惨痛的失败的积累和教育。

这就使得我们不能很理性地面对足球。我们还没有学会正常地、积极地面对失败。后来在经历了更多失败之后，我写了一篇东西，算是代表了个人对失败和中国足球命运的一个反思。

但这些都是后话，包括我在内，在大赛开始之前都是一番乐观情绪。十强赛开始之前，我去金州踩点，在当地电视台的帮助下，拿到了刚刚建成不久的金州体育场的航拍画面，在给这段画面配音时，我这样说："从空中看，这座球场就像一个巨大的聚宝盆，希望十强赛开始后，这里能够聚满中国球迷无穷的欢乐。"

两球领先，惨遭逆转。中国足球从上到下陷入了惊慌之中。大连的东方宾馆是国家队十强赛期间的驻地。据工作人员告诉我，每天晚上国家队教练组都要开会至深夜。主教练戚务生每天都坐在走廊尽头自己的房间里冥思苦想，第二天服务员打扫房间时都会看到烟灰缸里满满的烟蒂。

一面是教练员的心急如焚，甚至是束手无策。另一方面则是球员的烦躁和无奈，他们仿佛被囚禁起来一样，于是大家想尽各种办法，自我消遣。高峰若干年后告诉我，就算有国家队教练组几乎无所不在的监督，他们还是有办法把火锅和啤酒运到房间里来。走廊那头的主教练靠香烟提神，而这边厢，高峰、彭伟国则是一人踩着一箱啤酒，吃着火锅，算着比赛结束的日子化解郁闷。

后面的比赛进行得磕磕绊绊，每当你认为中国队即将万劫不复的时候，中国队就能赢下一场，比如客场对阵科威特和主场对阵沙特，但每每大家又看到希望时，它又能很奇怪地打出一场极烂的比赛，完全毁了你的兴致。

比如我们在主场又一次输给了苦主卡塔尔。

事实上，中国队直到最后一个客场的时候还保留着一线生机，只要我们能破釜沉舟，击败沙特，中国队依旧可以将出线权牢牢把控在自己手里。可惜的是，我们又一次提出了"保平争胜"这个让几乎所有外国教练都无法理解更无法接受的概念。

所以，最后一场在主场的比赛，就变成了中国队的声讨大会。

在舆论的压力下，中国足协、体育总局不得不在比赛全部结束之后，在大连就地举行了媒体通气会。如果放在今天，哪怕是稍后两年，我们都会毫不犹豫地进行现场直播，但那个时候确实条件有限，也不敢做更大胆的设想，我们只是进行了新闻和专题报道。即便如此，"亚洲二流论""国家干部说"也成了媒体口诛笔伐的焦点。在那个时候，必须看到中国队具备了很强的竞争力。一九九八年在东亚四强赛上，中国队二比〇击败了已经获得世界杯出线资格的日本队，二〇〇〇年米卢带领中国队也杀到了亚洲杯的四强，所以，这个"二流论"并不能服众，反倒很容易被看成是对失利的一种托词和牵强的解释。而在对比赛进程进行解读时，主教练也是"国家干部"的说法，更凸显了足球改革和陈规陋习的严重矛盾。

球迷老榕写下的《金州不相信眼泪》，在刚刚萌芽的互联网社区引发无数共鸣。而就在国家队驻地门外，一位从新疆来的球迷面对《足球之夜》的话筒，坦承自己是代表老父亲来看球的。中国队的糟糕表现让他痛心不已。悲伤之际，他随口说出：中国足球出线日，家祭勿忘告乃翁。

这个采访通过《足球之夜》播出之后，全国一片唏嘘。

一九九七年的"十强赛"是《足球之夜》奠定报道风格，开始引领中国足球媒体潮流的一项重要赛事。我们咀嚼失利，和全国球迷一起承担痛苦。我们也试图去还原一些历史现场，因为电视声音和画面的优势，我们也确确实实如足球司马迁一样，忠实地记录下很多生动的场景。

后来，去过一九九八年前后《足球之夜》办公室的很多人，都会被如山的磁带墙所震撼。那是我们一趟又一趟跑现场之后的收获。它们也将在未来通过各种方式回报我们这些报道者的努力。因为再没有比这些影像更真实的历史。若干年后，后人或许只能通过这种方式了解到，当年的中国足球痛苦转型期所承担的一切。

第十一章
一切尽在不言中

一九九八年的中国足球，用乌烟瘴气来形容一点不过分。

一九九八年的《足球之夜》，用斗志昂扬来回忆也一点不失实。

那一年，不论甲A联赛还是甲B联赛，都进行得极为诡异，等到即将收官的时候，终于出现了大爆发。

一九九八年八月九号，前卫寰岛主场迎战延边敖东。在重庆的雨夜，客队延边敖东在领先一球的情况下，遭遇争议判罚，一比二失利，寰岛的进球中有一个是点球，后来大家开玩笑说，这是一个计划中的点球。《足球之夜》的两名记者齐昕和李轲当时就在现场采访。当比赛快结束时，他们凭借经验和直觉，来到了运动员通道，而在通常，我们更喜欢在场地内拍摄。因为照度的原因，通道内的画面不是很清晰，但他们还是马上决定先转移到这里，把摄像机对准了正在退场的延边队员。据齐昕事后回忆，高仲勋两眼通红地走过了他们的位置，他应该是看到了《足球之夜》的摄像机。因为长期的采访，我们的记者和球员，尤其是这些国脚级球员都非常熟悉，于是，已经擦肩而过的高仲勋又回过头来，用他很有特色的汉语大声地说了一句，"中国足球没戏了！"

这是一句气头上的话，却狠狠地敲击了每一个中国足球人的心，从一九九五年就开始流传的很多假球故事，早让我们这些记者对联赛，尤其是一些关键场次保持了足够的警惕。裁判们的明目张胆，俱乐部的有恃无恐，中国足协的绥靖政策，一切都让我们郁闷和愤怒。但电视记者的无奈也暴露无遗，因为不具备更强悍的调查能力，我们只有捕捉赛场内外的画面和细节来作为鞭笞恶行的武器。《足球之夜》用这个画面做了一个宣传片，再配上我们非常大胆的音乐和字幕，打假扫黑的序幕就此徐徐拉开。

一九九八年八月二十二号，我去采访一场甲B比赛，对阵双方是云南红塔和陕西国力。那时候《足球之夜》的人手仍然不富余，其实我们根本也就没有富余过。因为覆盖不了所有比赛的采访，所以去哪场比赛现场，事前都需要仔细斟酌。因为这是一场事关保级的比赛，我领命前往。

说实话，那场比赛的比分，我早就忘记了，以我现场的观察，也没有看到什么异常。也有可能是那时候的我还太稚嫩。赛后的发布会，通常都是例行公事。而且，不知道什么原因，很多记者都不愿意发问，也许有人和教练的关系好，他们喜欢私下打电话，套点所谓独家猛料。有些干脆就等着别人发问，自己蹭着听几个问题，够发稿的内容就心满意足了。但是电视记者为了获得足够的新闻素材，必须发问。《足球之夜》的记者走到哪里，通常也就成为了第一个发问者，久而久之，发布会就变成了《足球之夜》记者和主教练之间的问答。

我就蹲在贾秀全的面前。因为发布会的现场条件非常一般，幸运的是红塔主场发布厅的光线还算不错，所以拍摄出来的画面比较清晰透亮。输了球的贾秀全面色很不好看。一上来就明言，本队有队员发挥严重失常，导致了最终的这个结果。

这个开场白一下子触动了我的神经，等他说完，我的问题脱口而出，"你说在比赛里有队员发挥失常，能否告诉我们是谁呢？"

搞新闻的人都知道，在这样的场合，在如此的对话情景中，这是一个必须要问的问题。但我并没有指望着能够得到答案。主教练可能说，这个我们还需要回去好好调查一下；或者他干脆避而不答，我也不会感到意外。但，贾秀全回答了，"三号隋波。"

这四个字重重地敲在我心上，大新闻，超级大新闻来了。后面还有什么样的问答，我也记不清了。但是走出发布厅，我马上给张斌打了一个电话。一边说明情况，一边打车直奔云南台。那时候，《足球之夜》在外地往北京传新闻，必须仰仗地方台。

晚上六点，当这条消息在《体育新闻》播出之后，那时的我还不知道，中国足球从此进入到了一个新阶段。

此前，关于中国足球假球、黑哨的传闻众多，却始终是以小道消息的方式存在，大多都是记者们茶余饭后的谈资。这次，贾秀全不经意的回答，也可能是输球之后情绪还未平复的脱口而出，却可以让全社会第一次意识到问题的存在，毕竟这是从圈内人口中说出的。要知道，在此之前，他们对所有传闻和故事都讳莫如深。当然，隋波很无辜。关于这次采访，至今还让我愧疚的是虽然后来听到了各种各样的传闻，有些甚至说得活灵活现，但我始终也没有能力把事情的真相完全调查清楚。所以也就无法给隋波一个交代。

桌底下的东西还是被摆到了桌面上。普罗大众也都开始逐步意识到中国足球的复杂性和假赌黑的严重性。随后不论是综合媒体，还是专业媒体开始纷纷跟进。对中国足球丑恶现象的批判和揭露逐渐进入高潮。在这个潮流中，《足球之夜》始终走在最前列。创办于一九九六年的《足球之夜》，在一九九八年达到了影响力的第一个高峰。

一九九八年的高潮发生在甲B，在一场万众关注的比赛里，陈亦明带

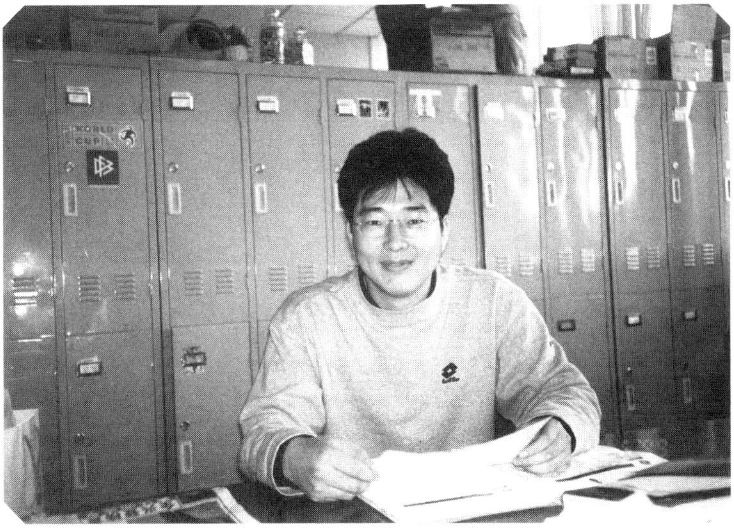

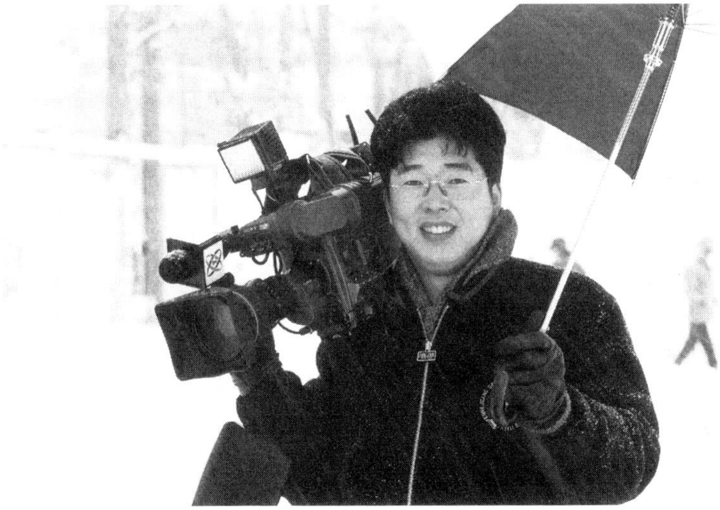

办公室工作照，摄于一九九九年。

二〇〇〇年摄于海埂。这也是我最喜欢的一张工作照：不惧风雪，奋然前行。

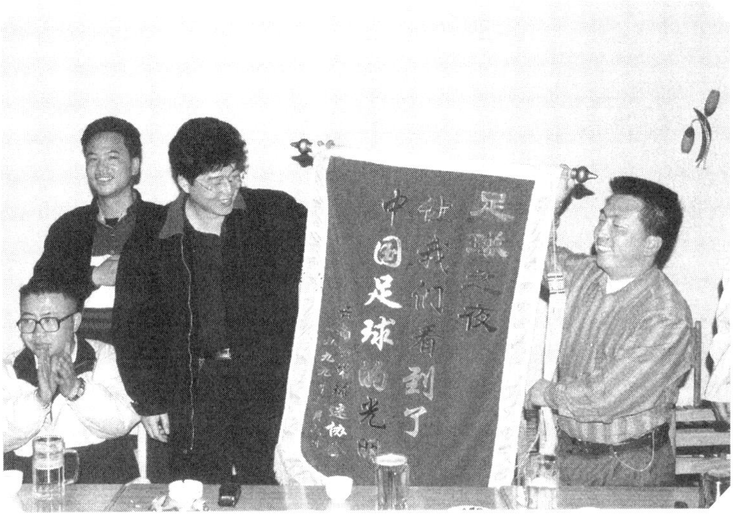
足球之夜
让我们看到了
中国足球的光

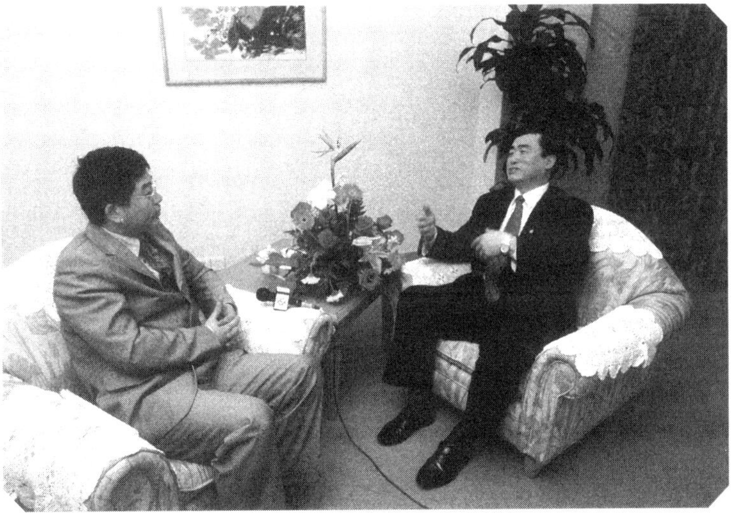

坚持批评和鞭挞足坛丑恶现象的《足球之夜》被誉为体育频道的《焦点访谈》。一九九九年，云南球迷为我们送上锦旗：足球之夜让我们看到了中国足球的光明。

二〇〇〇年初，在深圳采访当时新上任的足协主席阎世铎。

领的重庆红岩队〇比四败给了客场作战的云南红塔，这场比赛之前，红岩还有冲上甲A的希望，而红塔则在苦苦保级。〇比四的比分就像是在挑战所有人的底线。中国足协也终于做出了回应，判定红岩队消极比赛，决定吊销陈亦明的教练证书。我们电话采访了得到处罚消息的陈亦明，他表示自己不仅要进京喊冤，而且还要接受《足球之夜》的专访，让人们都看一看中国足球到底有多黑。

周三，张斌紧急召集大家开会。我们决定兵分几路，全力报道这个事件。林晖和梁葳被派去重庆，他们乘坐周四当天的早班飞机，抵达重庆之后，在机场接上陈亦明，然后马上飞回北京。

这样的安排，看起来有些疯狂，唯一的目的就是确保万无一失，一定要在节目开播的时候，能够把陈亦明请进演播室。但这样的安排也迷惑了不少人，尤其是空姐。据林晖回忆，早晨起来，看到我们的记者坐她们的飞机飞到重庆，一转眼这两个记者又回到飞机上准备飞回北京。见多识广的空姐也觉得不可思议，开玩笑说你们不是来坐飞机玩的吧。

陈亦明来到北京先去了足协，他和当时的负责人密谈了一下午之后，在我们记者的贴身护卫下，终于来到了《足球之夜》的演播室。

由于头一天的新闻，再加上中午播报新闻时的滚动预告，那一天的《足球之夜》成了一场举国关注的新闻直播。后来加盟《足球之夜》的女记者王楠那时候还在上海体院读书，她说，为了看《足球之夜》，她们宿舍集体凑钱买了一台电视机。

很显然，陈亦明事先已经和足协达成了某种协议。后来他很快就通过再次学习的方式，又拿到了教练员的资格证书。于是，在众目睽睽之下，这样的一个面对面，就成了陈亦明的文字游戏。

任凭张斌怎么更改问题，怎么旁敲侧击，怎么单刀直入，陈亦明都有办法闪躲。人们期待的猛料并未出现。不过，有没有实际内容倒在其次，重要的是通过提问，电视观众已经充分地意识到了中国足球的问题所在。这种直接的曝光让后来的中国足球完全陷于一种被怀疑状态。尽管当时我们并没有能如愿推动中国足球的改革，但就像任何变革的必要程序和步骤一样，发现问题、揭示问题总是解决问题的第一步。

也许陈亦明觉得有点不妥，或者不安，在走出演播室、挥手作别的同时，对着我们的镜头说出了那句名言，"一切尽在不言中"。

《足球之夜》记者宋昕用摄像机拍摄下了这个镜头。张斌凭借着一个优秀记者的敏感，马上布置，把这个片段在正在直播的《足球之夜》中插播出去。

于是，人们已经记不得在和张斌的对话中，陈亦明都说了些什么，但"一切尽在不言中"包含了太多的含意，需要大家慢慢理会。这句话久久地盘桓在我们的心头，直到二〇一一年，一大批中国足球的涉案人员被公开审判之后，这句话似乎才落到了实处。

但中国足球也的确多走了若干年的弯路，付出的代价之大，难以估量。当初的不作为，让南勇、陆俊等足球界人士付出了沉重的代价，而我们《足球之夜》也遭到了无情的打击。那期节目播出之后，很快，《足球之夜》从当初的三小时四十分钟，被压缩成了一个半小时。张斌也被暂时禁止出镜。

我至今还清晰地记得，那天我和张斌两个人并排从我们的临时办公室——科技情报所走进中央电视台的西门，我问道："你真的想好了这么做吗？"张斌沉吟了片刻，然后坚定地对我说："我想好了。"

那年《足球之夜》和足协的关系不太融洽。当我们感觉到联赛有失控的危险的时候，利用足协举办通气会的机会，我们打算把所有的疑问一股脑儿问出来。我提前拟定了采访提纲，还特意召开了一个小的碰头会，和同事们一起商定了最后的问题。

为了充分报道，我们派出了两个摄制组；为了体现重要性，我还特意穿上了西装。

足协本来就不大的会议室挤满了记者，看到我们的阵仗，大家有意把中心的区域留给了我。我拿出了准备好的问题，开始了一连串的提问。

对于足协派出的发言人南勇，我那时候一点不熟悉。只知道他是总局下来的，过去分管人事工作。我猜想，大家都知道这个通气会不会太容易，所以都有意无意地想回避，于是南勇就被推了出来。

显然，南勇对于可能出现的局面也是缺乏足够的心理准备。其实就算是有所准备，面对那时候的乱象，要想从容地应对也有相当的难度。于是他卡壳了，在回答问题的时候，连续说了十几个"这个"。

我们在处理这段素材时，选择了原生态播出，几乎没有做什么剪辑。这样的播出，当然迎合了球迷和观众的某种心理，当你对一个机构有意见，甚至有敌意时，谁都愿意看到他们的这种难堪。

但事后，我们体育频道的主任马国力还是非常严肃地批评了我们。他说，不论怎样，对于足协这样的机构和他们的主要领导，我们还是要摆出友善的姿态，并且这种姿态也才有助于问题的解决以及今后的工作。

必须承认，我们这个团队那时候都很年轻，张斌和我都还不满三十岁，我们本能地以为只要达到播出效果的最大化就一定是对的。我们并没有更长远的眼光，也还缺乏一些必要的含蓄。直到多年以后，我才明白马国力善意而严肃的提醒和批评。

和南勇的这次不愉快，我们也必须要用更多的时间和真诚去化解。事实上，南勇并没有在工作里给我们设置过什么障碍，他只不过是对我们采用了避而远之的战术。很长一段时间，我们见面只是点点头，大家心里的过节并没有化解。直到二〇〇二年之后，大家彼此之间的了解越来越多，南勇的干练、严厉已经成了足球圈里的统一评价，《足球之夜》对中国足球的负责与热爱也是共识。大家的关系才慢慢舒缓起来。

二〇〇八年春节，中国队在客场迪拜比赛。赛前，南勇和中国队的教练组以及工作人员组成了一支队伍，和跟随报道的中国记者队打了一场比赛。中国记者队此前和国家队以及足协联队比赛，很少赢球，但那次我们赢了。南勇脚上有伤，依旧参加了比赛，他的技术不错，虽然不是职业足球运动员出身，但踢起球来也是有模有样。赛后大家互相寒暄，南勇说，没想到你的球踢得还不错。我们用足球的方式让大家的交流也变得顺畅起来。

那之后，因为工作原因，我们的接触更多。也曾有过几次酒局，但多数都是因为商务。只有一次，我们单独面对时，有过相对深入的交流和沟通。那是他刚刚上任足球运动管理中心主任的当天，我们在方庄的一个啤酒屋相约见面了。谈话过程里，我问："南主席，现在你有机会改变中国足球了，是不是可以大显身手了？"那个夜晚，他的情绪明显并不高，丝毫没有被扶正的喜悦，听到我的问题，他叹了一口气，"中国足球太难了，谁也没戏。"

他的回答让我的心凉了半截，但我也能从这个答案中看到他的诸多无奈。这个脾气耿介，甚至有点火爆的人，在进入中国足球十多年后，终于向现实投降了。阎世铎上任的时候，我在深圳对他进行专访，他引用了林则徐的一副对联，"苟利国家生死以，岂因祸福避趋之"；谢亚龙上任的时候，我在香河的国家队训练基地，完成了媒体对他的第一个专访，他用"沧海横流"来形容当时的局面，我接了一句"方显英雄本色"，算是点明了他的抱负和理想。只有南勇，算是从足协内部提拔起来的。他对中国足球的了解远超上述两位空降兵，又或许他自己已经身陷泥潭难以自拔，所以才流露出那么强烈的悲观情绪。而对外，他也用了"积重难返"来形容现实的中国足球。

在他出事之后，我反复思考一个问题，其实历史还是把机会摆在了他的面前。他如果把握得好，不仅有可能完成对中国足球的救赎，也很可能自救以及挽救其他人的命运。

当时虽然还看不出高层即将整顿足球的迹象，但来自方方面面的信息已经表明，政府和有关领导非常希望迅速彻底地改变中国足球的混乱局面。如果他能够拿出足够的勇气和魄力，从青少年开始，从一些重点工作开始，那中国足球是否能够少一些动荡，多赢得一点时间呢？说实话，即便经历了打假扫黑，中国足球界的人其实都明白，我们的体制还有许多需要改进甚至是变革的地方，抓几个判几个，并不能从根本上净化中国足球，最多也就是在几年内有一些震慑作用，中国足球的长治久安还需要更多实际工作。

所以，韦迪上任的时候，我就很认真地对他说，作为足协主席，你就应该一边设计合理架构，一边从一些基层和重点地区开始；不要拒绝记者，反而要主动迎合他们，吸引他们，通过自己的言行，不断传播正能量。比如可以去东北路小学看看，然后告诉大家，我们的青少年，尤其是校园足球的基础已经被破坏成了什么样子。去青岛当年郝海东父亲带领他训练的沙滩上，让大家都看看现在踢球的人还有没有。不要被琐事缠身，要造声势，引领舆论，抓重点，才能逐步见成效。把自己的立场转移到球迷和社会公众的立场上来，这才是化解危机和矛盾的正确做法。

可惜，南勇没有把握住这样的一个机会。遗憾，既是他个人的，更是整个中国足球的。

一九九八年那几期火爆、犀利甚至有点"上刺刀、肉搏战"的节目，让《足球之夜》在社会上的影响和声望几乎达到了顶点，也很快让我们付出了代价。张斌接到了暂停出镜的通知，《足球之夜》也被腰斩。从一九九六年四月四日开始播出的《足球之夜》一直有一个口号：球迷每周的节日。因为变成了九十分钟，我们不得不把国际足球部分进行了压缩。从此，《足球之夜》越来越偏重国内足球报道，并最终固化为一个中国足球的《足球之夜》，到了二〇〇〇年，我们又推出了《天下足球》作为《足球之夜》的姐妹篇。这又是后话了。

二〇一〇年，中国足球的大规模打假扫黑治赌行动开始了。《足球之夜》呼吁了十多年，终于见到了成效。但这个时候，我们已经没有了太多的成就感。一九九八年的时候，张斌常说的一句话是，"我们现在好像是有点发国难财"，目睹乱象，作为距离中国足球最近，甚至时常身在其中的我们，内心极为纠结。

今天中超赛场上的那些年轻球迷对这段历史恐怕根本没有什么印象，但我们不能否认，中国足球也是在付出了高昂的学费、沉痛的代价之后，才有了今天的一点起色。《足球之夜》陪伴着中国足球一路走来，并且在中国足球即将迎来爆发期的时候，完成了自己的使命。在我选择离开央视的时候，我知道，那个陪伴了我自己，陪伴了中国球迷十八年的节目从此算是真正地消失了。我们只能从历史，从记忆中感受它曾经的努力、情怀、梦想和激情，还有失误、挫折、遗憾和痛苦。

第十二章
感谢北京国安

一九九九年的甲 A 联赛进行得又是很惨烈。一方面，保级是永远的话题和问题中心；另一方面，冠军的争夺在那一年突然出现了变化。曾经的霸主大连万达遇到了问题，刚刚成立的鲁能俱乐部则是抓住这样的机会向冠军发起了强有力的冲击，他们的最大竞争对手则是刚刚从甲 B 升上来的辽宁队。张玉宁、曲圣卿、李铁、李金羽、肇俊哲、王亮等一帮悍将在他们的启蒙恩师张引的带领下，势头也非常强劲。直到联赛的最后一轮，冠军到底花落谁家还不是非常明朗。鲁能即便获胜，也还要看辽宁队的成绩，因为辽宁队只要获胜，冠军依然牢牢在握。只是辽宁队的运气和赛程都差了点，最后一轮他们面对的是主场作战的北京国安。

这自然是一场全国瞩目的比赛。辽宁队踢得非常顽强，但北京国安显然没有成全一下辽宁队的意思，同样踢得很有硬度。彼时还是小将的高雷雷踢出了一脚世界波，李金羽也是浴血奋战。双方最终战成了一比一。

那个时候的中国足球可以说就是谣言的制造所、丑陋的滋生地，裁判是过街老鼠人人喊打，俱乐部也是毫无廉耻、明目张胆。球迷有时清醒，有时糊涂。媒体则是怀疑一切，又苦于没有任何证据，而足协总是摆出"假球与证据密不可分"的含混姿态，让甲 A 的一切都显得迷乱混淆。

面对这个平局，坐在演播室准备播报赛况的我心里有一种感动，不论怎样，国安还是没有像很多传言那样，放水辽宁。他们用一种公平竞赛的方式，让山东鲁能拿到了他们的第一个职业联赛冠军。

于是，当耳机中导播进入、演播室倒计时结束后，我脱口而出：感谢北京国安。

这样的表达，又一次成为了外界的靶子，尤其是一些辽宁球迷，他们把未能拿到冠军的遗憾、失落、愤怒和不满，都集中到了我的身上。电话谴责，信件批判，纷至沓来。那时候幸好网络还不发达。否则，我估计我受到的攻击、指责甚至是漫骂，会堆积如山。

说心里话，那时候我并没有觉得自己有多少错误。我坚持的理由，无非是在纷纷扰扰的传言之中，我们看到的至少是一场真实的比赛。既然国安在赛场上表现出了公平竞赛的精神，他们就配得上这样的表扬。而且，我其实并没有对辽宁队有任何轻慢之心。

所幸，那时候的央视很开明。领导们甚至都没有人找我谈过一次话。事情虽然有发酵，却也很快平息。

但是，在我心中，这个事情依然纠缠了很久。我经常会问自己，我做错了什么？如果可以重新进行那次直播，我应该怎样表达，才是更好的？

首先，从业务上反思。我虽然强调了所谓对公理、常识的捍卫，却忽略了对弱者的同情和表达。其实，对于辽宁足球我有着很深的感情。上中学时，我就在石家庄看过他们的比赛，那时候正是唐尧东、马林、黄崇、孙贤禄、付博、高升、董礼强、李争、赵发庆那一拨人刚刚开始冒头，他们在一场全国甲级比赛里，把北京队打得满地找牙，轻松获得了五比〇的胜利。我和哥哥在看台上看得如醉如痴，从此深深喜欢上这支队伍。一九九六年，我开始足球记者生涯之后，甲B比赛去得最多的赛区就是辽宁队，他们请回了老教练苏永舜，寄希望在最短时间里重新回到顶级联赛。在佛山我还拍摄到了辽宁队因为对裁判不满几乎罢赛的新闻。这个内容在《足球之夜》播出后，引来大批球迷的同情。假如我在表达对国安公平竞赛的赞许的同时，也能够对辽宁队冠军失落的情绪给予足够的同情和宽慰，也许播出的效果会更理想。片面强调自己最看重的所谓正义或者公理，是我犯下的一个教条性的错误。

其次，是从立场上的一种反思。作为一个中立的评论员，我们总是力争把自己的观点表达得最客观、最理性。但是我们的受众却要分很多种。国安球迷自然更在意国安的表现，鲁能球迷当然希望鲁能能最后夺冠，同样，辽宁球迷经历了一个赛季的等待之后，他们的心情之迫切也完全可以理解。所以，从他们的角度看过来，我们的位置就变得比较尴尬。因为除非你一边倒地站在某一方，否则他们永远认为你和对家站在一起。前苏联有一个解说员曾经说，我只有解说国家队的比赛时，才会毫不顾忌地亮出我的立场。换言之，解说国内比赛，确实央视有央视的难处。经常干的是费力不讨好的工作。所以，在我来到乐视之后，很快就推出了解说的多路信号，让用户自己来选择。这看起来也更符合球迷的感情。

从这次小风波里，我逐渐意识到，站在中立角度评论，一方面对技巧、立场、逻辑、表达是个综合考验，但另一方面也要彻底放弃让所有人都满意的奢望。我们面对的受众群体过于庞大和复杂，大家的情绪、观点、认识和高度各有不同。所以，只要竭尽全力、问心无愧，就可以从容面对自己的工作，而不必过分在意外界的评价。

美国著名新闻主持人克朗凯特在自己的回忆录里曾经讲过一个小故事：当他还在地方小电视台任新闻主播的时候，有一次下了节目之后，接到一个电话，指名道姓要求和克朗凯特对话，在电话的那头，这个观众说出了很多听起来很吓人，实则没有任何逻辑的大道理。克朗凯特断然地打断了他，并重重地挂了电话。对于这种胡搅蛮缠的人，你用不着跟他多费口舌。

在我从事新媒体工作一年的时候，重新回头审视当年的这些故事，我突然意识到，新媒体所说的试错，不就是我的这些亲身经历吗？一个即便接受过大学新闻专业训练的记者，在实际中也会遇到诸多复杂的境遇。当年走进人大校门，我们接受的第一堂新闻课就是一堂洗脑课。上课铃响过之后，走进课堂的老师先是一言不发，在黑板上写下：相机身上挎，足迹遍天涯，今日名记者，明朝大作家。然后告诉我们，这就是我们每个人未来努力的方向。随后他又用戏谑的口吻说，同学们，新闻本无学。干得好不好，全靠你们自己的悟性和努力。

而在实践中，没有交过学费的好记者根本不存在。可以说，每个人都是在这样的挫折、失误和跌倒中一路走来。所谓"试错"和"快速迭代"的互联网思维，不过是一个新闻记者成长的互联网化总结。

第十三章
川沪风波

二〇〇〇年,又一场风波来了。和前面的几次不同,这一次我成了风波百分百的主角。这一次的起因还是裁判,因为明显的错判、漏判,使得我再一次拍案而起。这一次,我不仅要鞭笞裁判的不良表现,更想挑战一下球迷和舆论的底线。我们对待伤害到自己的假球、黑哨总是表现得怒不可遏,但当我们成为了受益者时,我们还有没有勇气和理性,站出来一起继续对这种现象予以打击和驳斥?

自然地,我又一次陷入到漩涡中。

我们先来看《成都晚报》的一则消息。

两天来,刘建宏评论在川中媒体和球迷中引起轩然大波。在一片声讨声中,《成都晚报》与刘建宏本人取得了联系。今天凌晨,该报体育部收到了一封刘建宏致四川球迷的公开信。

信全文如下:

星期天下午是我们节目组最忙碌的时候,尽管如此,我还是利用节目的间隙时间观看了四川全兴队和上海申花队的比赛,道理很简单,这和我们转播的比赛一样是本轮的焦点战役。

当比赛快要结束时，我看到了大家都看到的那一幕，上海申花队的主教练彼德洛维奇冲进场内追打裁判。而他之所以会发这么大的脾气，原因大家也都非常清楚。

我突然间想到了一九九六年九月一日的川鲁风波，当时马麦罗也是怒不可遏地在场内追逐裁判，并且撕下了他的胸标。

转眼间四年过去了，但是我们所钟爱的中国足球却仍然被一些不和谐的因素困扰着，这不禁让我有点失望，于是我决定在当晚的节目中对刚才的不正常现象予以及时报道。

当甲Ａ直播结束的时候，距离体育新闻开始不到十分钟，时间已经非常紧迫，而此时从各地传来的信号还要协调，我几乎没有更多的时间整理自己的思绪，匆忙之间节目就已经开始了。

以后我所讲过的话就不用重复了，相信大家都已经看到或是听到。使我深感意外的是四川的球迷和媒介对我的评论非常不满，认为我对四川足球和四川球迷以及四川媒介有偏见，当然还有更多的指责不必一一列举。

我以为其中肯定存在着某种误解，因为我想说的是对中国足球来说我们今天的环境的确太不正常了，而在这样的环境里大家都免不了成为被伤害者，曾经是四川全兴队也可以是上海申花队，如果这个时候我们能够以一种很理智态度对待这种现象的话，中国足球才有希望。我的本意是想请四川的球迷和媒介设身处地地为上海球迷和球队想想，四年前你们的伤感就是他们今天的心情。

我在节目的最后特意强调指出，应该被亮黄牌的是中国足球界和中国裁判界，因为中国足球的发展急需一个和谐的环境。

其实当我们为中国足球队呐喊的时候，我们根本就是中国队的球迷，我们在面对韩国队、日本队和伊朗队时，我们都是中国球迷，对中国足球我们每个人都担负着不可推卸的责任。

足球之夜从创办到今天已经整整四年，作为一个新闻工作者追求公平、公正是我的天职，我也相信大家能够看到我们这个年轻的群体的努力，至于其中可能出现的问题，我们也力求随时解决。

事后，我经过认真的总结，觉得在遣词造句上还不够完善，有些意思没有完全表达清楚，而为了尽可能多的表达一些意思，我的思维跳动性也大了一些，可能会引起一些误会，对此我深感遗憾。

大家可能看过我们拍摄的电视片《在路上》，我作为主要的创作人员对四川足球和球迷对中国足球的贡献有深刻的认识，记得我们在第一集和第三集、第五集里就先后描述过四川足球的情况。

我再次申明：我丝毫没有指责和批评四川球迷、四川足球以及四川媒介的意思。当然，如果站在四川球迷的角度，我想我也可以理解大家对我的批评。

我以为，从中国足球的立场出发，我们之间的误会应该得到澄清，矛盾也可以得到解决。毕竟我们只有一个主队，那就是中国足球队。

刘建宏

四川球迷和舆论并没有因为我的这篇文字而马上平息下来。这让其他的一些朋友和球迷开始担心，张斌被停播这样的遭遇会不会也降临到我的头上。开始是有一些朋友打电话来询问，接着网络上也开始出现各种声音，其中占主流的一种声音是，在周四的晚上，当《足球之夜》的片头曲响起时，刘建宏是不是又如往常一样和大家有一个足球的约会。

此时有相熟的山东的媒体朋友给我转发了一篇文字，看过之后，令我大加感慨。这是一个与我素昧平生的记者写的。直到今天我和他也是缘悭一面。不过他的文字，我却一直保留着。

今夜你能否如期而至

孙洪威

由于川沪之战后，在《足球特别报道》中发表了自己的观点，这几天刘建宏身上真是聚焦了亿万双眼睛。刘建宏讲了什么，关心足球的人差不多都知道了。他说了川队桑托斯的手球、老彼得对裁判的追打，及球迷、传媒的立场等等，他的话虽然遭到不少反对，但平心而论，刘建宏的观点正如他事后自省的那样，除"在遣词造句上不够完善，在表达上有些不准确"外，作为一个敬业的记者，他本身决无恶意。

我之所以这样说，是来自我对他品格的判断。尽管直到现在我认识他，他并不认识我。

第一次当面见到刘建宏是去年春上在青岛的全国足球工作会议上。我们在青岛汇泉酒店住在一个楼层，刘长得比我在屏幕上见到的"规格"小一号，面对着我的注视，他平静地点了点头。由于是央视主持人，酒店里的几位漂亮的女服务员见到了他时眼神里总流露出一丝兴奋，这便使与我同住的一位写足球的"大腕"有点酸，许是找心理平衡，我并没有问他，他自说自话地来了句："刘建宏，没什么。他不是央视的,是足夜的临时工。"这位大腕的话引起了我对刘的注意。后来在会议上我观察到，他既没有因为是"临时工"在众大腕和足协高官面前露出媚态，也没有因为自己是中央台的对若我这般外省小记者而不屑一顾。

　　青岛会议之后，我便开始关注他的行踪和他的节目，印象是不管你同意不同意他的观点，他的话总能抓住人心中最柔软的那个点。这个时候，我往往不由自主地联想到他的"临时工"的背景。我注意到他这样的经历，他是辞了在石家庄电视台的职务到《足球之夜》的，不难想象，因为不是正式工作人员，他不仅要付出双倍于正式人员的辛劳，还要干不计其数的分外工作。有成绩的时候，极少有人想起他这个临时人员，稍有差池，除张斌几个同仁可为其解忧外，方方面面尽可以以他是个"临时工"的理由一推了之。央视的大门我去过，但我无法揣测当已在央视摸爬滚打无数个日日夜夜的刘建宏，每每走到那门前，还要用身份证去换一个进门牌，才得以进门时，心中的那股滋味。可想想他的境遇，对比他的工作，绝对是不成正比。有时我便自问，若本人是刘建宏，能挺住吗？答案是，我早退出去了。下乡回城我被分到电厂当磨煤机值班工，把洗好的煤送到传输带送到锅炉里，好不容易被一个机关借调去写材料，为使一生远离煤块和粉尘，我在那个机关里除以一当十地工作外，还拼命地表现，记得有一年单位分鱼，寒冬腊月我通红的手把那一坨坨四十斤重的冰带鱼敲开，用报纸一份份包好，然后很忘我地看着大家心安理得地一份份取走，当最后一份被人拿走时，我才想起，那鱼没我的，我是借调的。后来我也觉到我太敏感了，可是当时的确感到很不平衡。

　　凭这么出色还是"临时工"的背景，刘建宏自然赢得了我的尊重。于是当看到他乐此不疲地在各赛场采访时，当他每周四如期而至地出现在《足球之夜》时，听着他那带脑后共鸣音的话语，说着那带有刘氏风格就是变成书面语都很激情很华丽的解说词时，我便想到古龙说过的一句话：人只要心底光明，有真本事，就会坦坦荡荡，因为人类的尊严和他穿的衣裳无关。

去年我们领导派我去上海采访奥运九强赛中韩之战，十月三十日傍晚在虹桥机场，我又与刘建宏打了个照面，外面下雨，国奥新败，使人的心阴沉得紧，刘建宏不知道你是否想起这个情节，当时你在面条都卖三十块钱一碗的餐厅前徘徊了许久，然后咽了咽唾沫走了。我不解的是，当时你连个小包都没提，只是把摄像机像个冲锋枪一样地斜挎在肩上，孤独和怅然的背影，很快在我眼中消失。后来我想，也许他是有意把摄像机像冲锋枪一样斜挎着，这些年，有过挫折，遇到过阻力，遭遇到误解，但他和他的同事张斌还是用镜头当枪，激情地扫射着足坛上的污垢，那份义无反顾，让人回肠荡气。当他一个问题问得一个足协头头一分钟说了十几个"这个"时，这是勇气的刘建宏；当他把话筒对向了贾秀全时，贾说出了三号隋波，这是执着的刘建宏；当他在网上对球迷说到为中国足球坚持到底时，这是爱着的刘建宏；当他在川沪之战后迅速地发表评论时，这是勇气的、执着的、爱着的同时也是走了火的刘建宏。

写本文时手中没资料，印象中刘建宏曾在报纸上谈起他的偶像，大意是，外国的一个著名记者在采访时被采访对象一拳击倒在地，那记者站起身来顾不得擦嘴角的血迹，继续采访。从这个故事可见，在人大新闻系受过专业训练的刘建宏是一个愿意为自己所供职的媒体奉献出一切的职业记者。

话又回到周日他对川沪之战的评论，我并不同意刘建宏的观点，尤其是作为山东人他提到九六年川鲁之战，让我感到如被别人重揭了伤疤，但我欣赏刘建宏的率真，并支持他的话语权，作为一个真正的记者，他有表达自己观点的权利。

　　据来自《广州日报》的消息，说刘建宏有可能在《足球之夜》下课，于是便担忧今晚（周四）《足球之夜》他是否会如期而至。不会吧？偌大的中国足坛和球迷真的容不下一个刘建宏，那我们中国足球真的永远要在"夜"里了。但假若今夜刘建宏真的没如期而至，也不打紧，许多年后，当我们想起了今天，那时候许多人会说，在中国足球最曲折的时候，曾有一个小伙子，为了足球的良知，竭尽全力地拼杀过。他追求过，他偏执过，当然他也有过错，但他没有一个私敌，他是一个好记者。

虽然这次马国力给我打过一个电话，但是很显然，在他眼里，这不是什么大不了的事情。他只是交代我，一定要给四川球迷一个说法，不是道歉，而是一个解释，一个说明。所以，在外界传得很邪乎的所谓处罚根本就是捕风捉影。我在写过那篇文字之后，照常和同事们准备着新一期的《足球之夜》。此时，我才真正意识到，得到领导的信任和支持是多么重要。

　　这样的经历，再次成为让我快速进步、成熟的催化剂。血气方刚背后，还需要缜密的逻辑和思维；公理、常识的背后，还需要巧妙的安排和表达。当然，当一个脓包已经如此明显地呈现在我们眼前时，其实你也没有太多选择，挤破脓包，都会觉得痛。这也是个必须面对的结果。而我的这次尝试，其实也只是让许多人感觉到疼和不舒服而已。风格可以更成熟，表达也可以更艺术，但战斗并不能停下。我还没有做好撤退的准备。

　　作为这次风波的一个意外收获，就是那篇文字《我们只有一个主队》。这也是我足球评论中自己比较满意的一篇，虽然不华丽，但也没有虚情假意，所谓的大道理大逻辑，我用主队的概念就交代得比较清晰了。只有把联赛和国家队建设，把所谓的局部利益和整体利益统一在一起，看待中国足球的问题，才算有了一个基本的高度。

而在那前后，我们也逐步看到一些球迷、媒体和记者已经率先觉醒，面对假球、黑哨和其他丑陋行为，不论是不是自己的主队，都敢于揭发、批判，甚至是主动地抵制。

那时候，中国足球的天还没有亮。有时候我们也自嘲：《足球之夜》，看来我们只能在夜里奋斗了。

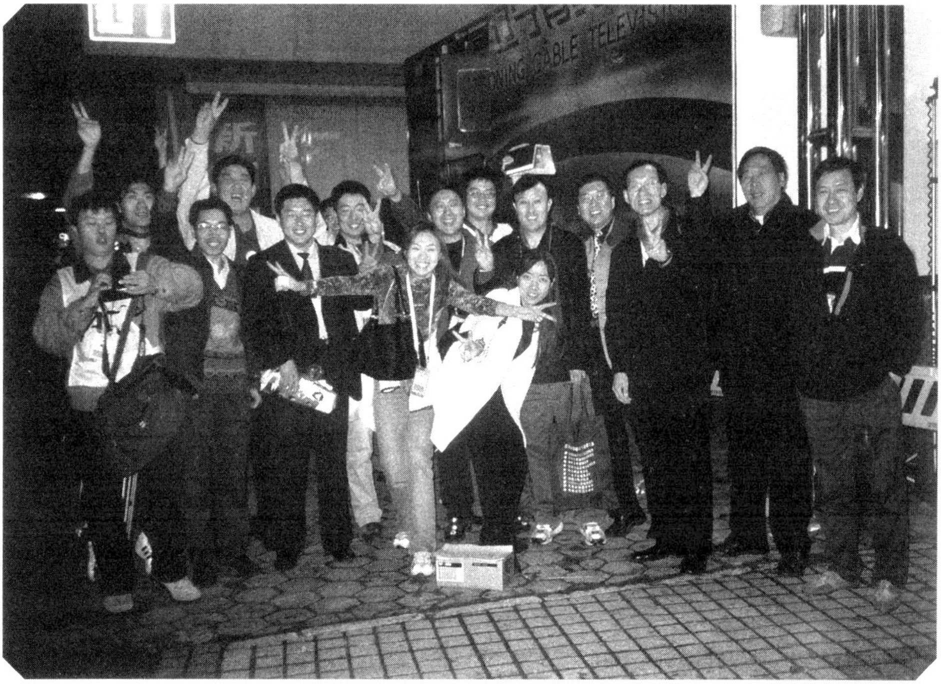

二〇〇一年十月七号，参与十强赛转播的央视工作人员合影：中国队出线了！兴奋之情溢于言表，可惜幸福并不长久。

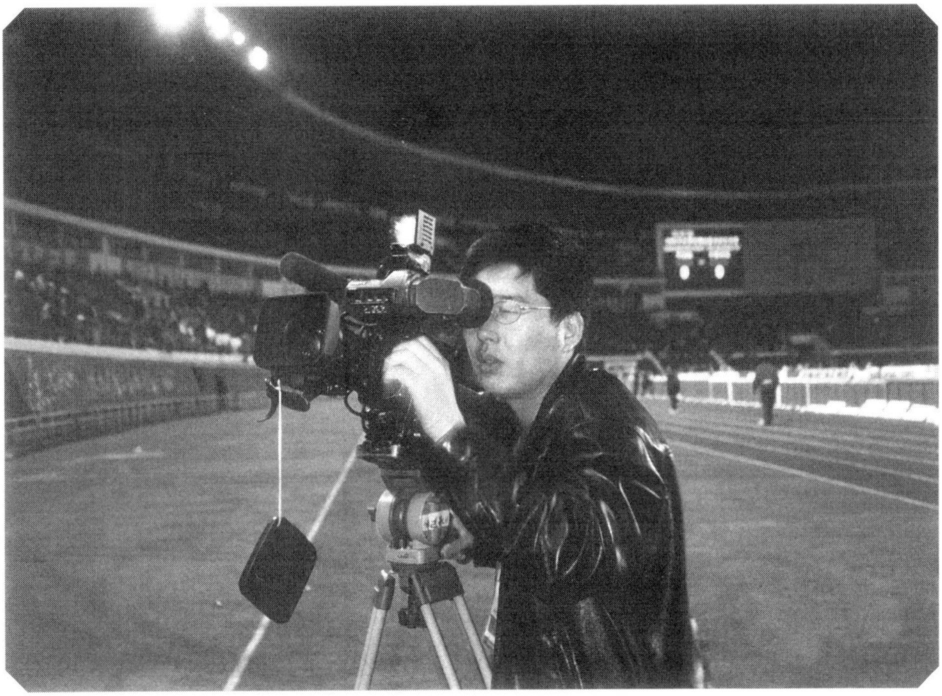

二〇〇一年十强赛工作照。

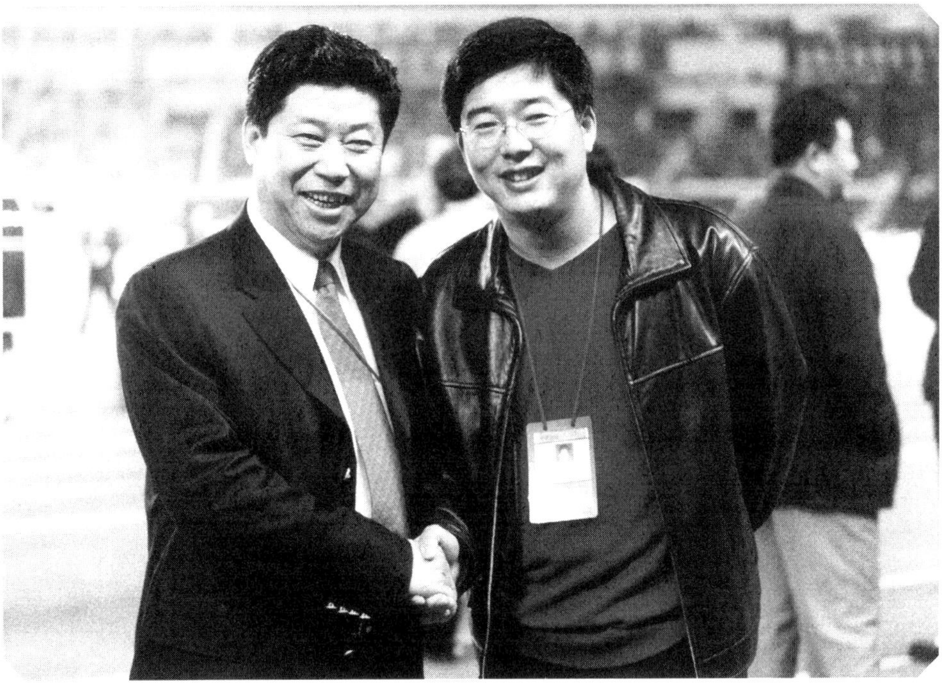

二〇〇一年中国队世界杯预选赛出线之后,和时任中国足协副主席的张吉龙合影。

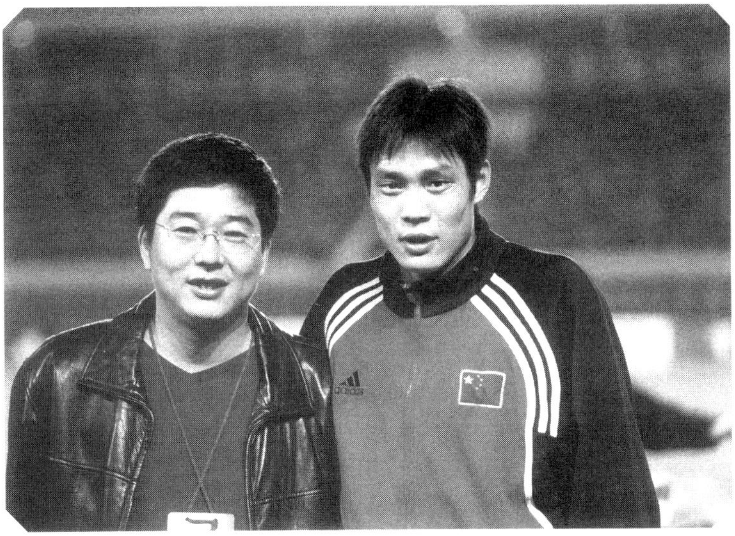
adidas

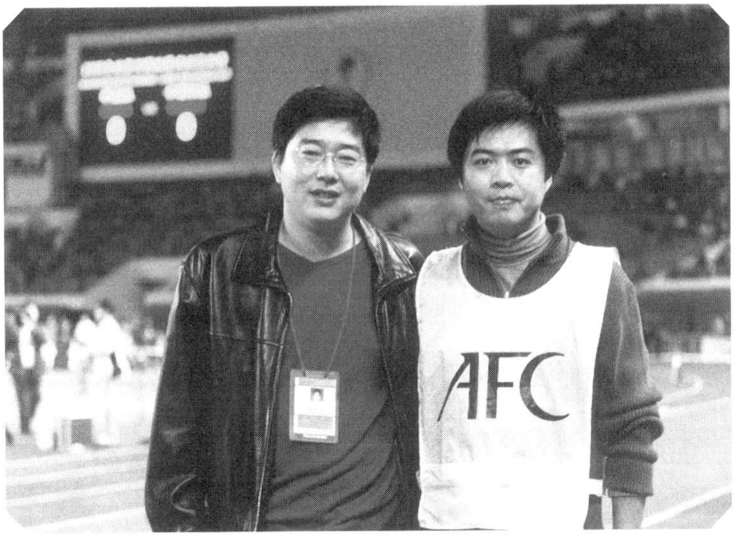
AFC

二〇〇一年中国队世界杯预选赛出线之后，与当时的亚洲足球先生范志毅合影。

二〇〇一年，那个时候段暄依旧活跃在第一线。

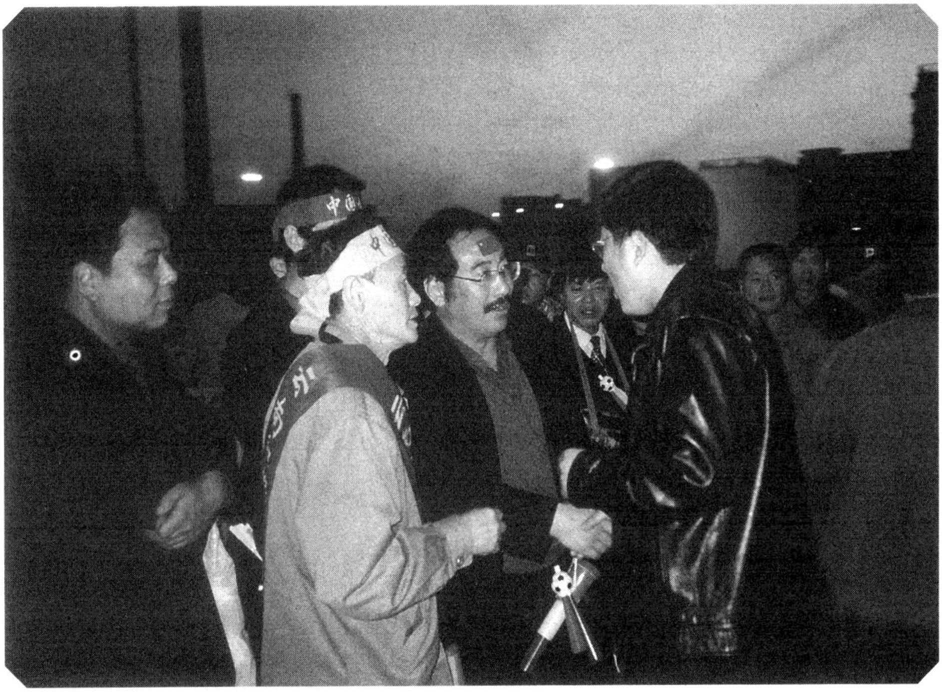

二〇〇一年十月，出线之后的比赛，赛前和来自全国各地的球迷交流。

第十四章
二〇〇二年世界杯

二〇〇二年的春天到了，我们又闻到了世界杯的气息。

就在我们紧锣密鼓地准备世界杯节目的时候，张斌突然病倒了。马国力把我叫到办公室，告诉我，从现在起世界杯的前期准备工作和预热节目就交给我了。

按照计划，我们会在世界杯开始前两个月，启动一档预热节目，但人手紧张，我们既要做《足球之夜》《天下足球》，还要抽调人力开播临时节目，只能一个人干几个人的活。这档临时节目《我爱世界杯》就交给了段暄。

每天五十分钟的播出量，说实话真不小。段暄接到任务后，也犯了难。有一天他找到我，在央视二楼的咖啡厅，谈了自己的一个设想：把你和白岩松、黄健翔凑在一起，做一个谈话节目吧。这样的节目既可以撑一撑时间，还可以发挥你们几个比较能喷的特点。

好像也没有更好的办法了，我点头同意，并且答应由我来联系岩松。顺便，我给这个子栏目起了个名字——《三味聊斋》。

我们全部的策划，仅此而已。到节目录制那天，岩松、健翔和我三个人才第一次凑齐。我们在演播室外面大概议论了半个小时，很快找到了一些话题点。于是，冲进演播室开始录制。

这是个没有明确的主持人的节目，因为三个人都是主持人。所以，我们决定干脆取消主持人这个角色，每次节目就由其中一个人负责开场，然后大家直奔主题。

你可以说，这个节目上得太仓促，而且连策划都没有，简直太儿戏。但它的效果之好真心出乎意料。我们一般都是一次录五期，刚好是一周的播出量。每期节目我们控制在二十五分钟以内，基本上一个上午或者下午，我们就能搞定。节目也按照直播来进行，没有NG，都是一气呵成。

等到第二次录制的时候，岩松就说，已经有出租车司机在车上和他热烈地讨论我们谈到的某个话题了。再下周，健翔也高兴地说，很多足球圈里的朋友都表示，特别喜欢这个节目。

我收到的反馈自然更多。台里的、台外的、足球圈里的、更多和足球并没有直接联系的。连我妈都说，特别喜欢你们三个聊天，真实，自然。

某一天，岩松突然打电话给我说，终于发现有一个高层领导是足球迷了。我说，啊？是吗？谁啊？他告诉我，正在参加十六大，吃早餐的时候，时任浙江省长的习近平特意端着盘子坐到他身边，"你们哥仨足球聊得很开心啊，哪天到杭州，我们可以好好聊聊足球。"看来，他也是我们的观众啊。很遗憾，后来没能成行。

回过头来看，这虽然是一个没有策划的节目，但也可以说是策划了很多年。三个喜欢足球的人，就像三个球迷遇在一起一样，把自己对足球的感悟、经历、记忆，统统拿出来进行分享。有什么比这种几十年的足球积累更丰富的宝矿呢？特别是在节目录制过程里，三个人还可以互相激发，彼此碰撞，许多火花和灵感都是瞬间出现。在球场上，我们需要化学反应，在实际节目中，我们同样需要这样的默契、心领神会和浑然天成。

早在二〇〇〇年的时候，岩松就被体育中心邀请去悉尼，做奥运会节目的总主持，当然是因为他对体育同样有一种狂热。我们平常经常在一起踢球，他本来就是一个业余足球里的顶级前锋，这并不是恭维，而是因为他确实拥有着非常突出的身体素质。广电总局一百米的纪录很长一段时间都是由他保持。在球场上，他的这种良好的速度和爆发力，是一个前锋最好的基础。他还是一个非常较真的人，在生活里，我们都可以做到温和谦让，但到了球场上，所有这些面具都被摘下，你看到的就是两个争强好胜的球员，球技可以一般，但取胜的欲望永远不亚于任何一个专业球员。平时我们在一起，足球也是最主要的话题，我猜想严肃的新闻做多了，足球之于他也是最好的放松和享受，所以很多时候，都是他比我们更热衷于讨论足球的新闻、花絮、战术乃至文化，并且因为做新闻的原因，他还经常能从社会的其他层面上来解读足球，也会带给我们一种全新的感受。这个世界永远有一些出其不意的存在。岩松常常为我们带来这样的新鲜。在本书的序中，他说自己是我来北京的因素之一，此言不虚。当初我在石家庄电视台工作，某一天不经意间，看到电视屏幕上一个年轻的面孔用着一种迥异于过去的我们这个时代的话语主持新闻节目，我的眼前确实一亮。这不就是我们想带给这个时代的一种话语方式吗？由此我开始关注他，关注《东方时空》，并且最终下定决心，闯荡北京。

　　健翔同样是我来北京的原因之一。一九九五年前后，我们在央视体育频道就经常能够听到他的解说了，那一年的美洲杯更是他初露锋芒的一个舞台。这些同龄人极大地撩拨了我那颗驿动的心。既然他们可以做成这样，我为什么不去试试呢？我甚至给自己定了一个死目标，到北京以三年为限，混得好自然不用说，万一混不好，就证明自己当年入错了行，根本就不是干新闻的料，与其浑浑噩噩，还不如干脆回老家，摆个地摊，只要能糊口，买一张《足球》报足矣。一九九六年的正月十五，我来北京找工作，在央视的第一顿午饭，就是和他、韩乔生、张斌在一起。

健翔是一个爱球的人，也是一个懂球的人，性格率直，喜欢放炮，又有一点恃才傲物，所以在一般的单位里，属于很另类的那种人。但是，和他一起谈论足球是一件非常享受的事。

和我们不同的是，健翔不善饮酒，所以酒桌不是我们聊足球的最佳场所，倒是《三味聊斋》成全了大家。

我们聊着、笑着、争执着、调侃着，把《三味聊斋》一直做到了世界杯开始。

我留在北京演播室，做世界杯节目的总主持人。健翔去了前方解说比赛，岩松则成为了我们最忠实的观众。

二〇〇二年世界杯，因为在韩日进行，更重要的是，中国队第一次进入到决赛圈，小组赛的那三场比赛，关注度惊人。就在中国队和巴西队的那场比赛之前，我特意让演播室里的摄像老吕出去看看北京街头的状况。老吕回来告诉我，大街上就如同年三十的下午一样，几乎空无一人。人们肯定都早早地守在电视机前准备收看比赛了。那场比赛也创下一个收视纪录，如果我没记错，收视率在百分之二十五左右，也就是说约有两亿中国人收看了那场比赛。不知道什么时候，这个纪录才能再次被改写。

世界杯快要结束的时候，健翔回来了，最后一天的直播，大家说，你们三个是不是再来一次原汁原味的《三味聊斋》啊？事实上，世界杯期间，我们也做了几期《三味聊斋》，但不是二缺一，就是我带另外两个嘉宾的全新组合，似乎都不如我们三个做的效果好。于是，我们决定用这样的节目给本届世界杯收尾。既然是收尾，那必须得进行总结。这一总结，问题终于来了。

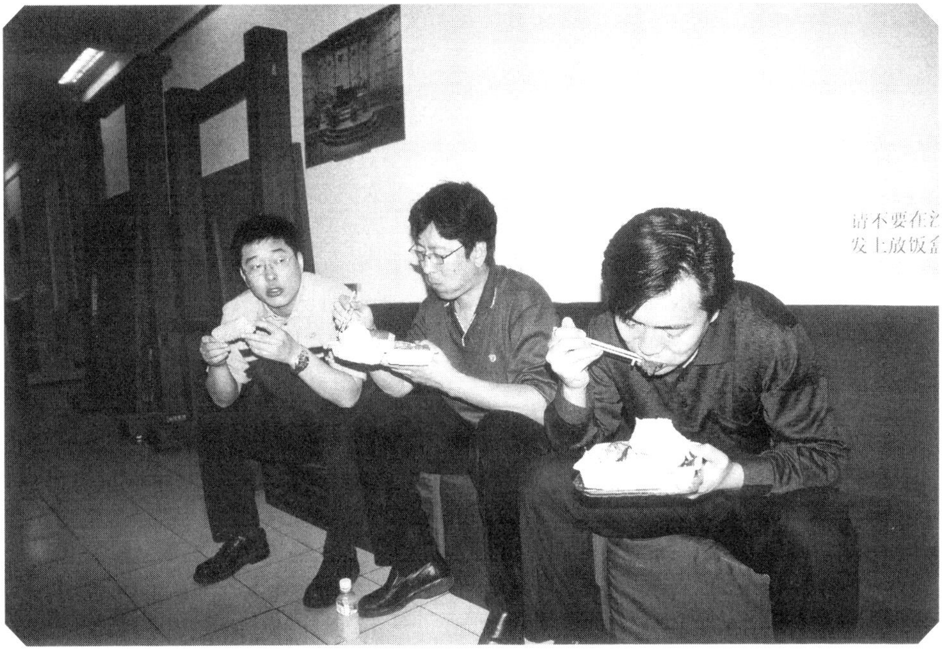
请不要在
发上放饭

二〇〇二年韩日世界杯期间制作谈话类节目:《三味聊斋》。和白岩松、黄健翔一起边吃盒饭边商量选题。

167

二〇〇二年韩日世界杯期间，邀请赵忠祥老师参与我们的节目。

二〇〇二年韩日世界杯期间，和沈冰一起主持世界杯节目。

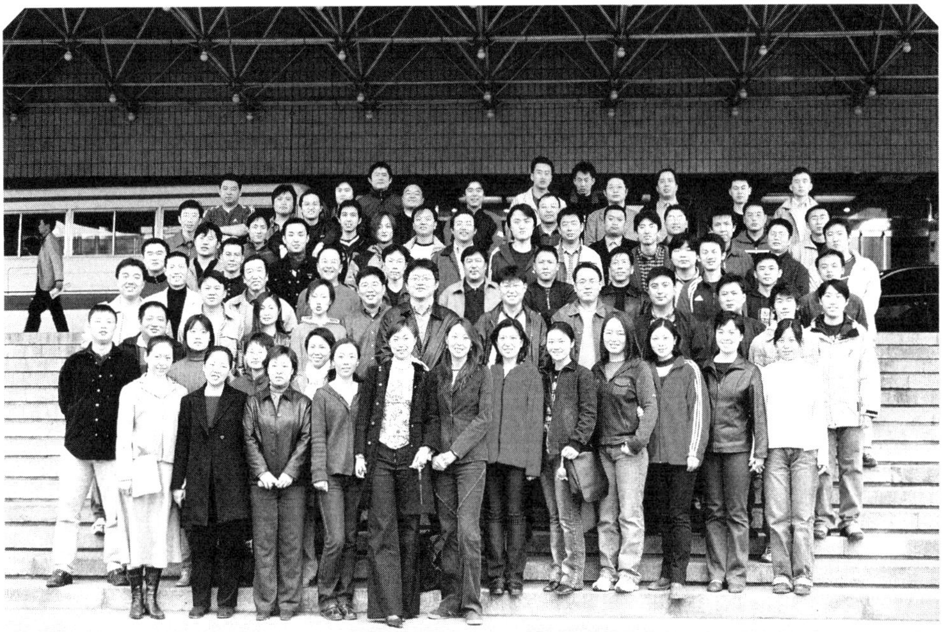

二〇〇二年《足球之夜》工作人员的一张大合影。

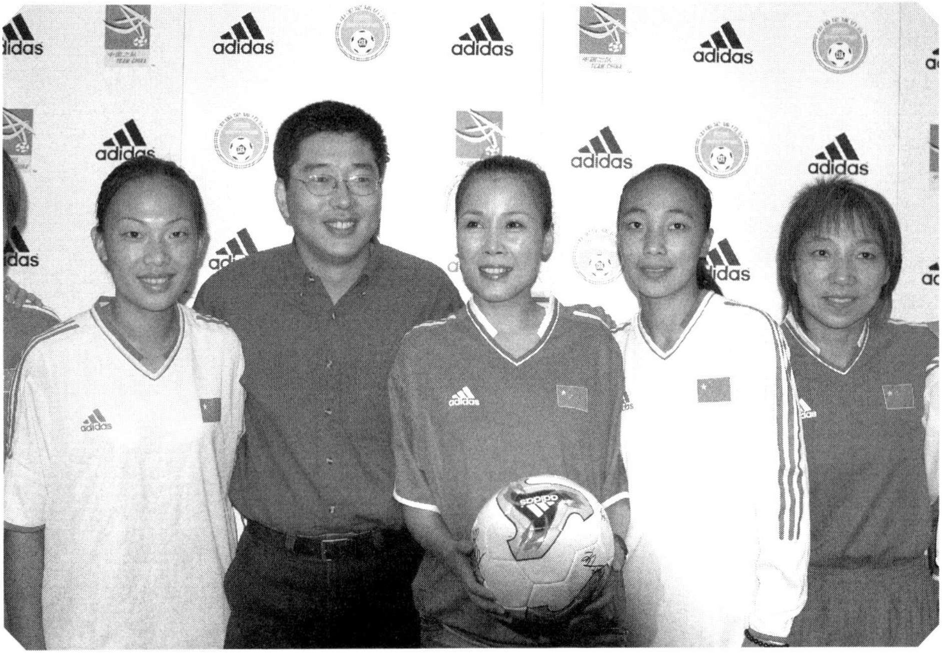
adidas
adidas
adidas
adidas
adidas
adidas
adidas

二〇〇三年女足世界杯之前,田震演唱《风雨彩虹铿锵玫瑰》为中国女足加油。

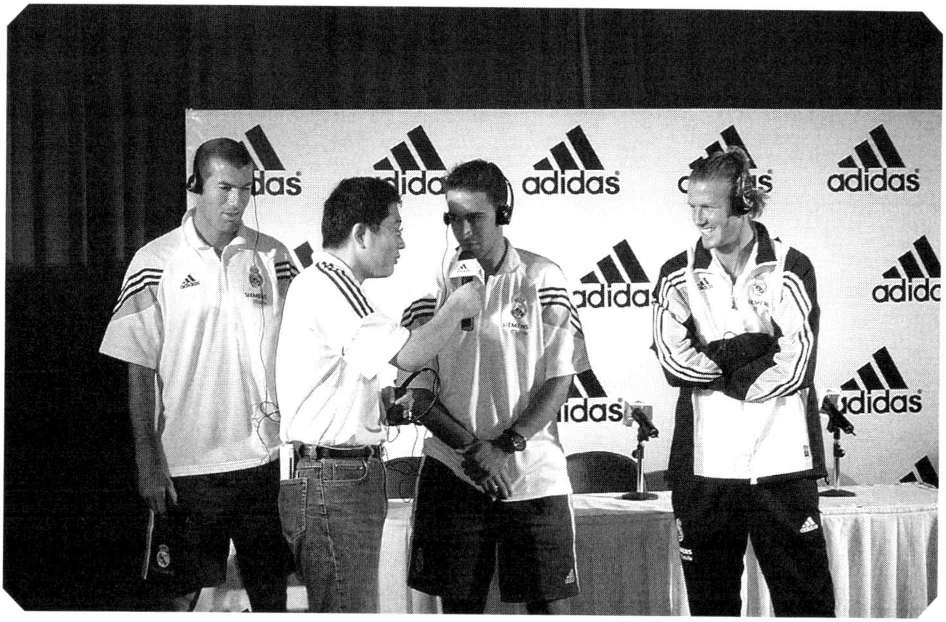
adidas
adidas
adidas
adidas
SIEMENS

二〇〇三年,号称"银河战舰"的西班牙皇家马德里俱乐部足球队来华访问,现场采访当时的皇马巨星:齐达内、劳尔、贝克汉姆。

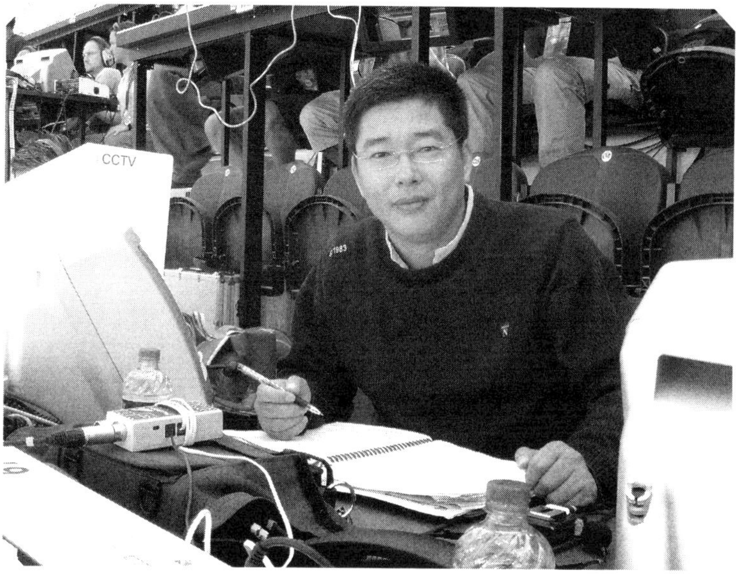
CCTV

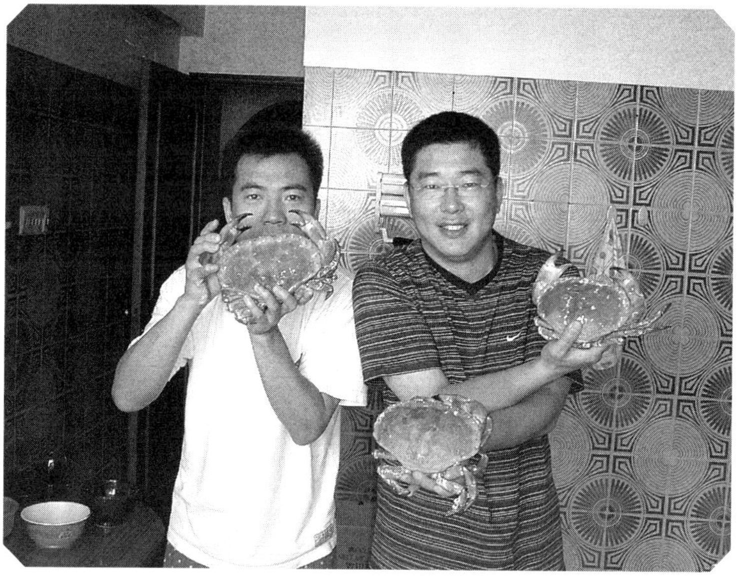

二〇〇四年欧洲杯，我的第一次欧洲杯现场解说。

二〇〇四年欧洲杯，我与黄健翔同居一个公寓，享受来自大西洋的美味。

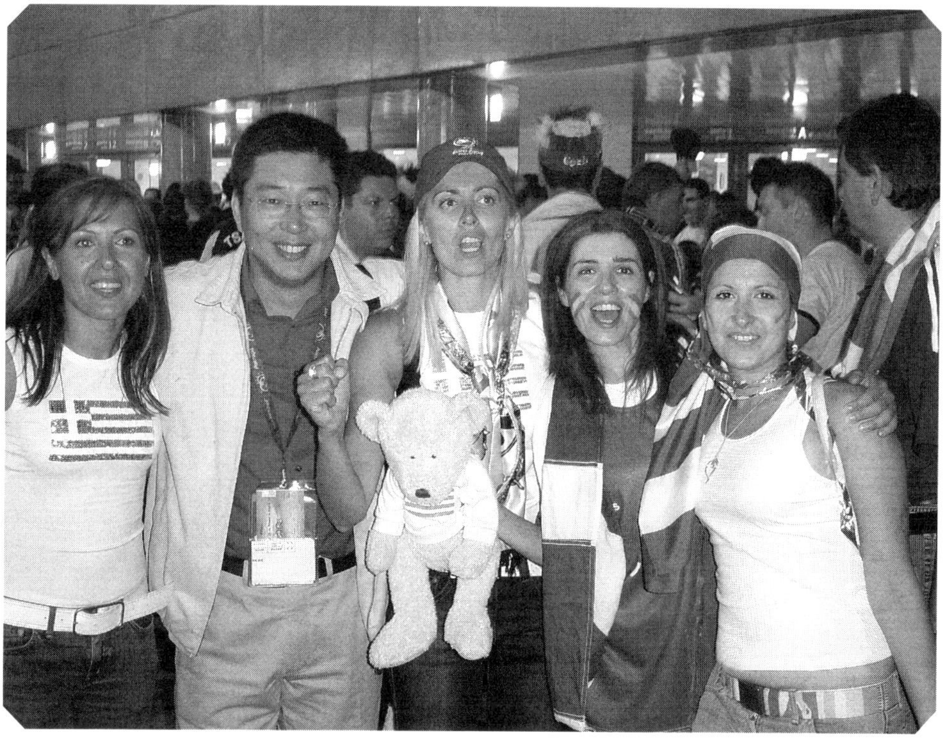

二〇〇四年欧洲杯决赛之后,与夺冠的希腊队球迷合影。

此前，因为裁判在这届世界杯上的拙劣表现，我们分别在不同节目、不同场合都抨击过他们。这也引起了韩国方面的不满，他们的外交部把照会都送到了中国外交部。因为足球引起了外交上的摩擦，虽然我早听说过无数次这样的故事，但真的没有想过有一天会出现在我的身上。

于是，台里下达了指示，一律不要再谈裁判问题。

可是，他们俩一个在前方解说回来，并不知情；一个在世界杯期间变成了完全的球迷，台里的要求未必知道。于是，不由自主地把话题引向了裁判，并且话锋犀利，越说越激昂。我是知情的，所以使劲地想把话题拽回来，或者岔出去，但双拳难敌四手，我的一张嘴怎么可能抵得过他们俩的伶牙俐齿？于是，节目就在这样的状态下直播了出去。其实，如果是录播，也还是有可能弥补的。但我们做体育节目的，比较反感录播，总觉得直播才原汁原味。再说了，世界杯期间，录像之后再剪辑播出，我们也确实没有那个人力了。

不巧的是，这段节目被某位大领导看到了，不是明令禁止了吗，为什么他们还顶风作案？广电总局马上派人来调查了。事情的严重性升级了。

一个明确的信号是，台里的世界杯奖金没有了。所以那一段，很多同事见到我，眼睛里都露出批判的光芒。我还浑然不知，世界杯结束了，一个多月的战斗结束了。我完全可以休整休整了。

直到有一天，体育中心开大会，台领导严厉地批评了我们，我才知道问题搞大了。会后，我去办公室找马国力，一则是承认错误，一则是沟通和解释。忙乎了这么久，最后是这样的一个结果，我确实很撮火，很委屈，甚至还不解。

我是一个很少进领导办公室的人。过去在石家庄电视台，就给同事留下了所谓清高的印象。从骨子里讲，我一直视自己为业务人员，最多算是个技术官僚，当官的事我从来不感兴趣。但是马国力不一样，他虽然是体育频道的老大，在很多人眼里都是不怒自威。但是于我，其实反而时时觉得有一种莫名的亲切。

记得我刚来《足球之夜》，于忙乱中准备第一期的播出。临近开播，马国力来了，他并没有过多询问准备情况，而是自己找了一把椅子，坐在一旁，仿佛旁观者一样，我们的忙碌都与他无关。之后，他突然叫了一个他认识的记者，"你去咖啡厅帮我买一瓶啤酒来。"几分钟之后，他就喝着啤酒，淡定地坐在那里继续看着我们忙忙碌碌。

那时候，他肯定还叫不上我的名字。不过随着《足球之夜》的播出，我感觉他应该是慢慢对我有了印象。有几次我们走路遇到，他都会给我一个温和的笑容。到了法国世界杯期间，对于《足球之夜》这个团队他已经非常熟悉。那次世界杯是《足球之夜》这个团队第一次单独担纲，制作世界杯后方专题节目《法兰西之夜》。这个节目我们做得一如既往的用心，播出效果和广告收益都很好。我记得世界杯结束的时候，我从广告部门得到的消息是，仅这一个节目就获得了超过三千万的广告收入。这对于当时的体育频道也是一个令人鼓舞的数字。从那之后，《足球之夜》成为了体育频道的梦之队。马国力认为，我们代表体育频道，展示了过去两年整体制作水平的提升。

不过即便如此，马国力和我们的直接交往仍然不多。我们每年四月四号都会为了庆祝《足球之夜》的开播搞一个聚会，他也很少参加。但是，在你的背后，你却总能感受到一种关注。一开始，我根本无从察觉，但时间长了，这种支持就从默默无声发展到坚定有力。

之前《足球之夜》没少捅娄子，但基本上他都没有公开批评过我们。后来我才知道，很多次都是由他出面化解危机、矛盾，实在不行了，他也会尽量地保护我们，只有张斌被停播是他无能为力的事情。用他自己的话说，如果不是他力保，张斌连制片人的位置都保不住。而这一次，情况更有所不同。来自上面的压力，他必须对我们有所批评。

在他的办公室，我还是希望把情况解释得更明白一些，并且说着说着还流下眼泪。马国力没有制止我，也没有更多批评我，听完我的叙述，他只是很平静地说，事情已经这样，全台的世界杯奖金是保不住了，其他的也没有什么。然后他嘱咐我回去安心工作。

离开他的办公室，我一方面怅然若失，毕竟因为我们的失误，给很多人带来了直接的经济损失，让我十分不安。但另一方面，好像情况也没有那么严重，那我就回去工作好了。

过了一段时间，我接到了人事部的电话，通知我可以办理入台手续了。这真的是一个很令我感到意外的通知。老实说，如果放在两年前，这样的通知会让我格外兴奋。作为一个临时工，这样的身份确实时常令人尴尬。和正式员工的待遇差别姑且不论，很长一段时间，临时人员周末进台工作，只有临时出入证还不够，还必须每次在门卫处填写一张单子，这样的经历每多一次，都是对你人格的一种贬低，让你意识到自己身份的不同乃至卑微。虽然刚开始我总是告诫自己，不必在意这些，但心理上怎么可能不偶有涟漪。时间长了，我的心态也开始发生了变化。我们生活在一个开放的年代，生活本身就给了我们很多的选择。《足球之夜》才是我们真正的财富和立足之地。而且，两年前，也就是二〇〇〇年的时候，我已经成为了《足球之夜》的制片人，以一个临时工的身份成为制片人，我也算开了央视的先河。二〇〇〇年的十一月，我们还开办了《天下足球》，我又成为了这个栏目的第一任制片人。最多的时候，我同时身兼《足球之夜》《天下足球》《足球直播》《风云足球频道》《足球彩报》《足球彩经》等六个栏目的制片人。

这也凸显了基层用人机制的灵活和顶层用人制度的矛盾，以及冲突之后的暂时平衡。可以相信，这样的平衡也维持不了太久。因为矛盾只会越来越突出。相当长的时间里，我们是体育频道一部分人消遣的对象。他们说，看，足球团队就是张斌一个"鬼子"带了一群"伪军"。对，只有张斌一个是体制内编制。

现在，我看起来就要进入体制内了。但是，我其实从心里高兴不起来。因为我知道，接下来就变成了我这个"鬼子"带领一群"伪军"了。大家进入《足球之夜》日久，每个人都有自己生存的真正压力，不可能一味地这么等下去。解决我一个人的问题，并无助于足球团队的整体稳定。也确实是，从一九九九年之后，《足球之夜》就开始出现了核心创作人员的出走。

从接到转正通知的那一刻起，我隐约明白了一个道理，那就是为了保持一个团队的健康和活力，我们可能需要多做一些去体制化的努力和尝试。二〇〇五年，在《足球之夜》即将年满九岁的时候，我写给全体同仁以下这样一篇文字。

拒绝体制化

京石高速的夜色纯净而沉重，车灯可以像剑一样划破黑暗，却被黑暗死死地纠缠着。我想着《随便说说》（这是二〇〇二年开始，《足球之夜》内部的一本学习、交流的刊物，坚持了几年后，二〇〇六年在足球组进行调整之后停刊）又到了交稿时间，想着四月会发生什么。比黑夜还要稳定的中国足球恐怕不会有什么大的改变，足球的重心依然在欧洲。

在这样的旅途中，我屈从于路的走向，并且知道只要这么走下去，家很快就在眼前。眼前的生活好像已经被安排好，只需执行，便可以有结果。

突然间产生了一种凄凉，一台性能优异的电脑最宝贵的性格就是可以忠实、快速地执行来自人的旨意，然而当我们把自己也视为一台机器时，丝毫没有了这样的快感。被束缚的痛苦就像孩子被规定不能玩玩具一样。

我奇怪为什么当年自己的逃避反而又成了今天的宿命。九年前，为了不被石家庄凝固的空气窒息，我选择了出走，我当时最大的担心就是要按照一种规定的状态终老此生，我最恐惧的事情就是走廊里迎面而来的那个老者可能是我未来的一面镜子，二十年、三十年之后我就是他的模样。

我有了一生中非常快乐的一段时光。在北京，在《足球之夜》最初的日子。户口、三险、房子、车子，我们一无所有。每周的例会也无须参加。那个硕大的背包几乎是全部的行囊，背着它我们如游客一样走过每个城市、每座球场。我们常常被称为是一个边缘化的节目，我们是一群边缘化的人。不过，生命的激情可以肆意挥洒，青春的色彩可以率性涂抹。我固执地认为，只有有了这样的体验，人生才不会感到空洞、乏味。

所以，现在的我有时会有一点失落，虽然我已经有了户口、三险、车子和房子，我也可以在每周的例会上发言、布置工作。我还可以不必像过去那样经常性地出差。再没有人认为我们是异类，中央电视台的足球节目已经成了全国足球节目的标杆，我们的团队也堪称这个国家最具规模的足球报道群体。然而我必须承认，我好像不如以前快乐。

那天从济南归来，在飞机上俯瞰我越来越熟悉的北京，忽然我想到了电影《肖申克的救赎》。那个年年申请提前释放,却总不能如愿的老哥一旦真的被放了出去,反而无所适从。只能用最简单的办法结束自己的生命。当死讯传到狱中,关于他的死有了最经典的解释:"他已经被监狱体制化了"。换言之,他已经不再适应外面的生活。

今天的我们,就面临着这样的困境。是被体制化,还是拒绝被体制化,这是我们必须回答的一个问题。

体制化意味着生活可以相对安稳,工作可以相对轻松;体制化意味着有时候你可以更加依赖别人,有时候你可以用周边的过失掩饰自己的错误;体制化也意味着你可以不用过于投入,你只需和别人看齐,只要不领先得太多,就像不要落后太多一样,你总可以高枕无忧。

当然,体制化也意味着你可以把今天当作你退休之前的最后一天来过,还可以把今天当成今后一成不变的每一天来过。在体制化之后,你可以把身边的每个人都看作同事,而不必和他们成为朋友;体制化之后,你只需要把办公室当成标准的单位,它将不再是我们心灵的"家园"。

有人告诉我,这将是一个不可逆转的过程,但我告诉自己,我坚决排斥这样的转变。从某种意义上讲,体制化就是僵化,体制化就是从革命走向反动。特别是在今天的背景下,体制化就是让我们在未来的变革中失去东山再起的力量和雄心。刚刚上任的朱广沪有一句话特别触动我,"只有燃烧了,才能照亮别人"。这样的生命才是真正的生命。

四月四日,对于《足球之夜》永远是一个特殊的日子,在我们即将年满九岁的时候,我希望我们拒绝按照某种模式成长,因为我们的青春刚刚开始。

现在重新翻看这段文字，至少说明在被体制化后的那段时间里，我还在进行着心灵的挣扎，并且试图唤醒周边的每一个人，希望大家都还能保持着最初创业的激情。说实话，到最后，连我自己都愿意再相信了。这可能也是我出走央视最初的逻辑起点。

回到二〇〇二年，我惹了麻烦，却意外获得了进台的机会。我还没有特立独行到断然拒绝的地步，再说家人和朋友听到这样的消息都由衷地为我高兴，我也就顺理成章地成为了央视的一名正式员工。我的工作证号是7758，在我之后，是王小丫、王志。那一批台里总共只批了三个名额。

过了许久，当一本记录体育频道成长的书面世后，关于我是如何进台的内幕才被披露出来。原来，当上面来人对我们的所谓播出事故进行调查时，正是马国力出面用一种特殊的方式，化解了危机。他说，那两个人因为是台里的，我们随时可以处理，但这个刘建宏，我处理不了，因为他根本就不是正式员工。我们又怎么给他处分呢？上面的领导听了，马上询问台里领导，这个情况是否属实？台领导顺势说，没有指标啊，有了指标马上办。

就这样，我从被处分，变成了被招安。

为了求证这个故事的准确性，当我离开央视之后，有一次和马国力一同吃饭，还曾经当面询问，他也只是含蓄地点点头。

就像《三味聊斋》的成功一样，我们在那个年代获得了巨大的创作空间，你有了成绩，他替你高兴，你遇到问题，他也会为你解决，甚至很多时候，他会为你主动创造很多条件。

对我来说，能够获得一个进台的名额已经是世界杯带给我的巨大收获了。也许外人这么看，但我心里还真的比较坦然。男人靠本事吃饭。那个指标，在那个时候，对我而言意义已经没那么重要了。就像老六常说的：

不过是浮云。

世界杯于我还没有结束。二〇〇三年十一月，我因为主持世界杯节目获得了金话筒。这是中国体育主持人第一次获得金话筒，此前宋世雄老师曾经获得过荣誉奖，这次我的获奖才是真正意义上的第一人。

对于一个行业而言，这是一个突破，而这样一个突破由我来完成，实在是幸运。无论是张斌还是黄健翔，他们都同样有足够的理由获奖。只不过那一年的世界杯是我留守在了后方。而更蹊跷的是，我之前居然一点都不知道。连我的资料都是马国力安排中心秘书完成的。

我从淄博领奖回来，于公于私都需要去跟他做个汇报。我再一次走进他的大门，特别郑重地说："主任，谢谢您。您怎么也不跟我说一声呢？"马国力照旧自信而淡然地回答："第一，我相信你。第二，金话筒此前一直邀请我们体育频道参加，只是错过了机会。但我有个原则，只要参加，必须把奖拿回来，因为你是代表体育频道的。"

这就是马国力，那个时代央视正是由于有了他这样的一批领导，才给了我这样的无名小卒和北漂一族崭露头角的机会。我安静地走出了他的办公室，内心充满了一种温暖，还有一种被信任和被支持的幸福感。

坦白地说，二〇〇二年前后，是我在央视、在《足球之夜》最开心也是最有成就的几年。

二〇〇二年是以我们《足球之夜》为核心的足球团队第一次全面接手世界杯报道，虽然没有所谓的正式身份，但每一个人都在那个时代找到了当家做主的感觉。比如说，还是在世界杯开始之前，马国力跟我说，你应该找一个女主持人和你搭档，要试着改一改你们《足球之夜》过于严肃的面孔。我奉命而行，希望大家都能给我推荐合适人选。台里熟悉的女主持人想了一个遍,说实话没有太让我满意的,于是目光一度瞄向了台外,甚至有朋友向我推荐了尚未走红的李静。只是考虑到她的身份,没敢贸然使用。

有一天,同事胡江波对我说,经济频道有一个女主持人叫沈冰,各方面条件都不错,据说还挺喜欢体育。

我不认识沈冰,甚至连她长什么样都不知道,但喜欢体育这个细节让我有点心动。好吧,那就见一见。

巧的是,沈冰进我办公室之前,我刚好看到《南方周末》上一篇她的专访文章,还特意配了一幅她抱着篮球的图片。这时候,沈冰进来了,个头高挑,皮肤白皙,这些都跟照片上的形象一致,奇怪的是她居然一瘸一拐,还挂着一根拐杖。

沈冰解释说,她目前还在北大进修,课余打篮球不小心受了伤,所以才是这样的状况。这个细节再次给她加了分。

谈话过程中,我基本上觉得她就是那个我们寻找的人选。于是我主动发出了邀请,和我一起主持世界杯。看得出,她很兴奋,也有点犹豫。我干脆说,体育其实都是相通的,你不了解足球并不重要,只要把对运动的感觉自然传递出来就可以。我相信你一定行。

沈冰也没有太多的思考,很快就答应了。最关键的是,我把沈冰的资料上报给马国力,也是没有任何障碍,就通过了。没有行政的疏离,没有中间环节的羁绊,高效、简洁,这就是那个时候的体育频道和中央电视台。沈冰所在的经济频道也是一路绿灯。于是,二〇〇二年世界杯最红的一个主持人就这样诞生了。

更蹊跷的故事在后面,世界杯开始的前几天,也许有一些观众对于主持台上突然多了一个女性面孔有一些不适应,于是网络上开始出现了一些负面的评价。我一边要集中精力做好主持,一边还要适时地安慰她。"没关系,根据我的观察,你很用功,也不断在进步,网友们的评价你不必太在意,没有人能让所有人满意。"

话虽如此,我心里多少也有一点紧张,毕竟人是我选的,有什么问题,也得我来扛。转机出现在世界杯开始三四天之后,按照事前的约定,沈冰要去南京录制一个节目,这是世界杯开始之前就安排好的工作,我给她放了假,临时找来嘉宾顶替了她的空缺。

不料,这样的一个临时变化却带来了网络上的风云突变。那些对沈冰有意见的声音突然消失了,代之以"沈冰去哪了?""好端端的沈冰被骂跑了"。一系列同情和支持的声音瞬间变成了主流。

于是,四天之后,当沈冰如期回归时,网络压倒一切的是一片赞许之声。随后,又出现了阿根廷出局的突然事件。

那年的阿根廷很强,甚至是夺冠的热门。但是谁也没有想到他们居然在小组赛里一场不胜,战神巴蒂也只能和世界杯黯然道别。最后一场小组赛行将结束之时,平素里已经习惯了直播的《足球之夜》的小伙伴们通过耳机告诉我,一会儿会尽可能把画面留在现场。他们还准备好了应景的音乐。

夕阳下,怅然若失的阿根廷球迷悄悄离去,球场内,知道自己再没有机会冲击世界杯的巴蒂斯图塔也不由得热泪滚滚。马友友的乐曲响起,这是那届世界杯最感伤的一幕。对于这样的潮起潮落,我这样有点资历的主持人尚且需要努力控制自己的情绪,坐在我身边的沈冰已经忍不住流泪了。

我相信这是自然的泪水在自然地流淌。唯其如此,才打动了千千万万球迷的心。从此之后,沈冰的世界杯开始越来越红火。

当世界杯就要曲终人散的时候,我记得我跟沈冰说过两句话,"这届比赛，巴西队是最大的赢家（他们获得了最后的冠军），你是另外一个赢家。""央视是个名利场，主持人更是个特殊的角色。"之后，我们除了在二〇〇四年亚洲杯抽签还有过一次合作之外，便再也没有交集了。

关于二〇〇二年世界杯，还有很多回忆。世界杯开幕之前，阿迪达斯的朋友打来电话说，他们为本届世界杯又推出了一款新品，名字叫FeverNova。Fever是发烧的意思，Nova则是一颗银河系的小行星。这个名字的意思是足球让整个世界都陷入到一种狂热之中。这是个很典型的欧洲人的名字，包含了天文、意向和科幻等多重含义。但是让他们犯难的是，如果就这样进行推广，显然会让广大的中国球迷陷入迷惑当中，这到底是什么意思呢？于是他们询问我有什么建议。

记不得是怎样的一个下午，我在下班路上，望着对面的夕阳，脑海中突然浮现出一个景象，夜晚中火流星划破黑暗，这是中国的武林高手在挑灯夜战。虽然看起来和足球相去甚远，但在意境上有异曲同工之妙。兴奋之中，我马上给对方拨去了电话，"火流星"这个名字真的很贴切，符合翻译"信、达、雅"的三原则。他们听到这个建议也是非常兴奋，答应我马上向总部汇报。过了一段时间，阿迪达斯正式公布了这款世界杯比赛用球的中文名字：飞火流星。"飞"也是点睛之笔，既和英文相对应，又让名字多了一份动感。但不管怎样，我是这个名字的原创。事实证明，飞火流星也是所有世界杯比赛用球在中国知名度最高的一款，这和它所拥有的这个名字有着极为密切的关系。为此，我很是得意了一段时间。

第十五章
道歉门

二〇〇八年初中国足球又是一番乱象。中国足协决定把这一年将要征战北京奥运会和二〇一〇年世界杯预选赛的队伍分而治之，也就是国家队和国奥队各自单独组队，杜伊和福拉多分而治之，在我看来一个巨大的危机正在酝酿。为此，二〇〇七年底和二〇〇八年初，我连续写了多篇文章在《体坛周报》和网站上发表，对这个决定大加抨击。

穷人分家

在这个夜晚，中国足球玩了一次乾坤大挪移。不明就里的外国人肯定看不懂我们玩的戏法。到底在迪拜的那支队伍是正牌的中国国家队，还是在慕尼黑的那支队伍才更配得上这个称号？

在这个夜晚，中国足球又好像在学习武林大师周伯通，强行要练习左右手互搏之术。我们把自己搁在矛盾的位置上，无论杜伊还是福拉多，要想在强大的拜仁和汉堡面前有点作为，都需要集中中国足球所有的精锐力量。可惜的是，他们都好像得了半身不遂。其实，按照金庸的设计，能够练得成左右手互搏的只有周伯通这样心智不够健全的奇人。绝顶聪明如欧阳锋、黄药师都只能望洋兴叹。侠肝义胆的洪七公就更无法望其项背了。

其实说穿了,中国足球在这个晚上只是办了一件傻事——穷人分家。

自家的家底不够殷实,本来就过得紧紧巴巴,却非要弄出两个场面来,又想娶媳妇又要过年,其结果只能是媳妇跑了年也过不好。而这样的局面,虽然早在我等的预料当中,却也无法避免。

早在二十强赛分组抽签结束之后,明白人就看到中国足球的窘境。在国奥和国家队不可兼顾的情况下,中国足球必须尽快地制定出应急方案,迅速调整策略,在六月,哪怕是四月份之前集中优势兵力全力支持国家队,才可能在危局当中力争过关。

可惜,所有的忠言都被当成了毒药,在日子越过越紧的情况下,还要虚张声势,怎么能不自取其辱。在这样的策略和困境里,即便请来了精明能干的王熙凤,也只能是寅吃卯粮。

这几天,关于福拉多的议论越来越多,输了球,主教练难逃指责,但眼下对他的评论决定还来得过早。姑且不论他的能力如何,一个和自己的球队、队员生活了还不到一个月的主帅怎么可能点石成金、化蛹为蝶呢。

倒是杜伊,已经锤炼了一年多自己的队伍,再加上有超男助阵,他的队员才可能两度敲开对手的大门,总算没有让中国足球在这个晚上输个底儿掉。

此刻距离国家队的第一场比赛还有二十四天,留给国家队的热身机会也只剩下了两场。在还有一些时间,也还有集中的机会的情况下,中国足球是坚持既定方针,还是幡然悔悟,改弦更张?

我们虽然心急如焚，却恐怕依然是隔靴搔痒。

电视剧《亮剑》曾有这样的细节，战败投诚的国军将领一直在苦苦思索：何以配备了美式装备、武装到牙齿的几百万大军，却偏偏不断地在战斗里节节溃败，只得退守孤岛？他最后得出的结论，是国军缺少了亮剑精神。这当然是一种解释，却不是全部的答案。解放军以少胜多，以弱胜强的关键也还在于指挥者运筹帷幄，避实击虚。虽然总量对比处于下风，却总能集中优势兵力打必胜的战役。一点点消磨对手，也就一点点积累了最终胜利的资本。在周四的《足球之夜》里，曲波面对我们的镜头讲了一番心里话，"二〇〇二年是跟着老队员打了一届世界杯，我还希望拥有一届属于自己的世界杯。"不要总是责怪我们的队员不争气，没出息。每个人心里都有一团火，哪怕是星星之火，汇聚起来也可以形成燎原之势。让这些火种熄灭在内心里，才是我们最不愿意看到的结局。

其实车轱辘话，说了一筐又一筐。嘴说破了，心也说烦了。但是，在这个夜晚，我虽然困意已来，却不想轻易地洗洗就睡。

人祸重于天灾

前辈们艰苦创业的时候，给我们留下一句话：有条件要上，没有条件创造条件也要上。传到了今天的中国足球手里，这句话显然被篡改成了：有困难要上，没有困难创造困难也要上。

对于中国队二〇〇七年最后一场比赛的失利，我有足够的心理准备，并非不能接受。但，对于中国足球面对二〇〇八年巨大考验的态度和做法，我一百个不答应。

其实，有很多道理再简单不过，犹如我们刚开始学习时碰到的那道1+1数学题。比如，大赛当前，我们应该先集中优势兵力，解决眼前的问题，这是个一般智商都能想明白的。结果到了中国足协这里就偏偏成了问题。如果说郑智、孙继海无法回归是个客观矛盾，无法回避，那么把李玮峰、孙祥和杜震宇囚禁在国奥队，就是我们自己给自己出的难题。

数数中国队首发和替补出场的那些人员，将来能够打上主力的寥寥无几。朱广沪时期打的不练，练的不打的弊病，到了这届国家队愈发变本加厉。试想，到了明年一月底，国家队又要面临一个重新磨合的过程。彼时，郑智、孙继海归队，李玮峰、孙祥和杜震宇也都如期报到。中国队前面的热身、集训对于这些几乎可以肯定是主力的球员变得毫无意义。

失掉了这些积极的努力，我们如此兴师动众地搞集中，最终就变成了真正的劳民伤财，得不偿失。

我更加搞不明白的是，既然体育总局在奥运上的指标已经松动，甚至被称作松绑，何以中国足协还要矢志不移地坚持既定方针呢？全力支持国家队的阻力到底来自何方呢？

说杜伊坚持要国奥先行，显然靠不住。因为杜伊也知道，打不好二十强赛，他所谓国家队总教练的称号就不过只是个称号。八月奥运结束，他也行将失业。

说已经给超龄球员报了名，所以计划无法更改，更要叫人笑掉大牙。距离国家队西亚拉练还有一段时间，只要抓紧办理，签证当然不是他们去西亚的阻碍。

米卢告诉我，现阶段中国队主教练最重要的工作就是做到心中有数。他必须已经知道十一个主力名单当中的八九个。可是，我们看到的却是，福拉多还在拼命利用一切机会，去观察熟悉自己的队员。他宁可打乱队员们刚刚找到的一点好的比赛节奏，也要让更多的队员出场接受考察。

而如果就这个问题责怪福拉多显然是无理的。祸根其实早在今年八月就已经埋下。当时的朱广沪下课已成定局，可是我们的国家队主教练人选却迟迟难以确定。直到在世界杯预选赛的逼迫下，我们才匆匆选定了福拉多，而这时国奥队依然是中国足协整体战略的重中之重。

方向不明，调整不及时，系统工程不系统，诸多的基本问题，造成了今天中国足球更为困难的局面。

必须看到，有些困难是人家带给我们的，譬如分组，但眼下更多的问题和困难却是我们自己带给自己的。此刻，我们根本不用煞费苦心地去研究什么深层次问题，只要解决了眼前的这几个，后面的路就能走得更顺畅。

关于国家队，已经不需要什么新鲜的见解，只需要果断的行动。现在应该还有一些时间，但是考虑到前面中国足协调整步履的慢慢腾腾，我几乎不再有什么奢望。

看来又是一次说了也是白说。呵呵,既然如此,白说为什么不说呢。也算为将来立下个凭证。

为将来立个凭证，不过是赌气的说法，根本的原因还是我对未来的悲观和失望。记得二〇〇七年的某次外出，刚好和足协领导同一个航班，我们一路上都在聊中国足球的现状以及国家队建设。我希望当奥运会和世界杯赛程有一定冲突的时候，足协能够有一个全面的战略，而不至于仅仅为了一届北京奥运会，就把中国足球未来几年的命运全都搭进去。两个多小时的沟通之后，我心里已然明白，这完全是一厢情愿。在所谓奥运战略的牵制下，中国足协根本没有自己选择的权利和机会。

今天，二〇一五年的夏秋之际，足协终于从总局脱钩了，但在当时，根本没有一丝一毫的迹象。作为一个足球记者，我的失望和悲哀只能深深地埋藏在自己的心底。

二〇〇七年底的最后一期节目，我请来了李承鹏、颜强一起做一期节目。其中有一个环节是给足协主要领导人打分。其实节目开始之前，我还是跟他们都打了招呼，毕竟是在央视平台上播出，毕竟要考虑到我们和足协长期的合作关系，希望大家都能留出回旋的余地和空间。

也许是在做节目的过程中，大家的相互碰撞和激发，使得最后的打分环节出了一个小小的意外，李承鹏的打分牌举出来的时候，我看到的是一个"不合格"。

因为是直播，既然给出了不及格，就必须给一个解释，我还是让李承鹏对自己的打分进行了说明。但这个结论也随着节目迅速地传播出去。

反响很快到来。我们在国家队采访的记者首先被叫出去，据说遭到了严厉的批判。随后当我试图和国家队管理组进行沟通时，一个喝得醉醺醺的声音，居然在电话那头开始粗鲁、无礼地辱骂。

第二天早上，媒体和网络开始发酵。《足球之夜》被停止国家队采访资格，刘建宏面临处罚等声音不一而足。

对于这样的局面，我并没有什么陌生。十多年了，我们似乎总在经意和不经意间就成了报纸、网络的头条，成了大众关注的焦点。我们因为立场、观点不同，也不是一次两次和足协产生过矛盾、龃龉甚至冲突，但大家都能找到解决的办法，最不济也可以通过时间去冷处理、淡化、搁置，直至大家都不再继续计较、理论。

但这一次，情况却有了不同，我被告知必须要去足协登门道歉。

按照约定的时间，我跟着体育频道领导来到了足协。这真的是一次特殊的到访。过去我要么作为记者，要么作为合作伙伴，多少次来到过这里，但现在，我是一个道歉者。说心中没有委屈、不服，那是假的，但说我的心里有多么愤懑和不平，也不真实。我的内心其实很平静。第一，我们在节目里已经表明，那只是嘉宾观点。第二，看看我的评论文章，你就会知道，我相信我是在根据我所掌握的足球规律进行判断，并且坚信这样的判断。只不过太多正确的判断在刚刚做出的时候，常常不能被所有人接受，甚至常常被误解、曲解。也只有最后的事实，才是检验判断的唯一标准。第三，我们是就事不就人。这些年下来，我和足协的领导们都能够做到开诚布公，也因此可以做到坦坦荡荡。王俊生退休了，我们可以在一起喝酒；阎世铎离任了，我们之间的交流反而更多、更顺畅。同样，和谢亚龙的沟通也是如此。第四，既然是人在机构，那也必须服从和接受领导的决议。哪怕我心里并不认同。我也有这样的胸怀，这个事情并不复杂，等奥运会结束、世界杯预选赛结果出来，一切都会水落石出。

事实上，在足协我也没有遇到什么刁难。谢亚龙和他的同事们很友善地接待了我们。大家的沟通甚至显得非常轻松。我知道，他们的心里或许也还有另一个考虑，心照不宣而已。

二〇〇八年奥运会上，国奥队表现得非常糟糕。而在此之前，中国队就已经在世界杯预选赛上早早地被淘汰出局。一切都如同我在评论文章里所预测的那样。其实，这个时候我的悲愤和郁闷才是最难以言表的。

就在中国队确认被淘汰的那场比赛之后，我说的是：中国队解脱了，中国球迷也解脱了。那是一个已经被提前预知的结果，本来中国足球的实力就没有多么强大，再加上错误的战略、错误的思路和方式，我们也只能眼睁睁地看着它一错再错，错上加错。

　　二〇〇八年初米卢来京，我请他来家里小聚，同桌还有徐阳、米卢当年国家队的翻译虞惠贤等人。我们的话题永远离不开中国足球。在探讨中国队世界杯预选赛前景的时候，我很明确地说出了自己的判断，这么折腾下去，中国队希望渺茫。我还把家里收藏的五里河球场的模型拿出来和米卢一起合影留念。我告诉他，中国足球总是不肯尊重规律，总是不愿意从历史中寻找经验和教训。我们就像对待五里河一样，宁肯把它炸掉，也不愿意修正自己的所谓发展观。米卢似懂非懂，到关键处也只能耸耸肩而已。

第十六章
风乍起

二〇〇八年之后的中国足球每况愈下，以报道中国足球而起家的《足球之夜》也日益被边缘化。

在很多人眼里，中国足球已经是扶不起的阿斗。但因为这个项目的巨大影响力，也会有很多人还是相信，用一些怪力乱神的方式就能起到化腐朽为神奇的作用。在我的眼里，他们就像是宫廷里的炼丹师，总想为皇上找到长生不老的秘方，到头来却不知道夺走了多少人的性命。

其实早在八十年代初期，这样的法术就不断变着花样地出现在中国足球里。为了解决所谓临门一脚的问题，足协推出了比赛中头球、任意球算两分的做法。搞得当时的联赛乌烟瘴气。两支队伍比赛，能进一堆角球、任意球和头球。

然后是国奥队组队打联赛。因为国奥队有出访任务，他们的比赛先期进行，按照一般规律，徐根宝算出了一个大概的分数，只要达到了就不会降级。他们确实拿到了这样的积分，但当他们从海外归来的时候，却发现足球场上最不可思议的情况发生了，降级的还是国奥队，因为据说在一个高人指点下，其他队伍配合默契，硬是让国奥队成为了最后的牺牲品。不过反过来看，这也是一个皆大欢喜的局面。毕竟国奥队是一个联赛里尴尬的存在。

一九九四年职业联赛开始前后,为了解决所谓体能问题,足协又推出了体能测试。这更是一个叫人啼笑皆非的做法。其间发生了太多的故事。

以李红军为代表的一大堆困难户就成了这样测试的牺牲品。因为没有打倒一个瓶子,徐晖这位当时在中国足球炙手可热的前锋也被停赛一个赛季。当他复出后,人们发现,那个充满灵性的球员不见了。郝海东、高峰等一批球员纷纷用各自的方式抨击这种测试。国家队为了保住自己的主力,不得不想尽一切办法躲避媒体的监督,给自己的球员单独开小灶测试。那个时候,《足球之夜》也对海埂冬训和体测做了大量报道,甚至让海埂基地门口看门的大黄狗都全国闻名。

更有甚者,一九九六年联赛结束之后,国家队在广东肇庆集训,居然一上来就是连续一段时间的万米跑。导致当亚洲杯开始的时候,我们的球员四肢僵硬,神情紧张,配合不力,踢得异常难看。一个在当时亚洲足坛颇有竞争力的队伍几乎沦为亚洲杯的笑柄。

体能测试最终还是在一片争议声中慢慢退出了历史舞台,如今海埂也不再是大家冬训的必达之地。但中国足球的神奇想象力却依然存在。比如说,二〇〇七年就传出来一个声音,联赛要分区进行。下面的这篇评论就是那个时候写下的。

看不见的战线

看起来,这是一场虚惊。

从最初传出来消息,明年的中超将实行南北分区的赛会制,到后来出现的越来越强烈的反对声音,然后是化干戈为玉帛,来自总局领导"不换思路就换人"的指示是一个弹性要求,就看足协自己怎么理解。于是,联赛的主客场得以保留,联赛的完整也基本无忧。皆大欢喜的局面实在是出乎很多人的预料。

仔细想想,这又不是一场虚惊。

在这样的一场博弈当中,有趣的是从头到尾,我们都没有看到和听到来自国家体育总局和中国足协的官方声音。既没有改制代表的理由陈述,也没有看到护卫联赛现有体系的代表人物公开登场。但是从我们掌握的情况来看,显然正反两方的交锋不但发生了,而且还比较激烈。否则就不会有各方媒介的全力介入。对很多球迷和受众而言,这倒像是发生在传媒领域里的一件大事。分明硝烟四起,却嗅不到任何战斗的味道。从它的发端、持续到收尾,都是一场看不见的角逐。

而今,事情已经有了一个大概的眉目。媒介似乎可以转移注意力了,公众也产生了审美疲劳,既然当事双方都不肯站出来表态,看来各方也只有接受一个不了了之的既定结果。

不过,回过头来审视这场看不见的战斗,其中原委仍然值得玩味。

首先,何以奥运一来,一个经营了十三年之久的联赛就要改弦更张?一切为了奥运固然不错,但是为了奥运不计一切代价是不是明智之举?就算真的停掉联赛,中国足球就真的能取得重大突破吗?过去中国国家队坚持过很长时间的长期集训,已经被事实证明效果不好,何以在这样的特殊历史时期,又被人记起呢?

归根结底,把手术刀伸向联赛,依然是行政足球、行政体育的自然举动。在这样的行为里包含着一个基本判断:一个奥运会前四名的成绩,远远大于一个国家足球的基石。为了一个短期的目标,我们可以牺牲长远的利益。只需要想想谁会是这个成绩的受益者,就不难理解他们的心理了。

据说这次足协上下的表现很不错。他们多方奔走，发动了一切力量来保卫硕果仅存的中国足球职业联赛。甚至有许多消息也是他们主动透露给外界的。不仅如此，他们还积极配合媒介，在保持了对上恭敬的同时，又保留了调停的空间和可能。由此看来，他们真的起到了力挽狂澜的关键作用。

不过，如果仔细区分足协不同人士的不同心态，我们还是能够看出，有人是真心捍卫联赛，他们视联赛为国家足球基础。有人则是醉翁之意不在酒，只承担一个奥运前四的指标，实在是危险之至，如果不能分解压力，自己的日子一定非常难过。这个时候，站出来说句公道话，既顺应民意，又能有效地保护自己，自然要全力而为。

所以，今天我们看到的局面不过是各方利益均衡之后的一个选择。我不敢判断媒介到底在其中发挥了多大作用，也不敢轻易做出一个结论，给各方人士定性。

我能够看到的是，我们的联赛依然很不安全，也许哪一天，什么人又可以搬出一个什么理由随意地让联赛面目全非。一方面，是因为我们的联赛还没有形成很强大的自我保护能力，俱乐部话语权和决策权的缺失，让他们在遇到类似情况的时候，毫无抵抗能力。这次能够安全过关，不是他们自救的结果，实在是非常偶然。另一方面，足协自身的双重功能也依然存在。他们作为一级管理部门的特殊角色，也决定了他们随时可能因为行政的干涉或者要求，就来上一个大掉头。

以前发生过的，现在还在发生，现在发生的，今后也依然会出现。中国足球还没有走出那个怪圈，所以，这次也根本就不是一场虚惊。

这是奥运会之前的一场虚惊，后来的折中方案也就是前文中提到的国家队、国奥队的分家方案。从中我们既看到了某些进步，联赛没有成为牺牲品，很大程度上也是因为联赛的参与方很多，足协也好，总局也好，都很难做出单方面的决定。另一方面，这些明显违背规律的做法依然得不到有力的制止。

对于规律的思考、认识、总结和探索确实需要时间，全社会的统一更是一个循序渐进的过程。慢慢地，我开始感受到这样的进步。从一九九六年进入《足球之夜》开始，我便经常在报纸上、杂志上，后来还有网站、博客发表文字。前前后后算起来也有几十万字。这些文字也算是真实记录了我对足球，尤其是中国足球的一个思考过程。

我记得在二〇〇六年的德国世界杯上，我和岩松、张路指导就为了中国足球未来的出路问题展开过认真的研讨与分析。那个时候，我们已经不再只把眼睛盯在职业联赛和国家队身上，转而开始探讨学校教育和体育、足球的关系。慢慢地，沿着这条线索的思索逐步清晰起来。以下文字，算是一个小小的成果。

向中国教育要中国体育

这个题目，我酝酿了很久。因为在很多人心里，这可能是两个不搭界的领域，为什么要生拉硬拽在一起？

回答这个大问题之前，我们先得弄明白一个小问题。中国足球缘何在过去二十年里被韩日足球越落越远？

在我手头上有一份日本球员的培训体系图。这张看上去有些复杂的图表，其实可以简单归纳为两个线索。一个线索是以职业俱乐部为骨干的青少年培训体系，另一个则是以学校足球队为线索的体系。同时两个体系之间还存在着非常畅通的联系。

简而言之，在日本，青少年足球队分为三种：包括在学校课外活动中开展的、以学校为单位的球队；职业联盟所属的俱乐部球队；还有就是民间自发组织的俱乐部球队（这个线索是对两条主线的补充和完善）。

日本的大多数孩子都是在学校教育中接触到足球的，考虑到他们升学和成长的过程，日本足协和各地方足协都在努力充实训练中心制度，不让任何一个有才能的人失去发展的机会。同时也在终端通过对教练的训练，确保整个日本足球训练体系的完整。

日本足球之所以这么重视学校足球，是因为他们有一个终极理念：没有儿童根基，就没有国家队的进步和强化。

我以为这才是日本足球得以不断进步的关键。我们的足球与其说是输在了职业足球和国家队的层面上，不如说是输在了以学校足球为核心的业余足球上，要知道在日本，每年都有几十万孩子在为未来的国家队和俱乐部做准备呢。

韩国的情况大致一样，不再赘言。

作为一个对社会化程度依赖极高的项目，任何一个国家和地区的足球要想强盛，必须拥有足够的群众基础。进一步细分，我们当然会明白，青少年足球基础才是重中之重。

回到我们中国足球。一九九四年开始的足球改革，固然让我们拥有了一个所谓的职业联赛，但同时却把过去中国足球赖以生存的业余体校的足球体系破坏殆尽。从那之后，中国的孩子要想踢球，就只剩下加盟职业足球俱乐部的梯线队或者进入足球学校仅有的两条路。

孩子过早离开教育的危害性不言而喻，而失去了业余体校这个缓冲机制，中国足球的人才链条被彻底地孤立了。

于是，我们的足球人口越来越少，进而在十几年后，在俱乐部和国家队，在男足和女足层面上，全面爆发了危机。一个几乎没有人踢球的国家，怎么还敢奢望自己的国家队能在亚洲屹立潮头，还可以打进世界杯呢？

其实，不仅中国足球存在这样的问题，我们的篮球、排球还有很多集体项目，也都面临着相同的困境。来自上游的人才补充越来越少，而且质量还越来越差，于是我们才看到了中国三大球的集体性滑坡。

那些本来有可能成为优秀集体项目运动员的孩子们都被禁锢在了校园里，在高考指挥棒的指引下，挑灯夜战，挥汗如雨。而中国的三大球却是岌岌可危，只能苦苦挣扎。

所以，中国足球的希望在教育。中国篮球、中国排球，甚至可以说，中国体育的希望在教育。如果推不开校园的大门，我们就永远看不到振兴的希望。

说到这里，不得不为进去的那几个以及现在刚刚接手中国足球的韦迪说两句。以他们的地位和能量，不要说推开校园大门是一件无法完成的工作，就是如我上篇文章所言的"建立稳定完善的业余联赛体系"都是难上加难的工作。更不必说他们在国家足球运动管理中心主任位置上难以开展，就是上升到国家体育总局，这个工作也具备极大的挑战性。

得出"向中国教育要中国体育"这个结论并不难，真正的难点是如何把振兴三大球和改进我们的教育体制、教育理念结合在一起，进行一次彻底的改革。

其实，这样的一次改革还有着比振兴三大球更深远的意义。它可以让孩子们在校园里不再是只有读书一件事，可以让我们的孩子少一点"眼镜族"、"胖墩族"，可以让我们的孩子具备更强的集体意识、配合意识、竞争意识，可以让我们的下一代真的能既健康、强壮，又心灵手巧。可以把应试教育逐步地改造成素质教育，进而为中国培养出我们的诺贝尔奖获得者，我们的高精尖人才。

这自然是一个庞大复杂的工程，不仅需要极高明的智慧，极大的决心，更需要一个可行的计划以及极长的一个周期。在此之前，为了帮助中国足球，首先要在若干足球重点城市建立起若干足球重点小学、中学和大学，并且和建立业余联赛配套起来。其实，中国足球去年就获得了四千万青少年发展基金，只不过，他们把这笔钱像撒胡椒面一样地撒到全国四十多个城市的几百所学校之后，这个工程就变成了典型的形象工程，顶多能短时间里向上级交差，甚至连面子工程都算不上，因为它根本不可能改变什么。而如果能先把这笔钱用在大连、青岛、广州、武汉、重庆、成都、北京、天津、上海、沈阳、延边等重点城市上，一面利用这里相对好一点的足球基础，一面总结经验，摸索做法，进而再逐步推广，那这笔钱也才会真正发挥出一点作用。

倘若这个工作能一点点展开，那中国足球不仅能解决自身的危机，还算是为中国的教育制度改革又当了一次探路者，自然是功德无量。

只是，教育体系里的工作，谁来配合，谁来开展呢？

上述文字发表在二〇一一年的《体坛周报》上，我对中国足球的思索开始走出小圈子，进而展开了教育和体育之间关系的探讨。二〇一二年，中国队再次在世界杯预选赛被淘汰之后，我的那一组"五问"其实正是这种思索的延续。不仅如此，我们在随后的《足球之夜》（二〇一一年十一月十七日）里还提出了一系列的解决方案。这六点解决方案是：建设以企业足球为核心的业余足球联赛；建设完整的校园足球体系；建设完整的培训和选拔机制；重振部队足球；设置季前杯赛；开设中超足球彩票。

节目播出后的第二天，我去合肥报道足协杯决赛，在飞机上遇到了《体坛周报》的记者，他特别有感触地说，他们报社头一天很多人都看了这期节目，看了我们的解决方案后，大家也有不少议论，中国足球已经不再害怕和担心新的失败的来临。但只有用一种负责而务实的态度去面对，才是中国体育媒体应有的态度。

二〇一五年初，国务院一号文件发布，在这个目前为止最权威和官方的中国足球解决方案里，我们当年的诸多建议都有所体现。即便是那些未曾体现的，在我看来也是大势所趋。我们依然可以把最权威的判断交给时间。中国足球要想走出怪圈，恐怕也只能从这几个方面入手。

只有跳出足球看足球，跳出职业联赛和国家队看中国足球，我们才能逐步接近并走上所谓的振兴之路。下面的文字同样是写于二〇一二年前后。

只有社会化，才能突围

前不久，国家体育总局副局长肖天在二〇一二年伦敦奥运会备战动员会上的一席话，诸多媒体都有报道。大意是，如果三大球成绩继续滑坡，那么我们在伦敦奥运会上拿六十枚金牌，老百姓会满意吗？

在媒体的解读中，这被当作总局狠抓项目结构失调的信号。

不过，按照我的分析，这应该是一种变相的检讨。老百姓不满意，领导自然也不会满意，北京奥运会的金牌总数第一，掩盖不了中国体育存在的问题。

如今，足球已经十万火急，篮球也青黄不接，排球的事也不少。总局当然意识到了问题的严重性，于是才会有上述的表态。

不过，发现问题是一回事，解决问题又是另外一回事。我相信，当总局下大力气准备帮助三大球翻身的时候，他们很快就会意识到任务的复杂性和严峻性。

在我的概念里，足球和篮球，和中国体育在奥运会上摘金夺银的很多项目并不一样。像举重、跳水、体操、射击等我们的优势项目，可以算作是典型的竞赛项目。在如何搞好这些项目上，我们中国体育已经积累了很多经验，而且都是外国人也得不远万里来取经的。但是，足球和篮球不同，这两个项目在国外，首先是大众项目，是社会体育。一方面深受群众喜爱，一方面历史悠久。

也正是由于有了如此广泛的群众基础和历史沿革，才使得这两个项目有了职业化的可能。所谓职业体育，如果没有了社会基础作为保障，那也只能是天方夜谭。

打个比方，乒乓球超级联赛能够在中国展开，不仅仅是因为我们的成绩好，更在于中国有众多的乒乓球爱好者。

而篮球和足球在中国的处境就太悲惨了。这是两个社会化程度极低的项目，甚至可以这样断言，正是由于社会化程度的下降，才导致了这两个项目一个长期低迷不振，一个正在难以遏制地走下坡路。

尽管现在学校里，篮球的人口肯定要远远多于足球，但这并不能改变两个项目同病相怜的局面。而且，问题的关键恰恰出在学校。

长期以来，应试教育理念一统天下，被学业和成绩压得抬不起头的学生们根本不可能有更多的时间投身体育。而同样被升学率搞得神经极度紧张的学校，对体育，特别是足球、篮球这样的项目走进校园有着本能的排斥。

不要以为操场上打篮球的孩子多一点，就以为篮球的优势明显。其实，没有成熟、正规和持续、稳定的学校联赛，我们的孩子们在学校里，充其量也就是发展发展自己的爱好。随便拍两下球，投几次篮，是不能被算作篮球人口的。

所以，没有了学校的支撑，我们的足球和篮球就根本没有群众基础。而缺乏了这样的社会基础，这样的项目搞职业化，也肯定是步履维艰，接下来，就是成绩的倒退和滑坡。

在这样的情况下，要想短时间内提升项目的国际竞争力又怎么可能呢？

所以，我以为当务之急，是认清问题的关键。不要急着再去单方面地在国家队和专业或者职业范畴里突围了。突围的关键是搞好项目的普及，特别是在学校的推广和提高。

这不是一个简单的工程，甚至体育总局都无法单方面完成。它需要的是全社会的参与，而首先需要动摇的就是我们现在的教育理念以及现实的那些做法。

难，但是，没有其他选择。

看得出，二〇〇八年北京奥运会之后，关于振兴中国足球的压力已经不单单来自社会、来自媒体，同样来自高层。体育总局在这样的压力之下，也开始改变过去躲着足球走的思路，不得不直面中国足球的问题。而当大家真的开始坐下来冷静思考这个问题时，又有些无奈地发现：只在体育的圈子里想中国足球的解决之道，仍然是不得要领。有关方面也开始了进一

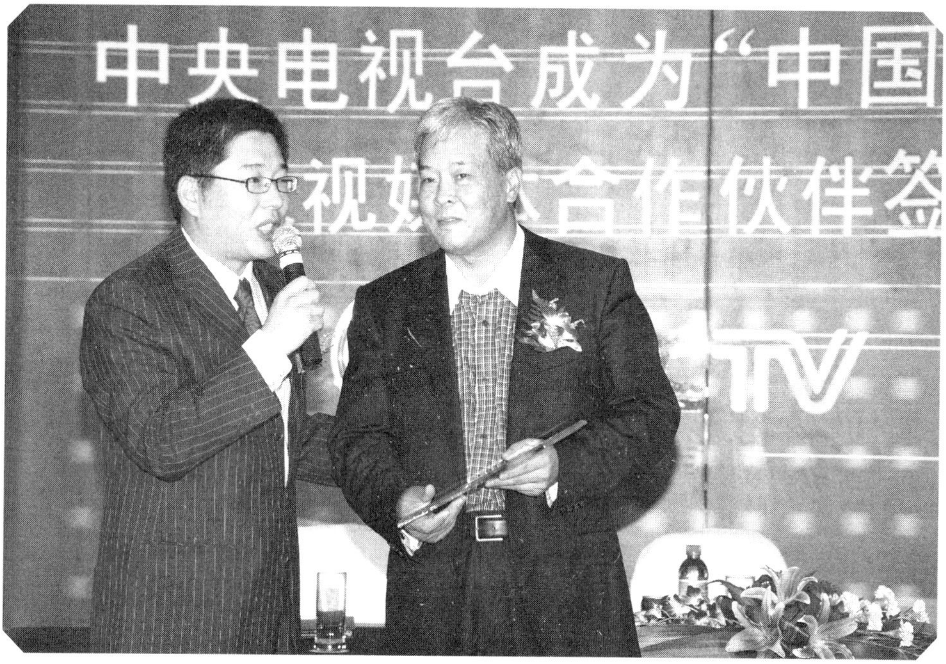
中央电视台成为“中国
TV

二〇〇五年在与"中国之队"签约的仪式上,采访即将离开央视的马国力。现在我们又成了乐视体育的同事。

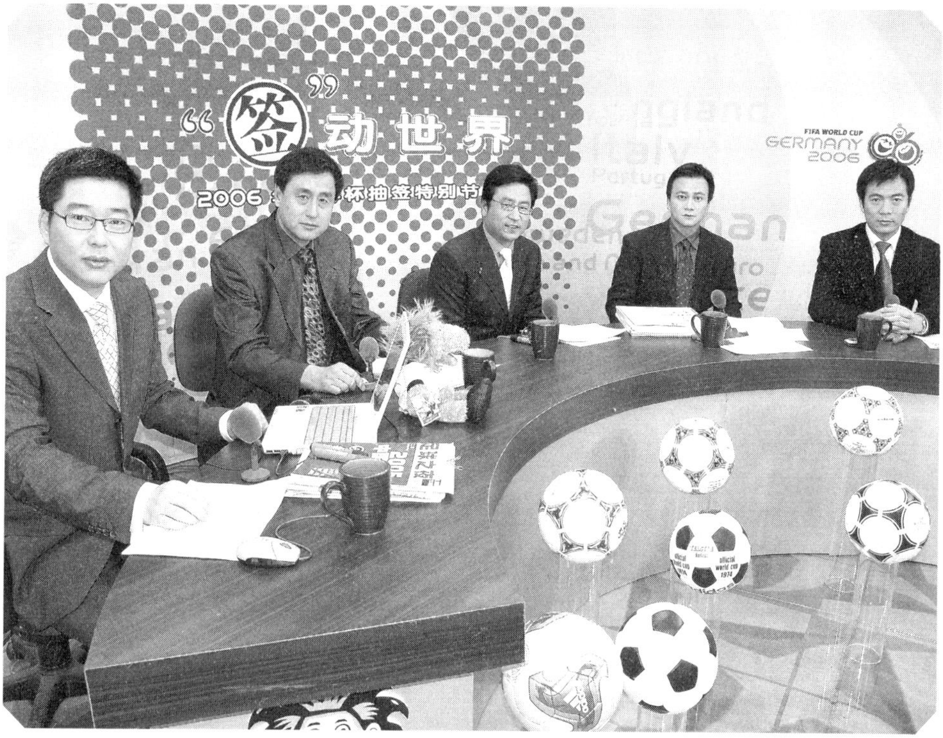
"签"动世界
2006 杯抽签特别节
FIFA WORLD CUP
GERMANY 2006

二〇〇六年世界杯抽签特别节目,那年世界杯我成功预测对了冠亚军。从左至右:刘建宏、张路、白岩松、李承鹏、黄健翔。

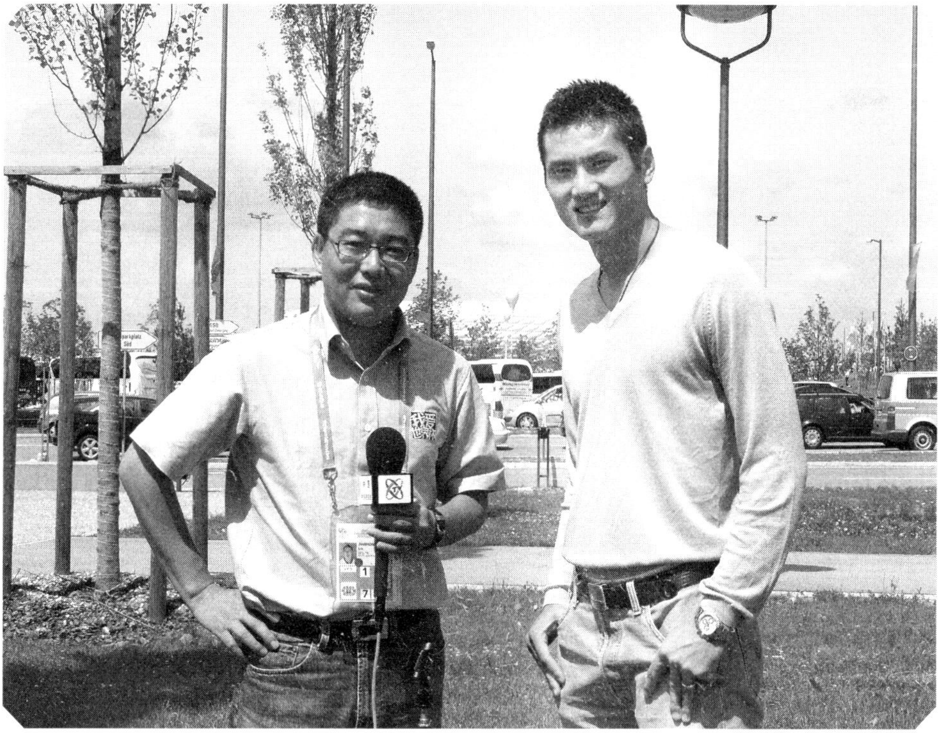

二〇〇六年世界杯揭幕战，与邵佳一一同在安联球场外与北京演播室连线。

步的调研，甚至国务院也派出了调研组。

二〇一〇年初天津泰达球员的罢训事件，让这样的调查进入到实质阶段。

重大局，方能走出困境

我小的时候在太行山区生活过很长一段时间。冬闲时分，村里人为了节约粮食，避过青黄不接，一天只吃两顿饭。头顿饭基本在早上九十点，玉米面粥加上红薯、胡萝卜，外带玉米面饼子，就上咸菜。第二顿饭赶在日落之前，基本上是第一顿的翻版。这样的伙食当然无法提供足够的能量，所以，通常是晚饭之后，大家纷纷上炕，尽可能地保持安静，争取尽快入睡，同时盼着第二天太阳升起。然而，饥饿感往往驱之不去，无论躺着还是坐着，无论睡的是火炕还是冷炕，肚子里咕咕的叫声比屋外黑漆漆的夜色更令人绝望。

逃离这样的生活，是那个山村里很多人共同的期望。

中国的足球运动员也曾经经历过这样的饥饿。在一九九四年职业联赛之前，低廉的工资，微薄的待遇，同样叫踢球者感到穷途末路。早点转业，早点干上其他行当，就等于早日脱离苦海，这也使得很多当打之年的球员早早地就离开了球场。

而后，中国足球运动员也迎来了短暂的幸福时光。魏群在床上数钞票（比赛奖金）曾经是让他们感觉天亮了的最形象的一幕。

可惜，邯郸路长，黄粱梦短。到如今，球员们又重新开始面对着恼人的饥饿。

国务院调查组深入到国家队调研之后，才了解到了俱乐部和球员签订两份合同的内幕。而四处传来的限薪、减薪的消息也绝对不是无风起浪。在今天的中超里，球员的年收入居然会从一万开始，虽说封顶者或许可以拿到百万年薪以上，考虑到这些年中国居民日益增加的收入，中国踢球群体的收入绝对不能令人乐观。更何况，高收入球员比例其实并不高。多数球员早已经不能通过踢球，挣足养家糊口的后半生的积蓄。

激进者会提出，这些球员不思进取，不少人甚至为非作歹，他们本不应该得到更多。然而，老祖宗也早就告诉我们，仓廪实而知礼仪。不让老百姓衣食无忧，早晚会惹下祸端。

如果只站在这一个层面审视天津球员的罢训风波，显然也有失偏颇。俱乐部同样有一肚子苦水，不知从何说起。

中国足球萎靡不振，投资者的投资如同向汪洋大海里撒盐，难以得到如期的回报。

这个时候，还让投资人不断加大投入，那也是不近情理。

而站在球员和俱乐部之间，我们一方面可以看到，球员和俱乐部的利益之争其实从过去到现在，从国内到国外，始终存在。另一方面也可以看到，不论韩国、日本，还是更为发达的欧洲足球，都可以基本上维持一个均衡的局面。

而所谓均衡，那是在维护了足球大局，让足球始终处于良性循环的基础上，才可以得到的一个局面。

再回到中国足球毫无头绪的现实里，这样的均衡其实根本无从谈起。

所以，现在就来断定罢训风波孰是孰非，也只能是费力不讨好。

我所能知道的是，如果中国足球的大局得不到明显改善，这样的罢训风波就会是此起彼伏，没有尽头。

唯一的解决之道，只能是时间加上俱乐部、球员和相关部门的共同努力。虽然短时间内，这是个无解的难题。但只要大家能同舟共济，把改变中国足球现状作为唯一的途径，义无反顾，持之以恒，我依然相信，走出困境，有日可期。

这不是站着说话不腰疼，也不是糊里糊涂和稀泥。以我老家为证，早在二十年前，无法逃离此地的人就开始通过乡镇企业、通过深山寻宝一步步走出贫困，到如今，我的家乡早变成远近闻名的富裕村落，连昔日的老光棍现在也都可以安居乐业。曾经的饥饿感不仅已经不属于曾经的孩子，更不属于现在的孩子。

所以，既然无法逃离，就只能咬紧牙关，共同改变了。正所谓，解铃还须系铃人。世事纷攘，大道存焉。

站在今天的角度看，全社会对中国足球的无序、混乱和无所作为已经到了零容忍的程度。山雨欲来，所谓的黑幕总要有被揭开的那一天。二〇一〇年底，我在下面的文字里对未来有了一点展望。我不仅提到了恒大王朝即将崛起，更看到了中国足球即将进入新的历史时期的机会和希望。

中国足球的香火在哪里？

山东鲁能两次推迟了登顶时间，但冠军早已是他们的囊中之物，在一届最干净的联赛里获得最干净的冠军，这样的荣誉肯定超越了普通的联赛冠军。不过，沈阳那边虽然密不透风，打假扫黑的传闻却还是不断传来，看起来谁都难以逃脱干系。这一方面叫善良的人们胆战心惊，一方面却也本是人之常情。举世皆醉唯我独清的事情发生的概率太小，更何况这是个长久的官司。按照常理，法办的不在少数，获得赦免的恐怕只能更多。中国足球本来就风雨飘摇，如果连根拔起，断掉的不止是过去的罪恶，更包括自己的未来。

这不是妇人之仁，而只是一种无奈而不失冷静的态度。唯愿那些得到恩典的人们懂得感激，懂得戴罪立功，懂得在阳光下生活的宝贵。

果真如此的话，明年的中超就更值得期待。因为山东鲁能不会再寂寞，他们会迎来诸多强有力的挑战。

这其中我尤其想说说中超新贵——广州恒大。因为充裕的资本，所以他们很容易就拥有了李章洙、郑智、郜林、孙祥，他们也很快地就耗资上亿，修建了目前中国最好的足球基地，他们还能让三百五十万美金的巴西外援在中甲赛场上也能不遗余力。不出意外，他们还将拥有更多的当打国脚，拥有更昂贵的外援。当然，他们的目标绝不仅仅是立足中超。让他们明年就争夺中超冠军可能有点操之过急，但明年获得一个参加亚冠的席位，对他们而言不仅仅是个目标，更是个必须要完成的目标。我丝毫不怀疑李章洙对中国足球的适应能力和改造能力，我也乐得看到恒大把明年的中超搅个天翻地覆。更寄希望他们能再接再厉，把中超的旗帜插到亚洲赛场。

不过，我最希望看到的是，恒大不要再走金元大鳄的老路，凡事只靠人民币说话。如何在资本的保证下，为中超开辟一条新路，这才是他们必须担负起的使命。

如何在为广东足球振兴的道路上多一点贡献？如何也能让广东和广州的青少年，乃至全国的青少年都能享受到恒大的雨露滋润？如何建立起更为完善的俱乐部体系？这些才是恒大在挥金如土的时候，急需想明白的课题。

  我知道他们已经开始了自己的动作。李章洙的韩国助手和俱乐部的中国同事正在物色新人，为俱乐部筹建将来的人才库——梯线队。在这个公众和媒体基本看不到的战线上，恒大也有着相当的决心。我在欣慰之余，只能耐心地等待他们努力之后的结果。

  下个月，还将有一批足球孩子远渡重洋，他们不是足协亲自组建和选拔的队伍，但也得到了足协相当的关注和关照。韦迪就曾经远赴石家庄参加了项目的启动仪式。河北精英教育集团的二十名小球员，获得了赴巴西深造三年的机会。这个精英团队不同于若干年前的健力宝，他们有稳定的训练基地，有数量可观的比赛，有获得资质担保的巴西教练，更重要的是，他们是精英集团的一分子，可以获得稳定的教育保障。将来能踢出名堂的球员前途自然不可限量，即便在职业足球里找不到位置，也可以在教育体系里继续深造。这样的人才培养链，就目前来看，已经是国内最合理的结构。只是，单一个精英集团还不能撬动整个中国足球青少年的培训体系，他们不仅需要更长的时间证明自己探索的合理性，更需要社会各界的广泛关注和支持，因为他们正在维系的才是中国足球的香火。

第十七章
韦迪上任中国足协

二〇〇九年底，中国足坛的打假扫黑风暴越刮越劲，足球界中很多人都有了朝不保夕的危机感。某一次总局领导甚至开始讨论国家队教练的问题，传言更多的是，这次调查牵扯的人不仅越来越多，级别也越来越高。

当南勇被带走的消息传来时，我拨通了时任国家体育总局副局长崔大林的电话。在电话那头，崔大林先是确认了这个消息的准确性，随后又对我说，既然如此了，你帮我约几个人，明天晚上我们小范围聚聚，我也介绍一个人给你认识。

听崔大林这么说，我隐约感到，总局应该是已经确认了南勇的接替者。于是约好了白岩松、张斌等人，等待着这样的一个见面。

那是我第一次见到韦迪。临危受命的他当时对中国足球其实完全没有什么了解和认识。那个晚上的聚会，就成了白岩松、张斌和我对中国足球时局的分析和研讨会。

形势尽管严峻，但也不能忽视新机遇的到来，以及被压抑许久的进步力量。那顿饭吃得很长，韦迪从刚进屋时的迷茫，到即将结束时已经被调动起了相当的积极性。他一再表示，局面已经如此，坏也坏不到哪里去了，只要找准方向，做对几件事情，中国足球并不是不可挽回。

第二天韦迪正式走马上任。他接手足协之后，开始了一系列的动作，向外输送青少年球员就是其中之一。

中国足球的留洋之路重启。

曾经范志毅、孙继海、杨晨、李铁、李玮峰、李金羽为中国足球带来的欧洲足球梦又要有新的篇章了。以下文字，写于二〇一一年。

一条走不完的路

李玮峰远在韩国踢球，李铁在刚刚结束的赛季里遭受重伤，眼看着复出无望，李金羽在鲁能已经沦为替补，张效瑞早就退役，转行做教练之后还没有什么成绩。曾经的健力宝一代，眼看着就要彻底成为一段历史。

不过，当年他们掀起的留洋潮现在看起来又要谱写新篇。韦迪上任以来，青少年足球培养确实谈得很多，但真正有所体现的就是所谓的一百个孩子出国深造计划。老实说，如果真的能落到实处，这个计划对中国足球的现状而言，还是具备相当的意义。至少这些孩子总还会为未来留下火种。

但是，仔细探究，我们还是能从这个看起来庞大的计划里看到一些急功近利的痕迹。或许韦迪主任真实的想法是，能尽快从这一百个孩子里，走出些高精尖人才，在不久的将来就能为他所用。而在他脑子里，那将是各级国家队在国际舞台上翻身的基础。这样的设计本也无可厚非。

二〇〇六年在巴西，我就看到了许多日本孩子，他们成群结队地在那里训练比赛，打听之后我听到了一个令人不寒而栗的数字，超过两万人。和我们的近邻相比，中国足球落后得不止一星半点。而问题的关键是，人家之所以能如此兴师动众，一切还源于国内良好的足球环境。在这两万人里，有俱乐部派去的球员，有学校组织的交流，也不乏自费前往的足球少年。真正像中国足协这样，由国家协会出面组织的还真不多见。

那么，这样的方式是否真的可行呢？

其实，在执行的过程里，我相信韦迪也好，足协也好，他们首先遇到的就是种种难题。

首先，国外俱乐部都不是福利组织。把我们的孩子派到那里，其中产生的大量费用必须要有人承担。那些打着友好旗号过来忽悠的国外俱乐部、经纪人，更多的不是想如何帮助中国足球，而是首先看重这部分收益。遥想健力宝队当年，虽然得到了企业的大力支持，但孩子们在巴西的生活其实苦不堪言。他们被关在远离城市的荒郊野外，训练条件很差，比赛很少，而且，连吃住行都成了问题。有球员后来告诉我，由于吃不饱，孩子们有时候会在晚上偷偷爬起来，跑到厨房偷吃东西。更惨的是，他们居然找不到像样的糊口的食物，无奈之下，有人居然把生肉直接吞下肚。试想，在这样的条件里，还怎么指望我们的孩子能大量成才、迅速成才？现在看来，当年的健力宝，不过是把一群孩子集体打包运到了巴西，之后基本上过的还是中国人自己的集体生活。

这也是为什么后来这种模式不再被复制的根本原因。

韦迪和中国足协的想法自然在这个基础上有所改进。他们的理想是把孩子送进俱乐部，进入人家的梯线队，完全接受正规的西式青少年足球培训。不过，问题接踵而来。就算能解决了费用问题，人家的接受能力依然有限。

我们都知道,欧洲的劳工制度很严格。一个中国孩子去到那里,如何解决注册问题?如何能真的被当地俱乐部接纳?他所面临的是一系列无法克服的难题。退一步讲,即便将来真有孩子成了明星,他也会面临各种各样的困难。孩子的归属到底在哪里?是属于国内俱乐部,还是归地方足协?把注册地放在中国足协总不是一个办法。

正因为如此,虽然韦迪主任热情高涨,虽然经纪人和俱乐部来了一拨又一拨,但真正成行的很少,批量出去的可行性正在大幅度降低。

然而,必须要说明一点。中国足球走出去的道路肯定是一个必须的选择。现在的路没有走通,不说明道路的方向出了问题,而在于行路人的方式存在偏差。

正确的路又在何方呢?

如果不出意外,今年年底之前,也将有一批孩子走出国门,他们的目的地还是巴西。这批孩子不是足协亲自组织,他们甚至算不上是国内同年龄段的佼佼者。为了去巴西深造,孩子们的家长还需要承担一部分的费用。但,就是这样的一个队伍,却可能改变中国足球留洋的格局。

何以见得?

首先,这是一支依托教育的队伍。所有球员都因为有教育部门——河北精英教育集团的支撑而获得了对于未来的最低保障。也就是说,即便未来无法成为一个职业球员,他也可以顺理成章地进入大学深造,并且在大学联赛里继续自己的足球梦想。在巴西期间,他们还将接受正规的教育,除了教育集团派去的老师,他们还能学习葡语以及当地文化。一旦孩子掌握了葡萄牙语,他们就能比较顺利地接触西班牙语和意大利语。可以肯定，一个会踢球又能讲西班牙语和葡萄牙语的青年，在中国一定拥有更好的发展空间。

解决了后顾之忧，这批孩子就能心无旁骛地去吸收巴西足球的营养。然后，为了孩子们能得到更稳定的时间深造与学习，巴西政府特别签署文件，把他们的留学期限调高到三年。在这三年里，巴西方面还保证了每年不少于四十场的比赛场次。

对于一个正处在上升期的孩子来说，稳定和大量的高水平比赛才是提高的关键。而这恰恰是目前中国足球最为缺乏的。以梅西为例，他从十二岁技术成型之后，在后面的四五年时间里，每年都能打六十到七十场高水平比赛，正是在比赛的锤炼下，他才能迅速成才，成为了当今世界足坛最璀璨的明星。而我们中国的孩子，在这个阶段，除了训练，还是训练，每年能打二十场比赛就属不易，至于比赛的水平更无从谈起。

差距其实就是在这个阶段慢慢形成的。我们很多中超球员打到退役的时候，都还赶不上梅西十七岁时的场次。也就是说，等到他终于积累了一定的比赛经验，对足球有了更深刻和切实的体验的时候，他也必须要挂靴了。

为什么我们的球员在场上总是失误频频？为什么我们的球员总是难以集中精力？为什么我们的球员总是遇到压力就畏首畏尾？所有这些，首先都要从青年时期寻找答案。

有鉴于此，我更关注这支即将成行的队伍。他们才代表了中国足球走出去的方向。

足球离不开教育，无论在国内的青少年普及还是到国外的深造，这是一个颠扑不破的真理。必须打通现在存在于中国足球和中国教育之间的壁垒，中国足球才能找到真正的出路。

所以，转了一大打圈子，其实我们又回到了问题的原点。

中国足球的没落，归根到底是青少年足球的没落。而青少年足球的没落，既是教育体制的悲哀，更是全社会放弃足球的结果。

我们没有成熟、稳定的业余联赛体系，也因此少了青少年足球的诸多出口。让我们设想一下，如果中国有一千支国有大型企业的代表队经常参加业余足球联赛，我们有一千支民营企业的队伍也能参与进来，我们还有一千支大学生足球队，几百支属于军队的足球队，中国就有了几万个踢球孩子的就业和升学机会。高中如果能有几万孩子，推而广之，初中和小学就能有十几万甚至几十万。

当我们拥有几十万足球人口的时候，如果那时我们的国家队还打不过日韩，我们就只能觉得奇怪了。

回到留洋这个问题来。

如果我们在国内拥有了这样的足球基础，可以顺理成章地设想，会有更多的俱乐部、学校，甚至企业把自己的足球青年送到世界各地深造，他们的积极性一旦被调动起来，中国踢球的孩子就会像今天在世界各地求学的莘莘学子一样多。

只有到了这个阶段，留洋才能成为中国足球重要的组成部分，并且不但给中国足球源源不断地输送人才，还能持续地改变中国足球的观念和哲学。

其实，放眼中国历史，一百多年以来，中国从来没有放弃过和世界接轨的努力。而留学生正是其中最关键的环节。

但只靠留学生和留学这条道路，改变不了中国，社会内部的变革和进步才是最大的内因。

中国如此，中国足球又怎么能另辟蹊径呢？

事实其实一直在提醒我们，留洋，尤其是青少年球员留洋，只不过是振兴中国足球的一种补充。没有了自己的完整方案，只想在这个方向上有所突破，依然难以逃脱急功近利的窠臼。

与此同时，中国足球的打假扫黑反赌行动也进入到了高潮。除了假，赌是另一个随时可能摧毁中国足球的毒瘤，同样不容忽视。

"赌球"新语

历史的年轮总是不紧不慢。当我们沉浸在假日之中，又有谁会想起那些在监牢之中备受煎熬的人呢？

为了自己的错误，锒铛入狱，接受惩罚，这不仅是法理，更是天理。但，我相信，还有一些人，或者不少人，属于漏网之鱼，一面庆幸，一面战栗。庆幸自己还没有被牵连其中，也许永远可以不必面对自己曾经的黑暗的历史，战栗可能随时到来的拘捕。

此时，最兴奋激动的是我的很多同行。他们或者出书，揭露业内的昏聩，或者直接出示证据，期望已经开始的反赌打假风暴不至于一瞬间就偃旗息鼓。

我可以理解各位同行的心情，甚至，我愿意看到他们把自己了解的一切都公之于众，一个提倡法制建设的社会，当然应该鼓励这样的透明。哪怕在这样的透明里，你一样看到了可能涉及自己的丑恶。

不过，打假反赌已经推进到这个地步，我们不仅要耐心等待有关部门的工作进展，还要把自己对这个问题的认识高度提升到一个新的水平。否则，一场期待已久的风暴，除了揪出几个大家觉得不够解气的毛毛虫，就真的没有其他的意义吗？

我注意到，自打假反赌以来，媒介追踪的均以事件为主，什么人涉嫌其中，什么俱乐部难逃其责，什么线索成了最新要素，什么角色可能难逃其责，我们在探讨具体案例的同时，也有意无意回避了一些需要讨论的事实，而如果没有这样的事实，所有的讨论，其实都将失掉真实的意义。

我想说，假球、赌球为害如斯，体制是害人第一祸首。打假者，赌球者，其犯罪成本几近为零，由于监管不力，始作俑者不仅渔翁得利，还可以炫耀于他人，自然容易蛊惑人心，使从者众。

其次，贻误战机，也使得涉案者变本加厉，胆大妄为。如果说一九九五年的成都保卫战，是职业足球假球的起点，那么，一九九八年的渝沈之战，就成了公然打假的转折点。如果说，一九九五年前后广东赌球已经拉开了赌球的新序幕，那么，后来的个体赌球，乃至庄家联合俱乐部内部人士，里应外合，为害乡里，就成了一个自然而然的结果。而在中国足球职业化改革的进程里，缺乏制度创新，不能与时俱进，则在很大程度上助长了假球和赌球的盛行。

在旧体制里，由于俱乐部和足协的不断博弈，让球员、教练和裁判成了永远的牺牲品。他们收入日渐其少，待遇越来越差，球员被阴阳合同和苛刻的收入条款搞得不胜其烦，俱乐部被足协的多变与不作为搞得义愤填膺，裁判员早就看到了其中的缝隙，于是，这盘乱棋就没有按部就班的可能。

站在今天的角度，你只能感叹时事的艰辛，局面的混乱，但如果能倒退十年，我们本来还有从新开始的可能。可惜，机会一次又一次地从我们的身边溜走了。这种机会,有时是主动的,比如一九九八年前后,完全存在继续深化改革的可能。有时候,也是被动的,比如二〇〇四年所谓"七君子事件",也完全有可能让我们的职业足球进入一个新的阶段。

当然,如果中国足球的问题只如上述所言,那未免过于简单。除了这样的主要原因,一些其他因素也不可忽视。

我首先想指出的就是中国足球圈长久以来的所谓圈子文化。长期以来,中国足球圈内的文化趋于腐朽。人情球、默契球泛滥不止,屡禁不绝。而所谓的师徒传承,又使得帮派林立。不团结、不虚心、不学习、不刻苦,确是实情。这样的足球文化,更使得假恶丑的传播,拥有了天然的便利环境,一旦出现,就注定要泛滥成灾。

此外,鉴于历史原因,足球界普遍欠缺个体修养,也是众所周知。面对着利益的诱惑,能不乱于怀者,并不太多。其实,这不仅是足球圈内的特殊现象,放眼中国,银行界、经济界,腐败已成毒瘤。足球界人士,由于缺乏更好的道德修养,不惜以身试法,试图乱中获利,也在逻辑之中。

最后,我尤其想最最严重声明的是,目前的打假反赌风暴,似乎被舆论带领得有一些偏离了轨道。有一些"道德洁癖"患者,似乎巴不得出现眼下的局面,他们把所有的炮火都集中在中国足球身上,全然忘掉其实还有更可恶的角色,需要我们齐声喊打。

这就是黑庄家。必须看到,无论是打假的球员、教练,还是涉赌的其他什么人,他们毕竟是中国足球的从业者,当年他们进入这个领域,并非抱着以身试法的目的而来,也不是天生的坏蛋,只是由于种种原因,一失足走上不归路。他们虽然可恨,却在很大程度上更值得同情。

只有那些地下庄家，他们从进入中国足球的第一天起，就目的明确：不择手段，获取暴利。他们是真正的毁灭者，抱着毁灭的目的来，看着毁灭的结果去。如同《天煞》中的那群天外来客，目标清晰，手法残忍。更可怕的是，他们让中国的经济每年损失掉成千上万亿计的资金。而这不仅仅是中国足球的损失，更是中国经济和中国社会的整体损失了。

如果，我们让这些寄生虫、毁灭者都从容走开，只在自己的圈子里互相追逐，那又将是一出怎样的悲剧呢？

打假反赌需要持续，不仅是范围的扩大、人员的增多，更是层面的深入、思考的深化。

在这样的特殊时刻，我们必须拥有这样的冷静和智慧。

打赢这场"鸦片"战争

赌球是一种标准的足球鸦片。

凡是醉心于赌球的人都心甘情愿地相信，足球是可以被控制、被操纵的。因此，只要跟他们谈论足球，他们都会非常认真地告诉你，何年何月何日的一场足球比赛是如何诡异，背后有如何的故事，让你必须接受他的判断。

其实，如果对国际足球稍有了解，我们都能知道，除非是在那些极端不发达的足球地区，足球的生存环境并不像他们想象的那般恶劣。否则，世界足球也不会有今天的繁荣昌盛。那些喜欢用小人之心度君子之腹的人，既是中国足球的破坏者，也是中国足球的受害者。

说他们是破坏者，是因为他们的赌球行为，已经严重伤害到了中国足球的生存。说他们是受害者，是因为他们的赌球行为，很多时候也是被中国足球的现状所蛊惑。而恰恰，中国足球就属于足球欠发达地区。我们的行为认识和中国足球的地位与现状可谓互为因果。

不仅如此，赌球还致使每年有大量的资金流失海外。在和组织严密、结构严谨、计算合理的赌博集团的博弈里，很少有人可以盈利，倾家荡产者也不在少数。

所以，根治赌球这个足球鸦片，已经是搞好中国足球非常重要的一个前提，宛如林则徐当年的虎门销烟。

当然，治理赌球也需要一个过程。中国足球这些年来，仿佛生活在另外一个世界。尽管人人可以唾弃，却也没有人愿意来认真地管一管。大家习惯性地绕着走，也把中国足球遗弃给了各种黑暗势力。

从当年的假球、黑哨，直到现在的赌球成风，足球的堕落不仅仅是行业的堕落，更是全社会纵容的恶果。只是这样的堕落不可能没有尽头，总会有忍无可忍的那一天。前两天，肖天局长的表态，算是某种意义上的道歉，也算是一种改变的开始。

现在，当公安部门开始治理赌球的新闻一经传出，立刻引起广泛的关注，更说明了赌球民愤极大，打击行动刻不容缓。

不过，拍手称快之余，有必要对这样的行动再议论几句。足球就是足球，它没有特权，也不需要特权，在法律的监管下，与其他行业无异。所以，所谓赌球好比是经济领域里的逃税、漏税，属于常抓常管的范畴。一旦有人作奸犯科必将严惩不贷。唯其如此，才能让我们的足球环境一点点地干净起来。

必须要提醒那些善良而单纯的人们，这样的一次行动不一定就真的能起到拨乱反正的作用。也许在一些严苛的人看来,最多不过是打死几只苍蝇而已。

我不像有些人那么乐观,自然也不会像有些人那么悲观。我不敢指望一次的清扫,就能洁净了所有的房间和角落。我也不悲观于只打死苍蝇,而没有碾死臭虫的结果。

我唯一寄望的是,这样的行动不是一阵风,不是一次性,它只要能坚持长久,必然会对中国足球的环境治理带来强有力的震撼。

治理太湖的蓝藻,尚且需要耐心和信心,治理中国足球更得痛下决心,并且能持之以恒。

韦迪想到的另外一个办法就是让国奥队打联赛。猛地听到这个消息,真的把我吓了一跳。这不是曾经的徐根宝国家二队打联赛的翻版吗?更何况现在已经进入职业联赛阶段多年。我不断通过短信和电话与韦迪、崔大林沟通,最终这个提议终于被否决了。悬着的心这次总算可以放下,而更让我欣慰的是,这一次他们没有像前任们那样对于明显违背规律的做法还一意孤行。

来看看那个阶段,我写的东西。

足球正道

春寒料峭,一场春雪没有给我们的生活增添什么麻烦,在农民朋友的眼里反而是丰收的美好前兆。

发生在中国足球领域的反赌打黑风暴也依然在继续。形势的发展早已经超出了人们的正常判断,"失语"成了时下足球评论者的无奈。

用常规的逻辑已经无法解释现在，更无法预测未来。

关于联赛，我们要做好停摆的准备；关于裁判，我们在关注谁将是下一个到沈阳报到的"黑哨"。而关于中国足球，我们却没有因此失掉信心，一场史无前例的风暴，带给我们的肯定是更干净的环境，更踏实的心态，当然还有更艰苦的准备。

恰逢此时，我们听到了一个声音，中国足协准备让国奥队单独组队参加中甲。对此，无论崔大林局长，还是韦迪主任都给出了基本肯定的答复，只不过一切都还在酝酿之中。用准官方的说法是，还在征求意见的阶段。

不过，中国国情告诉我们，一旦提案进入到程序，变成现实的可能性就极高。但既然说还在征求意见，我们就不妨把自己的心里话高声地讲出来。

老实说，关于此事，我的疑问多多。

国奥队参加中甲，最简单的目的是通过更多的比赛锤炼队伍，为冲击伦敦奥运会奠定基础。

不过，美好的愿望之下，我们还必须小心求证此方案执行起来的可能性，以及它真正可能产生的效果。

第一，从根本上讲，国奥球员所有权属于俱乐部。在两年时间里剥夺他们为俱乐部踢球的权利，无论于球员，还是于俱乐部，都不公平。虽然说是为了国家利益，也难以讲得通其中的道理。你看，国家队参加世界杯，多么天经地义的事，国际足联尚且需要给各俱乐部相当的补偿。而且这样的补偿，将在南非世界杯上创下新高。如果效仿而行，中国足协又该如何补偿各家俱乐部呢？

第二，从操作层面上看，国奥队单独组队参赛也有许多难以回避的难题。确实有一些国奥队的适龄球员目前在联赛里还打不上主力，不过，那些国奥队的真正主力，却基本上已经可以确立自己在俱乐部队的位置。并且他们在俱乐部比赛的收入肯定要高于在国奥队踢球的收入，如果强行把这些球员招收入队，就必然要面对他们自觉不自觉的抵制。一旦一个队伍里的最优秀群体对此做法心存异议，这个方案的最终效果如何，就要打一个大大的问号。单纯强调爱国，显然不是一个好的解决之道。再者，如果让适龄优秀球员在中超和亚冠接受锻炼，是不是比在中甲接受锻炼更加合理呢？这也是决策者必须考虑的问题。

第三，历史也可以给我们一些启示。让国奥队单独组队参加联赛并非首创。若干年前，徐根宝就曾经带领国家二队参加甲A，结果在积分方式、比赛质量等诸多方面都是困难重重。在一个超越了公平竞赛的环境里比赛，国奥队究竟能够有多少收获，又是一个疑问。

第四，从足球规律上，这也是禁不住推敲的做法。因为无论国青队，还是国奥队，充其量只能算是国家队的梯队建设。标志着一个国家最高足球水平的国家队才是在这个层面上的终极所在。片面强调国奥队价值的做法，也会伤害到国家队的建设和发展，这又是非常严峻的挑战。

凡此种种，如果没有一个明确的说法，就仓促决断，是不是又要变成一个历史的笑话呢。

打假扫黄，不过是给我们提供了一个干净的空间，而中国足球要想获得真正的发展，并没有什么捷径可走，回归真理，尊重规律，老老实实，辛勤耕耘，这才是人间正道，也才是中国足球的真正幸运。

国奥打中超，一石激起千层浪。反对的声音看起来更强烈，赞成者似乎也有一些。不管怎样，韦迪上任以来的第一个危机时刻就此到来。它既是一次决策危机，更是一场公关危机。

不过，就在大家以为此事不可逆转的时候，出乎意料的是，此提案被暂时搁置起来。至少前三轮的联赛，我们看不到国奥的身影。

何以一个看上去冲击力很强的提案突然开始原地踏步呢？是感受到了外界的强力反对，还是自查方案本身存在诸多疑点？抑或两者兼而有之，于是选择了停步观望？

可以肯定的是，既然前三轮联赛国奥无法参赛，所谓计分不排名的做法恐怕很难坚持。但方案既已提出，不执行的可能性也是微乎其微。而微妙之处恰在于此。此时的原地踏步值得我们认真体察。

首先，国奥队应该多打比赛，这个出发点并无问题。冲击二〇一二伦敦奥运会的这支队伍，人员素质和水平本来就令人担忧，如果再不加紧建设，恐怕只能再次给球迷带来失望的结果。不过，启动举国体制，强行把国奥塞进联赛的做法，确实也显得非常冒进。其中的诸多弊端早已被反复论证。所以，方案的推迟启动，就给了决策者进一步完善和修改的时间和空间。

激进的批评家未见得愿意如此轻易地接受我的如此判断。他们一定坚持认为韦迪不过是代表体育总局莅临足协的又一位举国体制的执行者。对此，我不得不提出一点不同意见。

假如韦迪真的是"韦举国"，他完全可以像中国足协他的一些前任那样一意孤行，比如二〇〇八年初把国家队和国奥队一分为二，再比如更早时候的取消升降级，都是令行禁止，不容商讨的。

所以，此时我倒以为事态的发展正处在一个前所未有的节点上，能否妥善处理当前局面，将对中国足球的未来产生远比国奥打中超更深远的影响。

韦迪上任以来，面临的是中国足球前所未有的大变局。别的不说，连中超是否能准时开战，是否能保持完整都难有定论。再加上足协内部需要整顿，国家队序列需要调整，各路记者需要应对。千头万绪，涌进门来，韦迪纵使对中国足球有足够的了解，也还得费尽心机，更何况他其实是个门外汉。边进入状态，边解决问题，这应该是他最近一个阶段状态的真实写照。

为了能更好地跟外界建立起交流的渠道，他对各路记者都一视同仁，所以，一时间所谓的专访、面对面也就格外的多。可是，让韦迪不能释怀的是，他的这番苦心，似乎并未得到足够的理解和尊重。在对待"新政"的评论里，他听到了一些自尊心颇受打击的声音，内心深处不胜烦恼。

我想说的是，这其中其实存在着颇多误会。韦迪和媒体之间不过是在为过去十多年中国足球和中国舆论之间形成的对立关系还债。在相互之间早已经失掉了基本的信任之后，大家的关系就一定是剑拔弩张，针锋相对。而想要化解非一日之寒形成的三尺冰冻，就需要更长的时间，还要有更大的胸怀。

因此在新政暂时停步的当口，保持一个相对平和的心态，不仅是韦迪的必然选择，也应该成为媒体和舆论的必然选择。

韦迪只有在冷静之中，才能看到自己方案的诸多问题，并应该尽力改正。媒体和舆论也应该给他和他的班子一个思考的过程，避免用简单的急风暴雨作为谏言的唯一方式。

其实，让国奥、国青、国少多打比赛，方法还有很多。以国奥为例，现在建立预备队联赛条件还不成熟，但却完全可以让他们利用联赛两轮之间的时间，经常临时集中，并能够和俱乐部达成共识，打一些具备了相当水平的热身赛。这样既可以满足了国奥的需求，也是为俱乐部解决了周中需要教学比赛调整队员状态的当务之急，可谓一举两得，皆大欢喜。果真如此思量，则现有方案只需进行微调，即可得到有效执行，当真是既化解了公关危机，又找到了正确的道路。

当然，提高国奥队的水平，还要有更多的措施。强化教练队伍，拓宽对外比赛渠道，鼓励俱乐部大胆使用新人，凡此种种不可偏废。

而更为重要的是，如果能以此为契机，逐步拆掉和媒体舆论之间那道看不见的围墙，则中国足球又将在崛起之时，获得更好的舆论环境，这才是更加功德无量的成就。

值此时，原地踏步并非积蓄力量之后的继续博弈，而应该成为双方调整心态，达成共赴危局的最好时机。

当年的法国大革命曾经何等轰轰烈烈，但他们所走的弯路更甚于英国，而在欧洲大陆的革命风潮之前，大英帝国早已经用相对温和的方式解决了国内同样非常尖锐的矛盾。历史一再告诫我们，并非兵戎相见的暴力方式，才是实现理想的唯一方式，放在中国足球当下的环境里，这就更值得我们警惕。

当事者，岂可盲动。

韦迪对中国足球的认识还在不断深化。一开始，很多人对他有争议，随后，正面的声音逐步多了起来。

然后，突然间，他又走了。

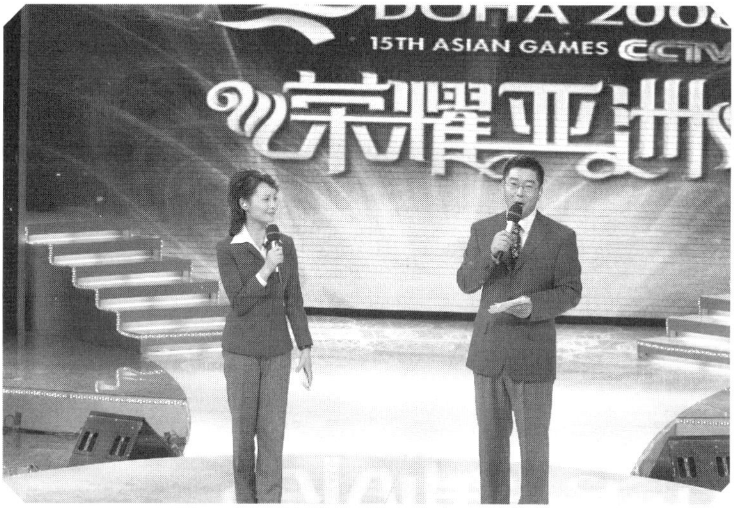
15TH ASIAN GAMES
CCTV
荣耀亚洲

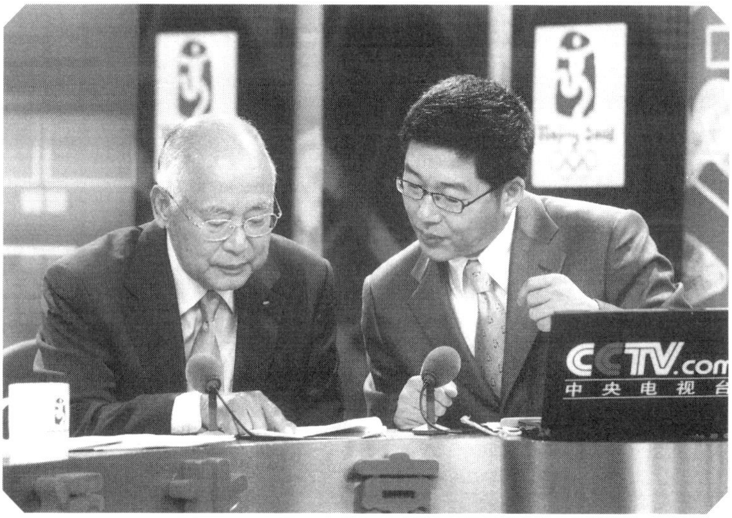
CCTV.com
中央电视台

二〇〇六年多哈亚运会，我在北京演播室主持《荣耀亚洲》节目。

二〇〇八年北京奥运会之前采访何振梁先生。

239

二〇〇八年，主持欧洲杯直播节目时在演播室留影。

二〇一〇年南非世界杯，在现场解说。

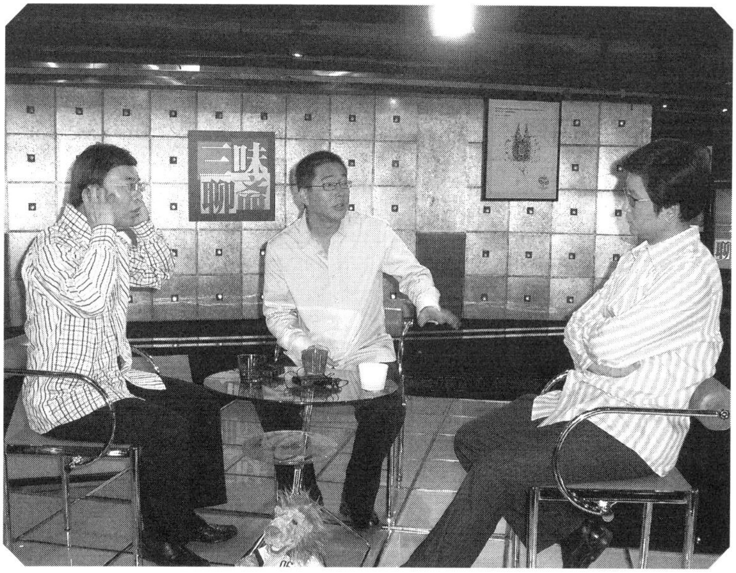

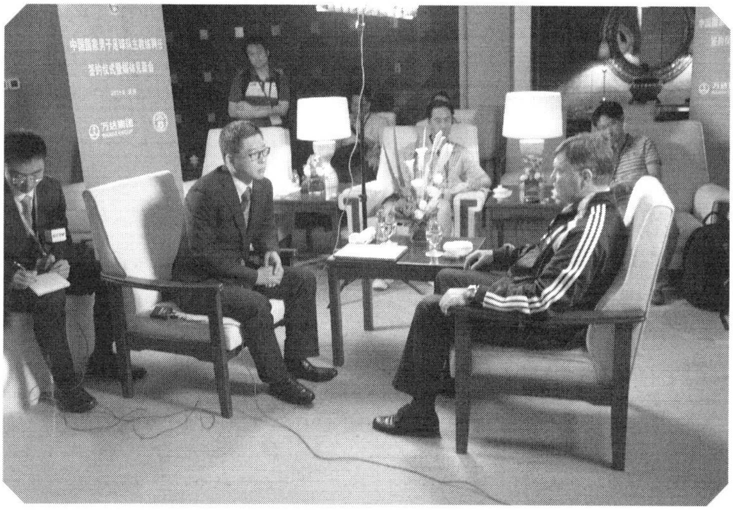

二〇一〇年,和白岩松、韩乔生一起制作谈话节目《三味聊斋》。

二〇一一年,中国国家男子足球队历史上的第一位西班牙籍主教练卡马乔上任伊始,首次接受中国媒体的采访。

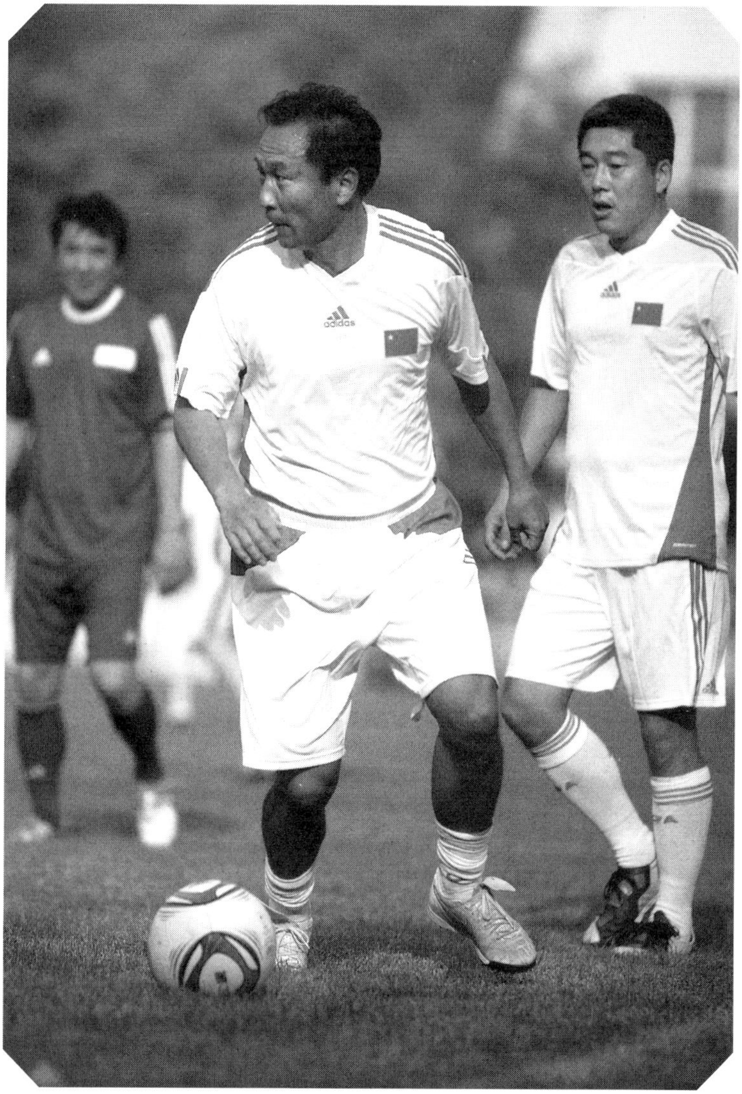
adidas

二〇一一年，在二〇〇二年十强赛中国队出线十周年之际，与沈祥福指导一起身披中国队战袍参加纪念比赛。

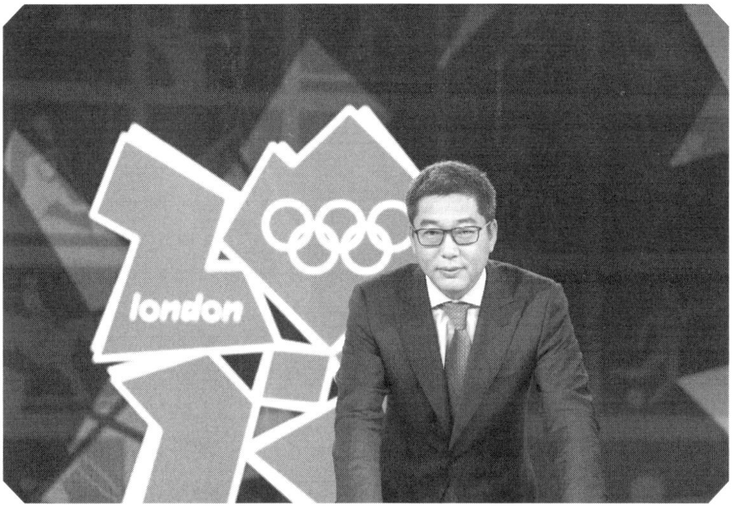
london

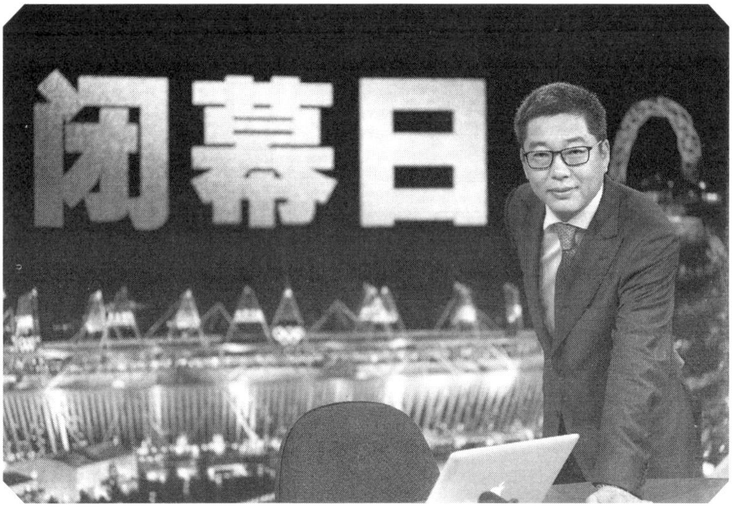
闭幕日

作为总主持人主持央视伦敦奥运节目。

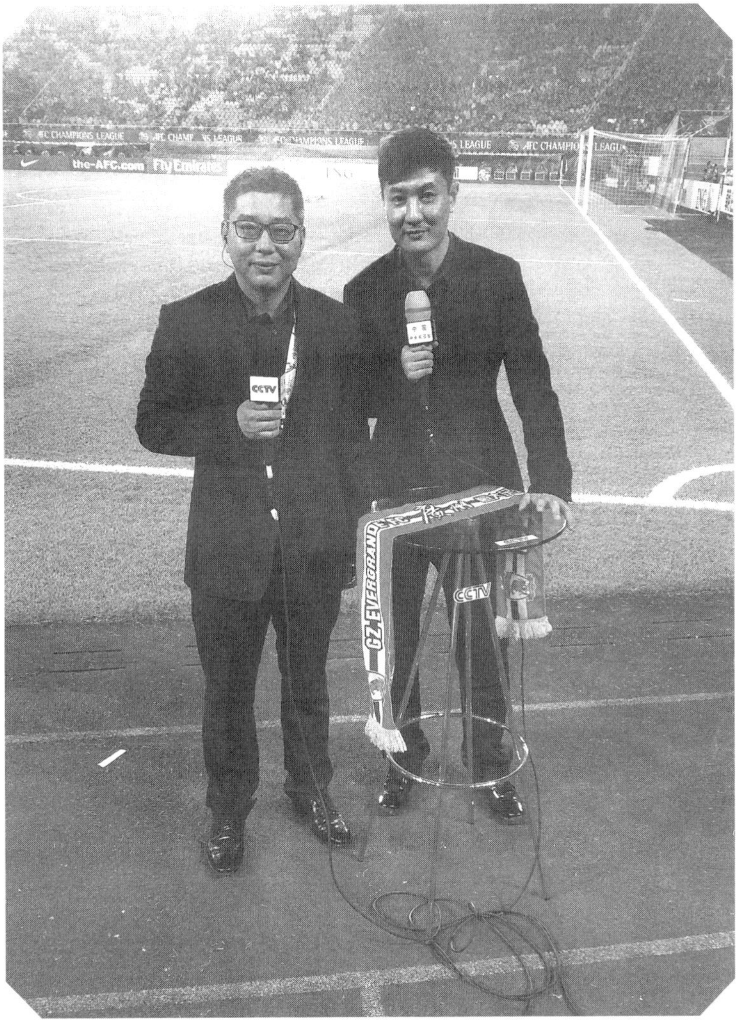

二〇一三年，与徐阳在广州恒大足球俱乐部主场共同解说恒大足球俱乐部征战亚冠赛事。

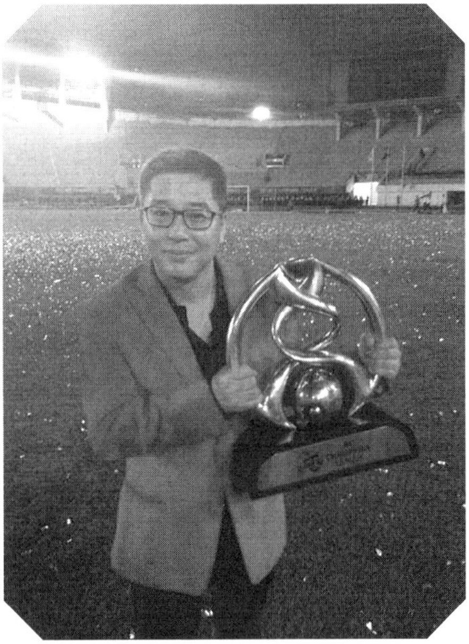

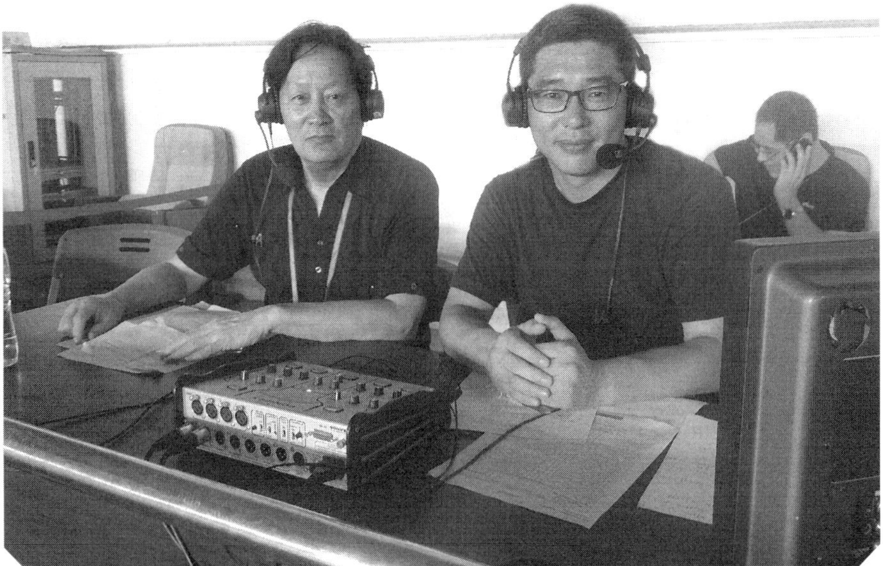

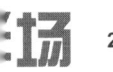

二〇一三年，广州恒大夺冠之夜，在球场单独捧起亚冠奖杯。

二〇一三年，与朱广沪指导共同解说亚冠决赛，现场见证首支中国球队——恒大足球俱乐部登上亚洲足球荣誉之巅。

251

4

四 『足夜』回忆

提到《足球之夜》，满满的都是回忆。它是我职业生涯真正的起点，它是我找到自身价值的平台，它是我不断进步的催化剂。十八年下来，先后和几百名同事共事过。

我们曾经被誉为体育频道的引擎，正是从《足球之夜》开始，体育频道真正建立起了在体育报道领域里的全国影响力。我们也真的成了体育频道的黄埔军校。有一次和白岩松吹牛，他说从他手上给央视输送了十多位制片人，我算了算，《足球之夜》的贡献也一点不少。从版权部门、策划部门，到包装部门、播出部门，到处都可以看到昔日《足球之夜》的兄弟姐妹。有那么几次，当体育频道要讨论重大选题报道时，我来到会议室，环顾四周，不禁暗自得意。核心策划和讨论层，几乎都来自《足球之夜》。

如今，这个节目日渐式微。我曾经非常伤感，也必须逐步学会淡然。我只能说，只有你在这里生活过、工作过、战斗过，你才会明白《足球之夜》这四个字的真正含义。

第十八章
《足球之夜》之青春往事

望海楼

上个世纪九十年代，在玉渊潭公园的湖边有一个小宾馆，名叫：望海楼。

因为距离央视比较近，这里就成了很多剧组驻扎的地方。一九九六年三月，我刚到北京的时候也住在这里。

因为临水，房间内比较潮湿，因此也容易滋生蟑螂。我在人大学习的四年，八个人一个宿舍，男生们很不讲究，臭袜子、臭鞋、脏衣服满世界堆，屋里的味道可想而知。有一次我爸来看我，一进门，用他的话来形容，又被屋里的味道给顶了出去。即便如此，我也没有在宿舍里见过蟑螂。但，望海楼不同，蟑螂不仅多，而且个头极大，最特殊的是还不怕人。

每次深夜加班之后回到房屋，我的第一个任务就是打蟑螂，打蟑螂的用具也是就地取材，就是酒店提供的塑料拖鞋。地板上、墙壁上、桌子上、床上、枕头上、窗帘上、厕所里，一路掩杀过去，几十个蟑螂尸横遍野，瞬间就产生了大胜而归的成就感，同时也可以保证一夜的安眠。

到了第二天晚上，上述程序还得再来一次，这里蟑螂繁殖的速度真的令我惊讶。有时候难免会有漏网之"蟑"，还得半夜打开灯，四处寻觅，直到暂时的赶尽杀绝为止。

与蟑螂的搏斗持续到一九九六年八月，随着"足夜"另外几个外地同事的陆续加盟，我们搬迁到了另外一个驻地才算告一段落。但那些黑黢黢的蟑螂，确实也成了这么多年来谈及《足球之夜》创业之初的重要谈资。

走着夜路回望海楼休息，本应该是一段浪漫的路程，只是那个时候的我缺乏领略这种浪漫的心情。月光如水，四周寂静无声，偌大一个玉渊潭只有一个人独享，夜晚入园，需要和看门人说一声望海楼住客，才可以放行。但我却不喜欢太早回来，第一工作很多，根本不可能早下班；第二即便偶尔有一天不是那么忙碌，我也会找找事情做，尽量让自己晚一点下班。因为那个时候，刚刚回到北京，一切都觉得陌生，傍晚时分，看着万家灯火，难免觉得一份凄凉，觉得没有任何一盏是为自己点亮。小知识分子的酸楚感觉油然而生。

有一种情况属于例外，那就是朋友或者同学来。比如老六，每每到来更是呼朋唤友，把望海楼变成聚会的大趴。没有旁人的掣肘，哪怕酒醉也有现成的安榻之所，这样的聚会就变得轻松然后豪放。我们吃的并不复杂，最多就是多来几瓶啤酒，而且望海楼餐厅的疙瘩汤是必点的。时至今日，每次忆及望海楼，我和老六都会深情地回忆起那碗浓浓的疙瘩汤。并非出于什么名家之手，却是味道鲜美、色泽丰富、作料适度、浓度恰到好处，只是闻闻看看，就令人食欲大振。小时候，只有生病的时候，家里才会给做上一碗，旅行中，只有小店才提供这种廉价的饮食，却是我关于望海楼最浓香的记忆。看来我的胃确确实实属于乡村风格。

后来我很少去望海楼，只知道它早已被拆除，但我站在体育频道位于老央视二十二楼的办公室眺望过去，绿葱葱的玉渊潭里似乎总有那么一幢不大的建筑静静地坐落在那里。

专家公寓

胡江波，江西人，毕业于人民大学新闻系，是我的大学师弟，也是张斌的大学同学。毕业后分配到江西电视台工作。一九九六年的某一天，他在家里打游戏打累了，偶尔看看电视，却意外地在电视上看到了我和张斌在主持《足球之夜》。于是他指着电视对自己的老婆说，这两个都是我同学。他老婆是个有理想有抱负的文艺女青年，马上说，我们为什么不去北京发展呢？于是他被当作探测气球放到了北京。再加上此前还有其他外地同事也有住宿需求，于是我们搬离了望海楼，来到了距离央视也不算远的专家公寓。

在《足球之夜》的发展历程中，住没住过专家公寓被视为是不是"老革命"的重要标志。最初我们只租住了一间，后来随着队伍的不断壮大，逐步地变成两间、三间、四间、五间。有一些家在北京的同学也经常来这里蹭住，久而久之就成了常客，比如段暄。

住在专家公寓有几个好处，第一上班很近，因为大家经常加班，下班时常常错过地铁、公交，住太远显然不现实。第二周边生活很方便，对面的韩国馆子、河南红焖羊肉、炸酱面、涮羊肉被我们一遍遍地吃了一个够。很多时候，大家做完节目，就在其中的任何一个馆子边吃饭边总结，边把接下来的工作安排好。于是周四晚上《足球之夜》直播结束之后，我们在哪家馆子，哪家就是最晚打烊的，所幸那时候央视很多节目也跟我们一样是打鸡血状态，所以台北面的这条街上，夜里十二点之后依然人声鼎沸也是常态。久而久之，这条不太有名的街被命名为：台北一条街。在中国电视界这个名字曾经非常令人向往。白岩松、崔永元、水均益、朱军、王小丫、李咏，包括饮食大腕陈晓卿，谁敢说没在这里混过呢？

现在想想，那真是中央电视台也是中国电视的黄金时代。你经常能在随便哪个小餐厅看到当时或是后来的电视大腕，大家在餐桌上讨论的永远是节目应该怎么做，镜头应该如何剪辑，解说词应该如何写作，电视形态应该如何突破。报纸的人来做电视了，杂志的人来做节目了，广播电台的人来做主持人了，作家来当撰稿了，学者专家来做策划了，几乎所有的好节目都诞生在那个时期。《东方时空》开风气之先，之后《实话实说》《足球之夜》《开心辞典》《幸运52》等等，几乎所有的著名主持人都诞生在那个时期。光是和我同龄，属猴的主持人就有一大批：白岩松、李咏、张斌、阿丘、马东、白燕升、沙桐以及同样是一九六八年出生但是属羊的黄健翔等。

那时候栏目内的气氛是和谐的，也是平等的，制片人没有多么了不起，普通编辑、记者也完全可以畅所欲言。台长也没有高高在上，虽然我们不能随便去他们的办公室，但他们上下楼也和大家一样挤一个电梯。

所以，才会有《东方时空》过年会时的内部娱乐节目《分家在十月》等，你从这个已经在网上广为流传的节目就能看出，一个平等、自由、宽松的创作环境，对电视的兴旺发达有多么重要。

今天很多经历过当年的人再聚首的时候，除了感慨，就是抱怨。中国电视不是没有过黄金岁月，但为什么就那么快地丢失了主动权了呢？是自己不努力？是其他人进步太快？还是有其他什么原因？大家心知肚明，抱怨几句之后，也只能以酒浇愁。

说回当年。对于我们这些独自在外的人来说，专家公寓就是家，我们有限的家当都寄放在这里。除了台里就是这里，大家都过着非常简单的两点一线的生活。与其说是宾馆，在我们心目里，专家公寓更像是单身宿舍。或者说是比大学宿舍升级了的有主题、有共同事业的单身宿舍。大家时不时就在这里讨论起节目，有的人在这里撰写文字稿，有的人在这里策划自己的小节目，也有人在这里练习自己并不标准的普通话，准备着能够有朝一日成为出镜记者。比如说相当长一段时间，冉熊飞都会蹲在厕所里读报纸，因为他顽固的四川口音实在无法让他马上就成为一个出镜记者。他听取同事们的劝告，模仿别人含着石头练绕口令，从读报纸开始纠正自己的发音。

这里也是我们娱乐的场所，那时候好像还不流行什么斗地主，打麻将依然是大众最普及的娱乐活动。繁忙的工作之余，斗几圈麻将也是不错的调剂。只是因为声音有点大，太干扰别人休息，我们也被投诉过很多次。

有的人来了，又走了，有的人来了就一直坚持了下来。专家公寓见证了《足球之夜》最初几年从小到大，从默默无闻到大红大紫的完整过程。

二〇〇二年之后，随着台里的制度改革，大多数人先后撤离了这里。只留下日后酒桌上的大把大把的谈资。

一楼机房

位于军事博物馆西边的中央电视台曾经是我心目中的圣殿。大学时代新闻学院组织去央视老址（就是复兴门外的广电总局）参观，我第一次看到《新闻联播》的小演播室，还跑过去通过监视器看了看自己出镜的样子，从那一刻起，心里就萌生了一个念头，一定要来这里工作，哪怕一天也好。

毕业分配，形势非常不理想，不仅不可能进央视，连能不能做电视都无法保证，那时候我手里还有一份来自海南的非正式邀请，如果进不了地方电视台，我已经打定主意，干脆去海南闯荡。感谢一个朋友和她的家人帮我圆了电视梦，石家庄电视台成了我电视生涯的起点。

一九九六年到北京寻找机会，虽然也想了要广撒网、普遍考察，但其实那座火柴盒一样的建筑依然对我有种强大的吸引力，不知不觉来到这里，天遂人愿，走进了这个圣殿。

进大门右转，顺着走廊前行二三十米然后左转，再向前不到一百米就是央视的传送机房，一九九〇年亚运会期间，很多国外电视台都在这里向本国传送信号，直到我们开始在这里工作，也还是经常能够看到外国电视台的同行赶来传送新闻。不过很快这里就成了蓬勃发展的中央电视台体育频道的生产基地。

最先在这里落地生根的就是《足球之夜》。那个时候，体育频道草创，自己的办公条件也不算好，六七十号正式员工，挤在二十二楼并不大的空间，根本不可能再给我们这些临时工任何位置。于是我们也很少去二十二楼，干脆把一楼机房当作办公室。其实我们也没有什么办公家当，每个人最多一个随身背包，如果是出差回来，各式各样的箱子或者运动包会随便堆放在机房的任何一个角落。

《足球之夜》最初的团队可谓来自五湖四海，成分算得上三教九流。

留着蘑菇头的段暄，刚从广院毕业，没有安定的工作，把在央视实习当作是寻找未来职业的寄托。他最初在二楼的体育新闻实习，后来有了《足球之夜》，不论国内还是国际内容都需要大量人手，于是他就楼上楼下地窜来窜去。一九九六年，我的第一次出差就是跟在他的屁股后面亦步亦趋，那一年我们俩还第一次同时出现在《足球之夜》的演播室。后来，他先是长期跑一线，并且迅速成长为张斌嘴里《足球之夜》最好的现场记者，并且在二〇〇一年之后，逐步成长为《天下足球》的当家主持。之后的故事已广为人知，我就不再赘述，也给他留下自己写回忆录的空间。

同样毕业于广院的阿林，毕业后回了福建，因为爱情，回到北京，在广告公司打工,听说《足球之夜》创办需要人,辗转加盟。他有一张娃娃脸,年龄比我只小两岁,但每次一块出差,都被人误认作《足球之夜》雇用的童工。阿林的特点是温和沉静,一次次漫长的《足球之夜》总结会、策划会,他都安静地置身某个角落,几乎从不声张,但他从不拒绝任何的工作安排,头两年的海埂春训,我们俩都是整个基地里蹲点时间最长的记者。因为每年都去海埂,每年差不多都住同一个酒店,《足球之夜》流传着这样的一个笑话:只要看到阿林出现,酒店里的小姐都知道海埂集训开始了。这也意味着她们的生意更好了。到了赛季开始,几乎每个周末他都会出现在联赛的赛场上。一九九七年在大连金州,愤怒、失望的新疆球迷对着他的镜头说出了那句:"足球冲出亚洲日,家祭无忘告乃翁。"二〇〇一年,郝海东在他的镜头前直抒胸臆,炮轰米卢震惊中国足坛。如今阿林是央视驻华盛顿记者站的记者。

　　不管春夏秋冬总喜欢穿一件摄影背心的,是来自一家摄影杂志的老韩。因为其中一件摄影背心上有醒目的"四羽毛"三个字,自然而然地这就成了他的别号。老韩毕业于北京大学古汉语专业,虽然不是每句话都咬文嚼字,但汉语功底一定是上乘的,毫无疑问,老韩非常擅长写作。凡有长篇大作,文稿很多都出自老韩之手。他还是个称职的军师,策划会上,老韩总会不失时机地发表自己对某个事件、某个策划或者某个节目的真知灼见。可以这样说,任何一个成功的节目组都会有一个老韩这样的人物。爱较真,喜欢从不同角度看待问题。老韩酒量不错,我们俩遇到一起,还是要小酌二两的。其实,他更喜欢的是打麻将,并且水平不俗。专家公寓是老韩经常光顾的地方,遇到夫人查岗,有时候我们还需要帮着敷衍敷衍:老韩有重要片子要编,实在回不了家了,然后他就可以心安理得地在这里打一个通宵。后来老韩离开"足夜"去了上海,参与开办了《足球纪事》。再后来《足球纪事》停办，他又一度回到《足球之夜》，然后终于选择下海，自己创业。

老王，来自西北某贫困地区。他在当地广电系统有一份工作，之后有一个机会来广院参加进修，通过一块进修的央视的同班同学，希望在台里谋个差事，因为他的工资收入实在很低。于是，老王出现在《足球之夜》。刚开始，老王主要负责打杂和收录。打杂好理解，就是给大家买买盒饭，贴贴出差的票据。收录则是个重要工作。那时候大家的版权意识还没有那么严格，天空中经常飘着各种各样的足球信号，我们在央视的主控机房都能看得到，这么好的资源不拿来善加利用，实在可惜，所以，张斌经常拿出自己的内部卡（可以在台内随便采购）交给老王，去咖啡厅买点水果点心，放在主控，然后信号就可以自由录制了。这在《足球之夜》开播之初极大地缓解了我们资源不足、素材不够的矛盾，一个每周直播三小时四十分钟的节目，如果没有这样的国际足球资源支撑，很难想象能办成什么样子。我们做得比较极致的情况是，楼上收着欧洲冠军杯集锦，大概有个二三十分钟就换一本磁带，然后拿下来交给在配音机房守候的韩乔生、黄健翔、张斌和我，由我们马上配音，然后在《足球之夜》直播过程里，这些新鲜出炉的内容就顺利播出了。电视机前的观众很难知道在屏幕后面，我们是如何为了拼播出而争分夺秒的。有一段时间《足球之夜》改成录像播出，就是先制作好录像带，然后送到播出线上播出。我们为了赶抢最新的内容，也经常把自己逼到退无可退的境地。有几次时间已经紧迫到我们必须派专人到三楼播出机房等待送播出带，因为三楼必须有必要的证件才能进入，然后再派人在一楼电梯口死死守住一部电梯，这边编辑机把带子吐出来，我们中最能跑的一个就需要抓起带子以最快速度冲进电梯，然后在三楼机房门口把带子交给守候在那里的同事。其他人只能提心吊胆地盯着电视，直到看到信号顺利播出，才算松了一口气。说来也怪，也许老天爷念在我们也是一片好心，居然让我们这么多年来在播出上都安全过关。老王来的时间长了，也跃跃欲试地想跟我们一起出差，《足球之夜》那个时候实在是缺人，本来还要四处求熟人帮忙出差呢，于是老王也成了外出采访队伍中的一员。再后来，老王干脆在原单位办了内退，在《足球之夜》一直干到退休。然后有一天他的儿子小王也出现在《足球之夜》，"足二代"就此产生。

还有一员女将不能不提：张梅。《足球之夜》开播的时候她还在广播学院播音系就读，以实习生的身份参与了《足球之夜》的创办。虽然读的是播音系，但全无播音腔。可能是小时候练习田径，所以也没有女孩子娇滴滴的做派，做起事来风风火火、雷厉风行。虽然身份是实习生，干的却是全职工作，尤其是后半夜的收录。欧洲赛事多半后半夜进行，收录赛事信号就成了很辛苦的一个差事，干一个晚上可能问题不大，难的是每周总有那么几天时间需要熬到后半夜，张梅做起这个工作真的毫无怨言。经常早晨我们来上班，在台里的餐厅大家碰面，她会告诉我们收录好的带子已经放到了机房的什么方位。然后她要回去休息一下。其实过不了多久，她就会又出现在机房了。打字幕、帮助别人合成节目、配音，或者买盒饭、帮助这个那个同事去买个什么东西等等。周末出差人手紧张，她也会冲到第一线。她经常和段暄搭档去采访，有一次带着《足球之夜》刚刚置办的一万多元买的爱立信手机去青岛，可能是头天熬夜太劳累，把手机忘在宾馆前台，成了当时我们最大的一个损失。还有就是，他们只要一去青岛，这个当时冲击甲A的热门球队非平即负，搞得人家球队拐弯抹角捎话来，能不能不让你们的女记者来采访我们啊。当然也有非常欢迎的。一九九七年赛季最后一轮，甲B形势异常复杂，我们决定进行交叉直播。张梅就出现在徐根宝带领的松日队的赛场上。比赛结束，松日冲上甲A，徐根宝面对着张梅的话筒说出了经典名句："谢天谢地谢人"。在《足球之夜》非人的劳动锤炼下，梅姑娘成长飞快。

一九九七年十强赛，中国队在第二个主场比赛里，凭借着张恩华的头球击败了沙特，张梅主动要求编辑一个MV：《给所有知道我名字的人》，那堪称《足球之夜》这么多年来的一个经典作品。虽然手法并没有多么复杂，画面也谈不上多么讲究，但一个群体对中国足球的执着，对一场胜利的渴望，通过这首歌表露无遗。那年底，我偶然听着罗大佑的《光阴的故事》，脑海中浮现的全是这一年的各种中国足球的画面，于是特别冲动地就要把这首歌当成是年度特别总结篇。张梅拉着我满北京拍外景，我嘴里哼着"春天的花开秋天的风以及冬日的落阳"，一边跟着曲子的节奏进行拍摄。看得她在旁边呵呵直乐。

一九九八年底泰国亚运会，我和她都获得了去现场参与报道的机会。那是我们第一次出国报道，内心难免小小澎湃一下。我还记得在曼谷机场我走出飞机的时候，轻声地对自己说："我终于来了。"算是对自己两年努力工作的一个小小肯定。在曼谷，张梅也是全能人才。多数时间她总是在直播线上，担任放带子的工作，那个时候还是手动播出，放带员的工作就变得格外重要，在播出程序环节不断发生改变的体育直播中，放带员必须时刻保持清醒，能够和导播密切配合，确保播出顺畅连贯，没有任何纰漏。张梅在如此紧张的直播过程中，风度尽现，双手飞快，把一盘又一盘录像带送进不同的录像机，再把它们依次收回来，同时还需要时刻和导播沟通，到了切换的关键时刻还需要和导播一起倒计时"5、4、3、2、1"。有几次，我看到马国力站在播出平台，远远地看着这样的景象，神情中满是赞许。此前我看过不少描写国外电视同行播出的资料，对于那种在几乎完全失控状态下还能完整呈现节目的经历尤其钦佩不已。今天，我们做的几乎就是一样的工作。紧张归紧张，刺激归刺激，但说到底还是一种享受。只有经历过那段时间的人，才会真正地明白我说的这种享受到底意味着什么。无数次我们胆大妄为，甚至有点胡作非为，但我们却总能克服一切困难，基本顺利地完成我们的预定工作。

一九九七年在海埂，我们希望实现双向直播，于是在云南台同行的配合下，我们只有三四个人就敢设计出两个多小时的直播内容。在直播中，当我和张斌真正实现连线的时候，我却发现话筒和耳机的延时问题没有解决，导致我自己说的话大约两三秒之后又会通过耳机在我耳边回响。这让正处在直播状态的我简直抓狂至极。无奈，我只能硬生生地抗着自己给自己的干扰，痛苦不堪地完成了两个小时的直播。第二年，我总算长了点经验，让技术人员在播出台下面加了一个开关，和张斌对话的时候把耳机打开，一旦我自己开始表达，再把耳机关掉，算是部分地解决了这个问题。其实，这个在今天看来简直不是问题的问题，正说明了当年我们是如何走在了报道模式和技术探索的最前沿。海埂的大黄狗、枯燥的万米跑等鲜活的镜头都是在这样的探索里完成传播的。想起来，我们比凤凰卫视、新闻频道都更早地开始了这样的异地双向或多向直播，这也应该是《足球之夜》深受欢迎的原因之一吧。

张梅后来离开了《足球之夜》去英国留学。再回来的时候，我组织全体同事听她给我们讲她游学的各种收获。英国足球到底是个什么由来，什么样子，英国足球报道的现状等等，都是她在这样的交流里告诉我的。学成回国之后，张梅没有再做记者，她冲到了更前沿的区域，先后在欧讯、福特宝、IMG等体育机构供职，直到今天她依旧活跃在中国体育领域。虽然身份不一样了，但只要我们见面，大家总还是有一种一家人的默契和温暖。《足球之夜》之所以能够获得当时的影响，就在于这些人全力全情地付出。

十几年中，一楼机房一直是我们的工作核心所在。几乎所有的《足球之夜》都是在这里直播。很多人来了，又走了；又有很多人来了，并一直坚守下来。不管怎样，大家在这里燃烧着自己的青春，奉献了一期又一期的节目。不论精彩还是平淡，谈笑风生，灰飞烟灭。很多次，临到节目快要开始了，我负责的提要还没有完成，我就会跑到厕所外面的小开间，点燃一支香烟，试图找出一点灵感。"长河落日，大漠孤烟"各种酸词都是在开间的窗台上草就而成，并且从这里传播开来。后来，《足球之夜》搞观众活动，一个来自哈尔滨的观众把她收集的一整本《足球之夜》的提要展示给我看，着实把我吓了一跳。

我们设在这里的演播室，李富胜、刘国江、左树声、陈亦明、马克坚来过，米卢、李章洙、肯佩斯、维拉潘来过，无数球员来过。

《足球之夜》一期期积累，从一个新闻专题类节目，逐渐变成了中国足球历史的见证者和记录者。我特别喜欢跟大家强调这种记录的重要性。若干年后，当那些当年的新闻变成历史史料时，我们的努力将会用另外的方式再次呈现。我始终坚信。

《足球之夜》的足球队

《足球之夜》不可能没有足球队，本来就是一群爱球的人，每天聊球、看球、拍球、编球，工作之余踢球更是大家共同的选择。

大约从一九九七年，《足球之夜》的足球队就初具规模了。后来虽然是人来人往，但主力的框架基本稳定。守门员是大家最不喜欢的角色，在大学里曾经进过人大新闻系队的胡江波一开始是第一人选，后来有一定篮球功底的张捷（"足夜"人称"捷哥"）经常客串这个位置。再后来，我在人大时的教练打电话给我，说球队目前的主力门将希望能够来《足球之夜》实习，我当然是一口答应，并且在"足夜"扩编的时候首先把他吸纳了进来。我记得在向江和平主任介绍他的时候，我是这样说的：他的到来能够保证体育频道足球队在台内的联赛里多拿至少五个冠军。他就是李鹏。李鹏是从人大附中足球队直升人民大学的。如果不是因为个头稍微矮了点，他早就被北京国安挑走了。不能走职业足球这条路，他选择了离足球最近的一个职业。因为这样的经历，他就是《足球之夜》足球队的定海神针。反应快，动作灵活，善于扑点球，是他的几个特点，有两次台内的联赛，都是靠了他在点球大战里的神勇发挥，体育频道队才涉险过关的。李鹏的脚下技术也不错，所以平时我们都安排他打中场，我和他两个人大师兄弟的配合非常默契。而在平时，他则是《天下足球》的一个编辑，大家看到的很多《天下足球》的专题片都出自他手。

大学里张斌身材瘦削，移动灵活，排球副攻的位置让他的弹跳非常出色，再凭借一米九二的身高，一般后卫很难抵挡，但是一九九七年初他出差去意大利，因为发烧带病工作，回来后引发心肌炎，不得不在病床上静养，治疗中使用的激素也让他一下子发了福。所以他出现在球场上的时候也变得越来越少。偶尔打一些表演赛或者慈善赛，我们都会把他放在中锋的位置上。至少他庞大的身躯会让不明就里的对手忌惮几分，对，就是几分钟。呵呵。

前锋线上一高是张斌，一快则是段暄。

球场上的段暄速度很快，向前的意识很强。早些年尤其喜欢前卫给出的身后球，他拿球之后通常选择内切，然后打门，是我们球队的得分手。

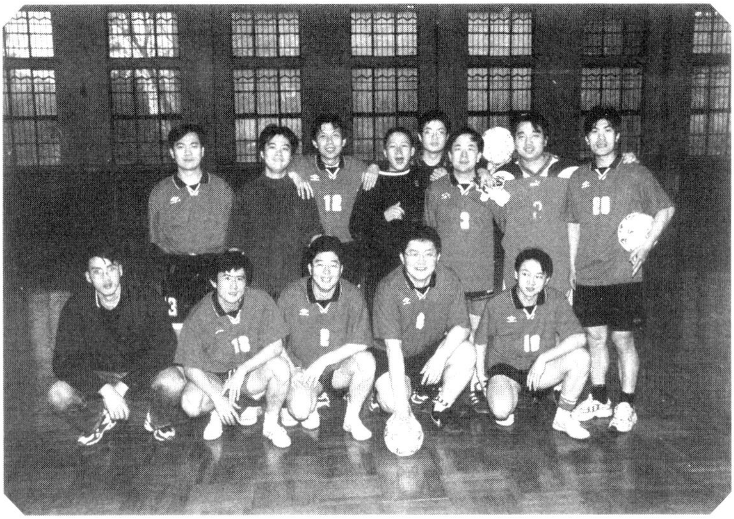

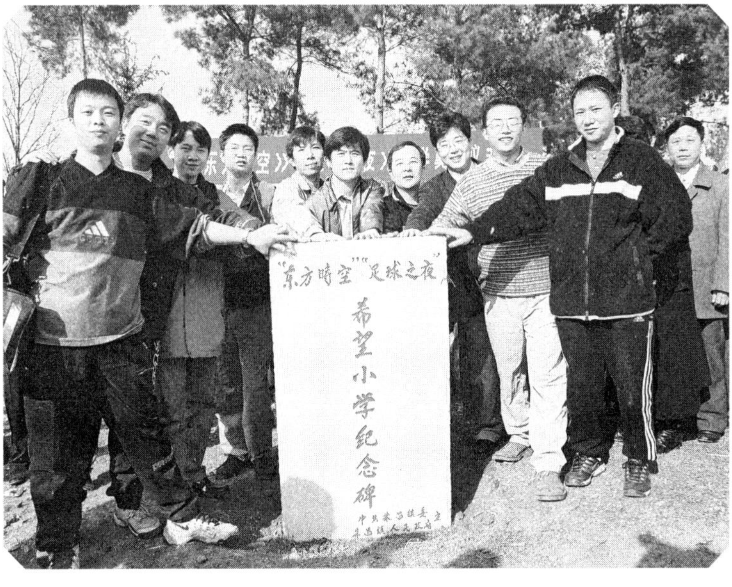
“东方时空”“足球之夜”
希望小学纪念碑

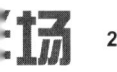

工作再忙也不能不踢球。《足球之夜》足球队已经坚持了二十年，此图中你可以看到张斌、黄健翔、段暄和我。

我们和《东方时空》足球队联合进行义赛，捐献了几所希望小学。此图是一九九九年在贵州。

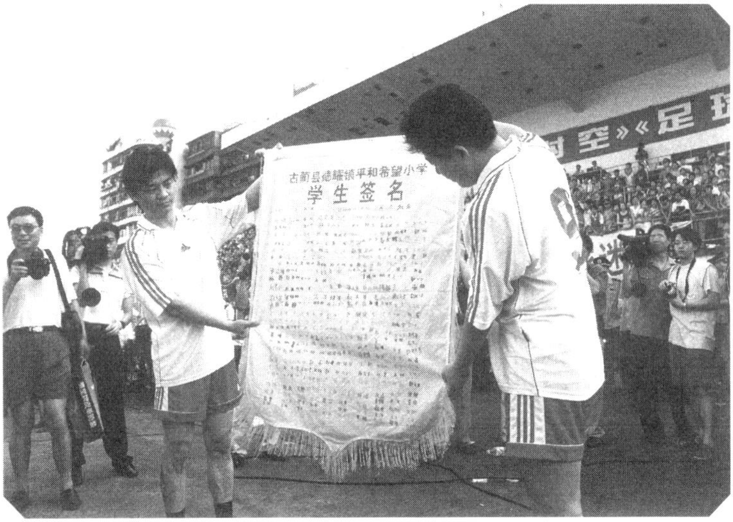
古蔺县德耀镇平和希望小学
学生签名
空》《足

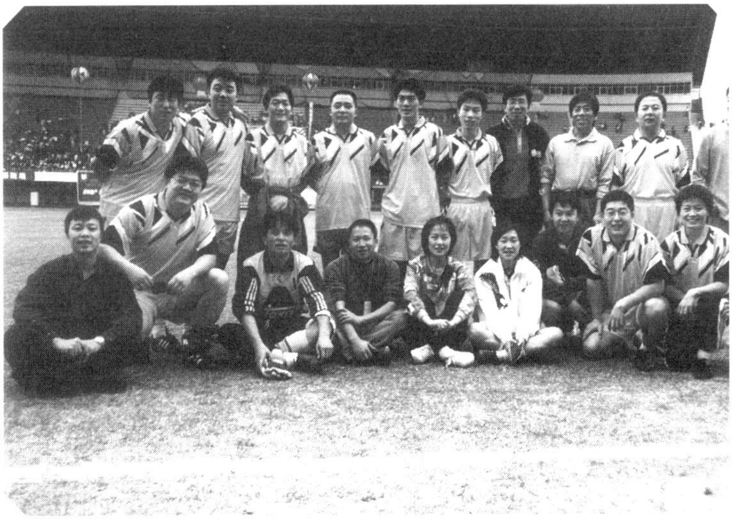

《足球之夜》足球队在丽江。和我一块捐赠的是崔永元。

《足球之夜》足球队得到了很多热心人支持：鞠萍姐姐和女足队员也是我们的坚定的支持者。

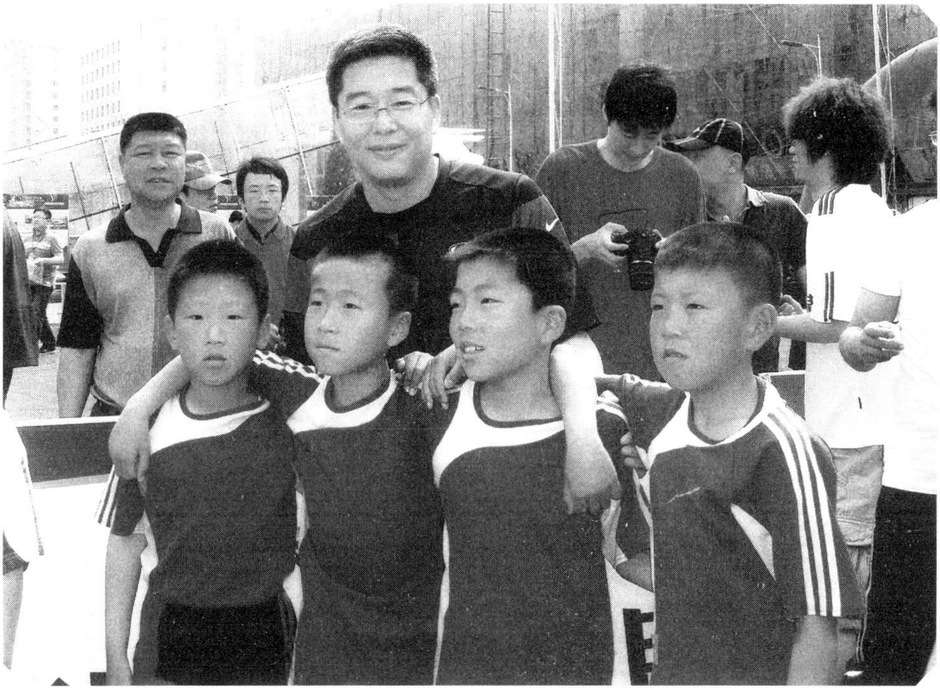

二〇一〇年参加青少年足球活动。

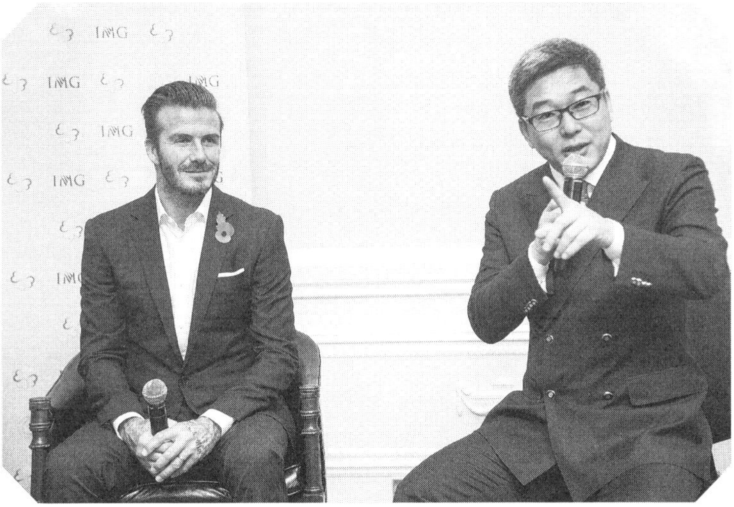
IMG

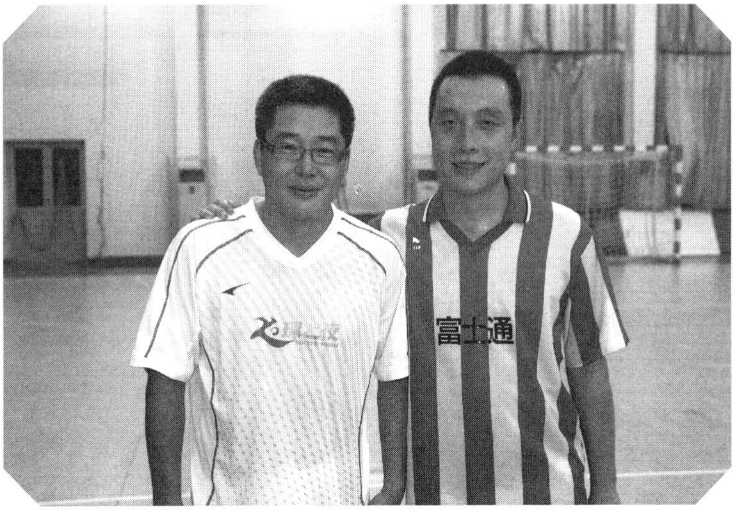
富士通

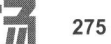

二〇一四年，贝克汉姆支持的中国宋庆龄基金会青少年足球基金在英国伦敦进行了为期六天的中英足球文化交流活动，图为贝克汉姆接受我的采访。

同为球迷，热爱踢球是理所当然的。我和古力在赛场上的短兵相接之后共同合影。

在了解了他的特点之后，有一段时间，我在中场得球经常会不假思索地把球长传到对方的肋部，一定会有一个快速插上的身影。只不过后来我的位置逐步靠后，段暄也越来越像英扎吉，成了一个门前的机会主义者。有几次他如英扎吉般奋不顾身地抢点，和对方门将、后卫相撞倒地，那场面确实有些惊心动魄。一九九六年毕业之后就一头扎进《足球之夜》的段暄骨子里也有一股狠劲，同样是争强好胜。当年张斌让我们俩一同进演播室出镜，还不够成熟的他表现得并不理想。于是后来他更多的出现在现场，是无数个大大小小的足球现场催生了一个激情活跃的足球记者的诞生。再后来，他接过了《天下足球》主持的班，一步步走到现在。如今他也选择了离开，我知道他依然有一颗门前抢点的心。

我们的球队，前腰有好几个，早年属于我，后来我改踢后腰，贺炜经常出现在这个位置上。小贺是湖北人，偶然的灵感一现很有点湖北足球的味道。

健翔的位置通常是边前卫。他的转移和突然的远射很有特点。这些年年纪大了，我们都不约而同地选择跑步，作为主要的健身方式。

说了这么多，大家的球技到底如何呢？说句实话，有没有专业的底子，差别非常大。通常来说，只要接受过专业训练一段时间，业余球员都很难一对一抗衡。举个例子，一九九九年在南京，《足球之夜》和《东方时空》联合组队参加一个慈善比赛，我们还特别邀请了刚刚回国的孙继海作为特别嘉宾。在那场比赛里有这样一个细节：对方的传球出现了偏差，直接奔我的方向而来，我的第一判断是只要迎球而上，一定能够轻松断抢成功，于是大喊一声"我的"，也就在我喊完之后一眨眼的工夫，一股风从我身边飘过，等我看清是谁的时候，孙继海早已经拿球向前了。只有我的意念和孙继海的速度战了一个平手，而我的人还停留在原地没有迈腿呢。这应该足够形容专业和业余之间的差距之大了。

所以，不论六〇后的张斌、健翔、我，还是七〇后的段暄，八〇后的贺炜，大家的水平本就在业余层面，踢球只为强身健体和享受足球的乐趣，球技如何完全无关痛痒。

尽管我们水平不高，但《足球之夜》足球队还是有一定的知名度，我们曾经和《东方时空》足球队一起参加过许多慈善赛和友谊赛。在石家庄、丽江、泸州、西安、重庆很多地方，都留下了我们的身影。当然，我们也尽可能地通过足球推广公益事业，我们和《东方时空》联合建了好几所希望小学，算起来，应该有不少孩子从这些学校里毕业并且走进社会了。

《足球之夜》足球队几乎和节目一样存在了很长时间，之后更成为主持人足球队的基本班底。从二〇一〇年前后，一堆喜欢踢球的主持人也聚到了这个球队。我们的队伍一下子壮大起来。

白岩松，内蒙草原上长大的前锋。速度惊人，在业余球员里罕有对手，他曾经保持了很多年广电总局的百米纪录。所以对于一个有速度的前锋，趟过对手射门得分，就是他的拿手绝活了。有时候我们会觉得球场对老白来说有点小，再给他更大的空间，他一定能在速度赛里获得绝对胜利。老白踢球的另外一个特点是认真，特别的认真，有时候难免认真得过了头，这点我们很像，哪怕我们现在都是年近五十的人了，对于每一个细节、每一个动作，他都还是那么较劲。既是对对手，也是对队友，更是对自己。很多次我们中场或者终场复盘的时候，老白都会如是说，有一个球我的位置特别好，你如果能够传过来，一定有。我只能解释，以我们现在的体能，上半场冲刺五六次，下半场五六次基本上差不多了，再多了，实在是力不从心。有人说在球场上最容易看明白一个人，的确，常常我们会为了一个很小的细节争执起来，但离开赛场，我们便会安静下来。也经常会对自己的不冷静感到后悔，也经常会在比赛开始之前告诫自己，一定要做好情绪管理。但足球就是这样，一旦比赛开始，什么都可能发生。其实这也让我们对足球、对球员多了一份真切的理解。而足球也是让我们不断认知自我、修正自我最好的一种方式。

在攻击线上，我们还有一个好手是国际频道的新闻主播鲁健。他和老白一样也来自内蒙，同样也是个大帅哥。身材高大的他单兵作战能力特别强，当然我这是从正面表扬他，换一种说法，他在球场上的特点就是"独"。主持人足球队里的每一个人都能准确形容鲁健得球后的状态，首先是嘴里振振有词，"走起来，哥几个，走起来"，一边调整来球一路狂奔起来。通常情况下，要么丢球，要么完成射门，就是"走起来"的结局。对于我们这些没有怎么接受过专业训练的人来说，独，一方面说明技术还不错，否则也没有独的资本；另一方面也说明踢野球踢多了，还缺乏基本的战术意识。其实我在高中和大学时代，也是个独行侠。总喜欢享受拿球和过人的各种快感，沉浸在个人足球的世界里。如果不是在校队的那三年，我可能也会一直这么踢下去。

鲁健老师的另外一个特点是评论，没有球的时候，他会是我们每一脚球的评论者，这个球停得不好，那个传球不够精准，他就是我们在球场上的教练员。当然他也评价自己，通常是一脚打门之后，为自己之所以这么处理，而不是把球传给队友找出足够的合理解释。玩笑之后，我还必须说，鲁健在球场上特别能拼，很多次散场之后，你都会看到他或者一瘸一拐，或者是露出脚上的血泡、伤痕，不过下次踢球，他又会准时笑呵呵地出现在球场边。不仅如此，他还把自己评论的功底带到了主持人足球队的微信群里，每逢有中超、亚冠或者中国队比赛，鲁健老师都会在这里开辟评论阵地，然后从他一个人的独角戏，变成你一言我一语的大合唱，在一个都是主持人，又都踢球的微信群里，永远都不缺少笑料和快乐。

主持人足球队的成立，阿丘功不可没，正是在他的大力推动下，大家才聚到一起。阿丘来自广东，踢球也是典型的南派风格。灵活、敏捷，不喜欢身体对抗，高度近视的他还必须戴着眼镜踢球，再加上个头不高，所以头球基本上和他无缘。无论场上还是场下，他都是那种很能顾全大局的人，谁上场时间少了，他会悄悄提醒我（我是球队的队长，也是事实上的主教练），什么时候应该轮换了，他甚至会主动要求下场。他不仅酷爱踢球，而且也是个看球的积极分子，我就要经常回答他的各种关于开球时间的提问。从二〇〇五年之后，每逢欧冠决赛，我都会在家里举办决赛夜大PARTY。阿丘是出席次数最多的，我们通常从前半夜就开始，大家喝着酒，聊着即将到来的决赛，然后必须再设个谁赢谁输的小赌局。单等比赛开始，大呼小叫着吼到天明。所以最近这八九届欧冠决赛的记忆，都少不了天亮时刻送大家离开的场景。支持的球队赢球，不仅心情高兴，还能小有进账；喜欢的球队输球，除了沮丧，还得小有破费，足球的故事就是这么日复一日年复一年地陪伴着我们。

在主持人足球队里还有几个人必须提到，朱轶是其中之一。年纪轻轻就已经一副中年发福男人模样的朱轶同学是武汉足球队的狂热追随者，经常会周末独自跑回去给家乡球队助威。如果武汉队头一天赢球，第二天他的状态就特别好，至少是心态特别好。如果武汉队输了，朱老师难免就会有一些抱怨。朱轶不仅擅长美食节目，更是一个优秀的相声演员，有几次我们到外面打比赛，晚上的聚餐，他的相声是必须表演的节目。不过，说起球技来，我只能说他的热情要远远高于他的水平。有具体事例为证：只要朱轶身体无恙，一定是我们球队出勤率最高的。因为种种原因，他出场的时间并不算长，所以，通常他需要在场下经过漫长的等待。但只要有机会出场,朱轶一定像是最出色的前锋一样风风火火地登场。是的,他踢前锋。大家开玩笑说,给朱老师的一定是一个也不需要进攻,也不需要防守的位置。于是在加盟主持人足球队三年之后,前锋朱轶终于打进了他的第一个正式比赛入球。

和朱轶一样,对踢球极为认真痴迷的还有两位。一个是在《新闻三十分》中因文质彬彬的形象被大家熟知、后来进入《新闻联播》的郎永淳,一个是主持《今日说法》,深受中老年妇女爱戴的前亚洲大专辩论赛最佳辩手的路一鸣。在球场上稍有接触就知道,他们以前几乎没有踢过球。但主持人足球队的热烈氛围让每一个人都不愿意轻易离开。所以他们俩是球场上训练场上最认真的球员。一段时间之后,他们都可以在球场上一板一眼地比划比划了。这两位还有两个共同的特点,一个是喝酒爽快,貌似郎大夫(因为他大学学的是医科,我们都这么称呼他)的酒量更胜一筹;另一个特点是幽默。不要被他们在屏幕前的形象迷惑,生活里、饭桌前,他们都是一等一的段子高手。两个人的冷幽默水平也是极高,经常不动声色地让满屋子人捧腹大笑。

5

五 中国足球浮世绘

第十九章
教练们

米卢

二〇〇〇年我刚刚从欧洲杯采访回来,就接到张斌一个通知,米卢让他的翻译虞惠贤约我俩一起见面,聊天吃饭。这多少让我有点意外。因为此前两任中国队的主教练戚务生和霍顿对《足球之夜》都很有意见,米卢刚来半年多,不至于对我们也有微词了吧,好在我也习惯了。既然约见,那就先见见再说。

在外交公寓边上的一个小饭馆里,我们见面了。米卢亲自下厨做了自己最喜欢的蔬菜沙拉,说不清是什么味道,估计是小时候他妈妈常做给他吃的,就是比较清淡。饭桌上也没有其他的硬菜,我记着好像就一条鱼算比较贵了。外国人请客,就是这么 Hold 住,米卢也不例外。

我一直比较警觉地观察米卢,他成为中国队主教练半年多了,我还没有真正地和他打过交道,外界关于他的种种传言不知真假,只有当面感受,才算心里有谱。

我们的话题自然离不开足球,老米不知从什么地方就拿出两张照片,是不久前中国队在西安的一场比赛的全景照片,从图片内容看,都是关于中国队站位的。他问："你们觉得哪一张更好？"这是老米的风格，在国家队执教他也经常发问，而且最后的答案也常常匪夷所思。比如他曾经和中国记者开过玩笑，"足球场上最重要的动作是哪个？"大家七嘴八舌地猜了半天，他给出的却是"下一个"。诚然，他有他的道理，让球员们不要被前面的成功或者失败分心，专注地做好下一个动作，这样的解释恐怕谁也不能辩驳。我不怕中圈套，指出其中的一张，我觉得还是这个更好。米卢的问题又来了，"为什么？"这个问题我就不好回答了，只能老老实实地说："我刚从欧洲杯回来，现场看了很多比赛，感觉他们踢得比较紧凑。"米卢伸出了大拇指，"对，"他说，"这就是我要求中国队的。我们必须把阵型压缩在三十五米之内，我们必须保持好合理的距离。"

　　米卢一路说下去，开始给我们灌输他的战术思想。到此时此刻，我才对他和我们见面的提议有了准确的判断，看起来他是要主动沟通。那顿饭大家聊得很愉快。临走时我把米卢给我们展示的一本书拿了回来，那是美国足协出的年鉴。里面有米卢执教美国国家队的详细记录，甚至还有一些球员和教练的回忆。

　　等十强赛结束，老米离开中国。在之后的很长时间里，我一直在回忆这段开始。这就是老米的老练之处，他知道中央电视台是中国最大的媒体，更知道《足球之夜》的影响力，所以他主动接触，积极进攻，用他的理念影响我们，改变我们，从一开始就要把我们变成他的盟友。

　　我也有我的考虑。《足球之夜》要想继续保持自己在业内的影响力，除了我们的新闻态度，更需要专业素养。既然老米这么主动，我干脆顺水推舟，邀请老米来《足球之夜》给我们的编导们讲课。他犹豫了片刻，说不能录像，也不能对外宣传，我立刻答应。

　　米卢如期而至，我则是早就组织好了编辑、记者，虚席以待。我们给米卢准备了当时正在进行的联赛进球集锦，请他结合实战来给编导们讲一堂战术课。我记忆尤为深刻的是，当我们播放上海申花对北京国安的比赛，申花外援兰科维奇连过五人打进一球时，米卢叫停了我们的录像，马上结合比赛，告诉我们国安的防守队员都犯下了哪些错误，才让兰科维奇打进了这样的一个球。说到兴起，老米站起身来，要了一个足球，和我在办公室里就现场操练起来。

那堂课客观地说，我受益匪浅，原来专业的足球教练看待足球，和我们这些记者、评论员有着截然不同的视角。我们如果不能互相理解，到头来不仅仅是双方打成一锅粥，更会让观众看得糊里糊涂，不明就里。

可惜的是，这样的授课只进行了一次。虽然《足球之夜》的业务学习在二〇〇六年之前并没有停止过。而且，在公开场合米卢总会把自己封闭得很好，那些他不想讨论的话题总有办法绕过去。下面这篇文字，写于二〇〇〇年十一月。

十一月一日下午，米卢如约来到中央电视台，成为了第一位走进《足球之夜》演播室的现任国家队主教练。

早在今年八月中韩对抗赛之前，我们曾经和米卢有过一次朋友式的会面，张斌和我提出了请他接受我们专访的要求。米卢没有直接拒绝，也没有坦然接受，而是非常"狡猾"地兜了一个圈子：对韩国队的比赛赢了，就去；输了，再说。这次亚洲杯，中国队的表现不错，特别是国内舆论对米卢相当有利，但也有一些问题亟待澄清，特别是一个时期以来，围绕在他身上的疑点和热点相当多，需要他给大家一个比较确切的答案。

果然，米卢刚刚落座，就急不可待地问我们是否准备了中韩之战的录像带，是否要涉及"升国旗、奏国歌"的问题。我告诉他，如果你愿意的话，这是你表明自己心迹的最好机会。对着画面，米卢告诉大家："过多地谈论这类问题意义并不大，最重要的队员在奏国歌时手挽手、肩并肩这样的场面非常感人。我们应该把目光集中在这些积极的东西上，而不是球队以外。一般这个时候我都在休息室控制自己激动的情绪。比如中韩这样重要的比赛，我也需要冷静一下。中韩之战对我是多么重要，而我又非常希望在比赛开始之前能够调整好自己的情绪和思路。"赛前调整思路——这和某些报纸登出的"米卢赛前有寻找灵感和独自祈祷习惯"的报道几乎吻合。

我注意到米卢在回答这个问题时，手一直动个不停，我们的耳机成了他的道具。不过，在最后讲出这些话时，米卢的态度很诚恳，随后他还谈到不要总是注意一些无关紧要的细节，他在这里生活得不错，大家也很喜欢他。显然米卢已经不想让这个事件再扩大化，他的眼神告诉我们：该结束了，一切到此为止。

我们还想让米卢解释的一个问题，那就是如何看待他的训练方法。米卢这次没有回避，他坦白地说，在这样的训练里包含了许多足球的因素。这样做不仅可以提高队员的技术水平，而且可以锻炼他们的头脑，令参赛队员始终保持高度的注意力。他甚至开玩笑说，自己充当裁判还可以告诉球员应该怎样处理同裁判的关系。接下去，侃侃而谈的米卢继续证明着自己"老江湖"的本色：

——很多人认为你成功是因为运气好，你怎么看？

我是从带墨西哥开始执教生涯的，当一个人取得好成绩的时候总是有好的运气伴随着他，当然最重要的是这个球队要有战斗力，如果你们要说我有运气的话，我也同意。

——明年冲击世界杯，不知道您对联赛或足协方面有什么具体建议？

在公开场合谈论不是太好，当然我会向足协提出我的个人意见，尽最大的可能做出好的安排……我们唯一需要的是时间，这才是最重要的。

——您在接受法新社采访时说到自己非常孤独？

我在这儿并不孤独，当然我的家人不在，有时会觉得很孤单。

——通过亚洲杯给人感觉国脚们信心增强了？

简直是信心百倍，通过亚洲杯队员们感到只要有积极的精神、积极的态度，是能够踢好球的。

——明年世界杯预选赛我们的队员还有信心保持这种精神状态吗？

清醒地认识对手和自己，保持良好的竞技状态，这说起来轻松做起来难，只要有一种好的态度，再加上好的实力，我们是一定能打入世界杯的。

走出演播室以后，米卢悄悄地告诉我，"玩这种网球式足球，还没有人可以赢博拉。"

我问："在墨西哥和美国时也是这样吗？"米卢耸耸肩，只说了半句话，"在墨西哥要难一些。"

我们送给米卢本届亚洲杯所有的比赛录像，他很兴奋，出门时他主动提走了那包录像。但是当我告诉他，我们还有许多关于沙特、伊朗的资料时，米卢又轻松地说，我们刚刚回来，能不能也让我们休息几天。

在米卢过马路时，一名出租汽车司机认出了他并伸出大拇指，看到这一切的他显得特别高兴，嘴里一直"瓦无、瓦无"地喊个不停，据说，这是他的口头禅，意思是"快点、继续"。

等到米卢的车子消失时，我突然想到忘了告诉他，根据我们的推算，今年五十六岁的他按照中国人的习俗是属猴的，不知他得知这个消息会怎么说。反正，在长达四十五分钟的采访里，他一直刻意而假装无意地回避着关于自己足球观的问题。他的翻译小虞也说，没有人能从他嘴里得到这些信息。但既然这也是他的习惯，就让我们慢慢适应吧。

米卢的亚洲杯打得不错。而接下来的世界杯预选赛才是他真正的考验。

中国队的开局还不错，但球迷和外界似乎已经习惯了对中国足球的挑三拣四，各种批评和指责依旧纷至沓来。在中国队来到广州，准备又一场比赛的时候，我再次见到了老米。

这次见面是在他下榻的酒店房间内，米卢头发蓬乱，神情也失去了以往的欢乐，代之以急躁和焦虑。看上去他比我熟悉的那个一直强调快乐足球的米卢至少老了十岁。我提出能否接受一次采访，相当于和外界做一次有效沟通，让大家理解并继续支持国家队。老米拒绝了。

我不愿意强求，只是在离开的时候握着他的手说，一旦他想接受我的采访，不论什么时候，我都可以马上开始。

我打车离开老米的酒店，脑子里还在思考，到底是什么样的压力会让他也如此反常。这时候我的手机响了，是米卢的翻译虞惠贤。他告诉我，米卢希望我现在就回去,他准备好接受采访了。

当我再次见到米卢的时候,他显然是洗了一个热水澡,又变得红光满面。当我们的摄像机布置好,他在我对面坐下来,我看到,那个熟悉的米卢又回来了。

后来,我跟很多任的国家队以及中超球队的主教练不止一次地重复过这个故事。因为它让我看到了米卢超强的自我调整能力以及纠错能力。当他意识到自己不应该陷入紧张情绪,进而可能失去一次利用强势媒体影响外界观点的机会的时候,他就像是在指挥一场比赛一样,发现问题,马上解决,决不拖延。

正是因为这样一种始终开放的姿态,也让老米在记者圈里拥有一大批支持者,当然反对者也大有人在。

客观地说,米卢之后,历任国家队主教练都不像他这样重视和记者的沟通,很多时候主教练们喜欢把自己封闭起来,似乎只要躲开了记者,就远离了是非,躲开了压力。殊不知外界常常因为这样的隔阂产生了奇怪的反应,因为大众需要源源不断的新闻,既然没有准确来源,那么造造谣,生生事,也就不足为奇了。

比如卡马乔。在我看来,他的失败完全是因为他的傲慢、自大以及封闭。他刚一上任,我在万达索菲特酒店就对他进行了专访。那个时候至少卡马乔的态度还算客气。后来,我专门宴请他和他的团队,在饭桌上,我才看到他真实的一面,对于我们谈论的中国足球现状他基本上没有兴趣。一顿饭下来,他似乎始终处在神游的状态。我可以理解,他来自西班牙,曾经效力过皇马,也曾经执教过那个伟大的球队,但他如果以为仅靠这些资历,就能轻易地玩转中国足球,那就大错特错了。事实证明,他栽了一个大跟斗。在实事求是以及调查研究方面,卡马乔和米卢真的不能同日而语。

直到阿兰·佩兰的到来，才让我看到情况的改变。佩兰在这点上与米卢有相似之处，不回避媒体，也喜欢和中国记者交流，而且喜欢到处看比赛，尤其是中超。他的这种务实确实也让不断动荡、不断下滑的中国队总算稳住了阵脚。

回到米卢。

十强赛之前的老米日子并不好过，尤其是海东的炮轰事件更是让核心队员和他的矛盾完全爆发。这是《足球之夜》的一次无心为之的采访，不料却引来如此的轩然大波。事情的原委是这样的：我们的记者林晖去采访国家队，约了郝海东的采访，本以为这不过是一次例行公事，孰料海东在我们的镜头前直抒胸臆，把对米卢的不满统统发泄了出来。林晖在机房编辑这些内容的时候，其他的编辑、记者不约而同地聚在他身后，大家的一致判断是，这个采访一旦播出，引来的震动一定难以估量。关于老米，此前的争论不少，可是毕竟很多球员的评价或者分析的引用都是匿名，这样的报道很难具备真实性，因而也就不会带来太大反响。这次不同，第一，这是一次面对面的电话采访，第二，播出这个采访的栏目叫《足球之夜》，当然最重要的是海东的表达。

哪怕我对老米的印象不错，哪怕在这个问题上我的判断并不是非常清晰，但及时播出是一定的。作为制片人，我没有一丝一毫的犹豫。在《足球之夜》保持锐利的提问，不失去直面问题的勇气是我们一直提倡的。在初始阶段，我们甚至有意识地保持和俱乐部、球员以及教练的距离，为的就是不失去自由表达的能力。

果然，郝海东的访谈掀起轩然大波。

但是老米却不为所动。面对媒体他还是按部就班地打他的太极拳。应该什么时候在公众面前有什么样的表现，这种功力米卢确实已经练得炉火纯青。

他刚一上任,就有过这样的表演。当时我们听说米卢正在和中国足协接洽,就派记者去蹲守。那是北京的冬季,刚刚下过一场大雪。在酒店里,虽然米卢拒绝了我们记者的采访要求,但他显然已经知道了记者和摄像机的存在。于是在走出酒店大堂的那一刻,老米开始了自己的即兴演出,他从一个环卫工人手里几乎是抢过一把扫帚,略显夸张地扫雪,肢体动作甚至有点走形。我们的记者当然没有让他失望,用手里的摄像机远远地记录下了这个时刻。这组镜头也就成为了日后我们解读米卢使用最多的一组。

随后在广州的上任发布会上,老米提前穿好了中国队的队服,让所有记者眼前一亮,因为那个时候我们的职业素养、包装意识以及公关能力都很弱,老米确实打破了常规。他在发布会上还兴之所至地突然携手中国足协官员马克坚一起站到了椅子上,给现场记者提供了更大的惊喜。第二天的报纸版面上,他是最耀眼的明星人物。

当然,米卢依旧难以捉摸,飘忽不定。我依旧在和他的交往里不断修正着对他的判断。

郝海东的炮轰,让老米日子更艰难。偏偏这个时候国家队又进入到一个低谷期。十强赛开始之前的上海四国赛上,国家队居然输给了此前已经被我们多次击败的朝鲜队。赛后,激进的上海球迷堵住体育场门口,高喊着国家队解散,米卢下课的口号。

据时任国家体育总局足球运动管理中心主任的阎世铎事后跟我说,上海的比赛之后,上上下下对米卢都产生了一定的怀疑,到底是继续使用他,还是临阵换帅,阎世铎本人也陷入到困境之中,最后经过反复权衡,考虑到十强赛临近,考虑到米卢亚洲杯上的战绩,阎世铎还是做出了让米卢继续带队的决定。这和二〇〇八年奥运会开始之前我们的换帅之举恰好形成了鲜明对比。有时候行政管理部门越是无为而治，反而越能起到良好效果。把行政命令凌驾在业务之上的愚蠢做法，到头来只能害人害己。

米卢和国家队度过了最艰难的时刻，开始爆发，这已经是一段尽人皆知的历史，我不再赘述。只补充几个我印象深刻的小细节。

首战中国队打进第一个进球之后，老米忘情地庆贺，忘情地奔跑，仿佛一下子回到了青年时代。这也是我所见到的最释放的米卢。在我看来，老米深知这才是他最为重要的比赛，他要用这种彻底的激情鼓励球员，激发球队，让他们能够一往无前。这个时候的米卢没有任何掩饰，甚至还略微夸张了一点，但这可能恰恰也是自信心不足的中国队最需要的一种心理暗示。

张路指导也跟我说，米卢的聪明之处在于他让球队的竞技高峰出现在了最应该出现的时候，而整个二〇〇一年的上半年，米卢都在努力压制着球队的状态。这也是十强赛中国队爆发的原因之一。

从二〇〇一年之后，金志扬指导也彻底改变了对米卢的看法。他尤其欣赏米卢快乐足球的提法，搞了一辈子足球的老帅从哲学高度和人生高度理解了快乐足球的意义。

如果我是米卢

（写于二〇〇一年十强赛期间）

我和米卢接触不多，但彼此还算熟悉。除了一次吃饭，三次专访，我还曾经到他的家里去过两次，再有就是请他来给我们栏目组的同事讲课。屈指算来，不过七次，但每次的感觉都不尽相同。

总的来说，对他的印象并不好。因为他是一个极端狡猾又极端自我的人，你很难用自己的思想去影响和控制他，加上语言的隔阂，总觉得和米卢无法实现那种很透明的沟通。不过，这样的感觉也不会妨碍我从专业的角度去理解他，然后是佩服他。

简单地做个统计，米卢从八十年代执教墨西哥开始，到今天，他亲自指挥的国际比赛差不多在三百场左右。这些比赛到底给他了一些什么，在本次十强赛开始之后，我们似乎隐隐地有所察觉。至少到现在米卢还没有在哪场比赛里表现得完全束手无策。在任何时候，他似乎都能够根据形势做出自己的决定，而这些决定总能被事实证明是及时和正确的。所谓米卢的神奇，其实指的就应该是这种熟练无误的应变。

可是在连胜两场之后，米卢在第三轮的排兵布阵遭到了广泛的质疑，他刚刚再现的神奇光环马上又黯淡下去，我们情愿相信是球员的顽强和自信挽救了米卢。

在得出这样的结论之前，也许每个人都应该先想想，究竟是谁让中国队拥有了这样的变化，又是谁在恰到好处的关口派上了生力军实现了将比分扳平的目标。如果不是米卢给中国队留下了回旋的余地，也许我们就只能在下半时三十分钟之后毫无希望地等待失败了。已经有很多年了，只要我们落后，下半时三十分钟之前还不能追回比分的话，失败就将提前到来，而这次我们居然在最后时刻起死回生，这难道是球员们突然成熟了吗？在看到他们进步的同时，客观一点我们也应该承认米卢的功劳。那种比赛出了点变故就指责教练，总是纸上谈兵的做法实在是太无聊、太幼稚了。

实际上这次十强赛开始之后，我一直有这样一种想法，和中国队最后获得世界杯出线资格可以等量齐观的，就应该是米卢带给我们的足球思维。这是一种科学、严谨而又不失灵活的足球思维，是米卢积几十年足球经验总结出的一种智慧。它远非国内教练执教一百场甲A或者球迷、记者观赏几百场国际、国内比赛的经历可以比拟，不承认我们在经验和学识上的肤浅，就等于在坚持自己的无知和盲目。说得灰暗点，就算我们再次和世界杯失之交臂，如果能够学到一些米卢的"神奇"也可以算作收获不小。而假如我们总是封闭在自己的"伪科学"里，即便米卢带我们进了次世界杯，今后恐怕还会要栽跟斗。

我以为，和米卢沟通的最好办法就是把自己假设为米卢，从米卢的角度去尽量理解他所做的各种决定，也许时间长了你总能感触到真正的米卢。也许你会说，这样的要求太不近人情，为什么是我们迁就他，而不是他迁就我们呢？答案很简单：米卢错的时候比我们要少，而我们对的时候比米卢少。

事实证明，米卢带领的国家队是过往几十年里最稳定的一支队伍。其中偶有波折，也属正常。记得有一场比赛，中国队的主力门将江津受伤，此时的米卢突然像豹子一样蹿了起来，根本不看江津的伤势，反正有队医和助理教练，他做的事是拿起一个足球，把替补席上的安琦叫起来，马上陪他热身。生怕安琦糊里糊涂地就上了场。想想看，那么关键的时刻，主教练负责的肯定是全局，但对于这种细节的注重，也应该是他成功的原因之一。

其实，《足球之夜》在十强赛期间也发生了很多好玩的故事。

第一场比赛之前，我们对所有的采访报道细节都进行了全面的推演。为了完整地记录，我们的记者准备从国家队一出酒店，就进行跟踪拍摄。于是，车技最好的记者就改行做了司机，为了跟得上有警车护卫的国家队的大巴，他们逆行、强行超车，各种违法乱纪的事都干了，最惊险的是，他们一度还把车开到了马路牙子之上。居然还安全地赶到了赛场，一点没耽误后面的播出。

为了多一个更宏大的视角，我们在五里河球场外面的高层居民住宅上特意架设了一个机位，算是对转播镜头最好的弥补，中国队击败乌兹别克斯坦的比赛里，范志毅的任意球破门，那个高点镜头给了观众绝对震撼的体验。

就在中国队获胜就将出线的那场比赛之前，情况来了。我直播的间隙，看到手机上有负责高点机位的老吕的未接电话，拨回去，他说，平常上这个楼根本没有人管，但因为是特殊比赛，突然加设了警察。警察说什么也不让上去了。

此时，导播已经在耳机里催了，马上就是我的演播室环节，我只能匆忙挂断了电话。当镜头切回我在五里河体育场内包厢的演播室后，我如实地把刚刚遇到的情况对全国观众讲了一遍。当然，我使用了夸赞的口吻，沈阳的警察真敬业，今天的安全绝对有保障。连我们的记者都上不去高点了，恐怕也就飞鸟可以了吧。

又一个环节结束。老吕的情况未知，我做好了听天由命的打算。不料，下一个演播室休息的环节，老吕的电话又来了，"建宏，我上来了。"

事后，详细了解了情况后，我不禁莞尔。原来是沈阳市的公安局长在电视里刚好听到了我的说明，自己直接打电话给手下，吩咐说把央视《足球之夜》的记者放上去。

老吕在这个高点上记录了很多细节。当十强赛中国队的最后一个主场比赛结束之后，心细的他特意拍下了五里河球场的照明灯一盏盏熄灭的全过程。后来，《东方时空》借我们的素材去使用，他们的记者特别佩服地说，

《足球之夜》的特技做得真好,灯都能一盏盏地灭掉。我们听了哈哈大笑,其中满是一个优秀团队的自豪和骄傲。

我的黑西装

在我的办公桌旁挂着几套西装,那是专门为了做节目准备的,其中有一套很普通的黑色西装,把二〇〇一年的记忆清晰地留在了我的脑海里。

去年的十强赛之前,我们决定把演播室直接开设到沈阳五里河体育场,希望在第一现场为大家直播中国队的所有主场比赛,让大家更直观、更生动地感受那里的气氛。

第一场比赛从北京出发的那天,我简单计算了一下,仅我们《足球之夜》节目组就出动二十多人。大家搬机器、运行李,浩浩荡荡,好不热闹。到了机场我才突然发现,自己准备好的服装还丢在办公室里,好在离登机还有点时间,匆忙打回电话,让留守的同事专程送了一趟。

说实话,第一次操持这么大规模又如此复杂的赛事直播,我的心里一直很紧张,再加上即将到来的比赛对我们是那么重要,作为一个球迷难免会很兴奋,二〇〇一年八月二十五日的白天,我就一直处于这样一种混乱的感受里。直播快要开始的时候,中国足协的专职副主席张吉龙特意来到了我们的演播室,虽然这只是一种礼节性的探望,虽然在外界很多人看来,我们和中国足协之间好像也一直很不默契,但是在大战来临之前,大家好像都变得兴奋、好胜。当我们两人的手握在一起时,我坚定地说:"这场我们一定拿下,二比〇。"

"二比〇"，张吉龙在重复着这个比分的同时，眼睛里露出了一种我从来没有见到过的光芒。那样的目光你一生中可能只见到为数不多的几次。

　　中国队赢了。我也不自觉地产生了一种心理暗示，似乎自己身上穿的这身衣服和中国队今天的结果有着密切的又说不清的关系。于是我决定以后中国队的几个主场比赛我都穿这身，不再改变。

　　不仅不再改变，甚至我还决定连衬衣、领带也都维持原样，并且像球员那样连洗都不洗。

　　其实这个习惯并不是这次才养成的，记得小时候，每逢看中国队的比赛我都非常紧张，于是总喜欢变化各种看球的姿势，心里还莫名其妙地希望自己的某些感受能够和球队产生感应。如果中国队落后了，那我一定要换个姿势，因为我总认为是自己的姿势不对才有了这样的结果。如果中国队进球了，那即便刚才的姿势有多么不雅或多么不舒服，也要坚持着保持不变。

　　我不承认这是迷信，只是觉得那是一种良好的心愿，就像米卢的红T恤一样。所以每当我看到米卢手里拿着熨得整整齐齐的红T恤走出车门的时候，都会发自内心地感叹：在这点上，原来这个老头和我们并没有不同。

　　从八月二十五日，一直到十月七日，我始终穿着那套西装，衬衣也前所未有地四十多天没洗过。直到中国队出线了，才拿到洗衣房。但以后的几个月我对那套服装都格外在意。我甚至有了这样的念头：四年之后，我在转播中国队比赛时，还得带上它。

　　好日子总是太短，就像人们说的，同样是一分钟，就要看你是坐在马桶上，还是在厕所外排队，感受完全不一样。

世界杯结束之后，米卢走了。

再次见面是二〇〇三年的女足世界杯。那年因为"非典"的原因，原定在中国的女足世界杯又被放在了美国。某一场现场解说之后，我接到了米卢的电话。他和我一样都在球场内，我们相约赛后一起见面，小坐片刻。

我们在球场边上找了一家墨西哥餐厅，随便点了点吃的，就开始进入正题，国奥队是米卢最关心的。因为他的助手，也是朋友——沈祥福是这个队的主教练。

我再次如实相告，我对前景依然不乐观。因为我们自己的教练员对于如何调节球员在大赛来临时刻的心理和情绪好像总是缺乏好的办法和应对。本来实力就不强的队伍，如果再因为心理影响到实战的发挥，还怎么可能有好的结果呢？

米卢没有对此发表任何看法，他只是不断地对我说，你应该支持沈祥福。而随后的比赛，印证了我的担心。

怀念米卢

我从来没有怀疑过中国队将战胜叙利亚，如果连这样一支真正的亚洲二流队伍都打不过，我们也就别指望"黄金一代"有什么大的作为。我也始终没有真正地对这支中国队放心过，因为"临阵紧张"就像"习惯性头疼"一样，一直是我们各级国家队的痼疾，当然女足除外。

看过昨天的比赛之后，我开始怀念米卢。因为好像只有他带的那支国家队是一个正常的国家队，平时什么样，比赛时大致还是什么样，基本上不走形，不变态。

我们得的是什么病，其实大家都清楚，但只有高明的医生才能药到病除，即便不能除根，也能保证它短时间内不会发作。可惜，现在的问题是着急的人多，解决问题的人却无处可觅。丁阿姨不过是我们请来安慰自己的诊断医生，她和别人一样能够看出问题所在，她不同于别人的是还可以说出这个病的出处、病理，甚至还能够从理论上提示我们如何疗治。但是，我们不能指望着丁阿姨让国奥队变成一个心理健康的球队，道理很简单，我们的教练组才是真正的心理按摩师，他们更应该懂得怎么在日常训练和比赛里逐步解决这个问题。

看着我们的队员步履沉重地比赛，面无表情地拼抢，心情急切地盼望比赛结束，平素很有创造力的王欣新在场上像是梦游，在甲A游刃有余的阎嵩很难施展自己的凌波微步，以我们平日对他们的了解来看，他们连六七成的水平都没有发挥出来。所有的一切都表明，老病又犯了，并且我们还没有效的办法。幸亏对手只不过是一支二流队伍，还没有能力抓住我们的破绽。只是到了未来的决赛阶段，如果我们还是因为心情紧张而自损实力的话，我们就很难看到十六年后，中国足球重返奥运舞台。

此时，我们比任何时候都更需要米卢的灵丹妙药。只有保证了水平的正常发挥，我们才不至于总是留下太多的遗憾。

想想两年前，面对各种怀疑和指责的米卢是何等神闲气定，即便后来他的贴身翻译小虞也透露了米卢心情焦躁的时候，对他大发雷霆的细节，但米卢不会把自己的消极情绪带给球员，相反他总是用积极的、乐观的态度感染大家。

在十强赛上，中国队没有过超水平发挥，但却总能保证发挥出八九成的样子。有了这些，我们在亚洲就有了竞争力，有了这些，有些看似不是机会的机会也会出现在我们面前。你完全可以指责米卢是个江湖骗子,根本没有提高我们的水平,但功利点讲,也许我们根本就不需要什么战术大师,有个"偏方治大病"的游医已经足够。

昨天的比赛,中国队里还是有两个人表现得相当不错,一个是独进两球的队长杜威,另一个是门将安琦。他们不仅保证了中国队拿到了还算理想的净胜球,还确保我们的城门稳固。这同样是我们打客场的重要资本。

提到这些,我们不得不再次感谢米卢。如果不是他在一年前把杜、安二人带到世界杯上,我们也很难想象他们能够有今天的这份不同他人的成熟。早在一年前,米卢就给我们的今天存下了一笔定期存款,等待着中国足球到时支取。只不过那个时候,我们被世界杯上的三场失利搞乱了方寸,把米卢"为了明天"的说法当作了失败的托词,而忘了这正是他对中国足球未来的投资。

也许我们很需要名牌医院的名牌医生,但今天我们更需要一个解决问题的医生,哪怕他只是一个米卢一样的赤脚医生。

从米卢正式离开,在美国是第一次见面,随后我们在葡萄牙的欧洲杯、德国的中国德国足球热身赛、二〇〇六年的德国世界杯,一直到二〇〇七年的马来西亚亚洲杯等地方,不断地见面。二〇〇七年,米卢特意来到吉隆坡,很显然他不希望中国足球忘记他这样的一个朋友。但我们的国家队却是完全另外一个态度。他们居然明确禁止球员和米卢接触,这样的规定离奇而不通情理。再次让我们看到了中国足球封闭和畸形的一面。

二〇一一年,又是亚洲杯,米卢已经在多哈生活工作了一段时间。但中国队依旧对自己昔日的主帅保持着一定的距离。米卢和我照旧进行着我

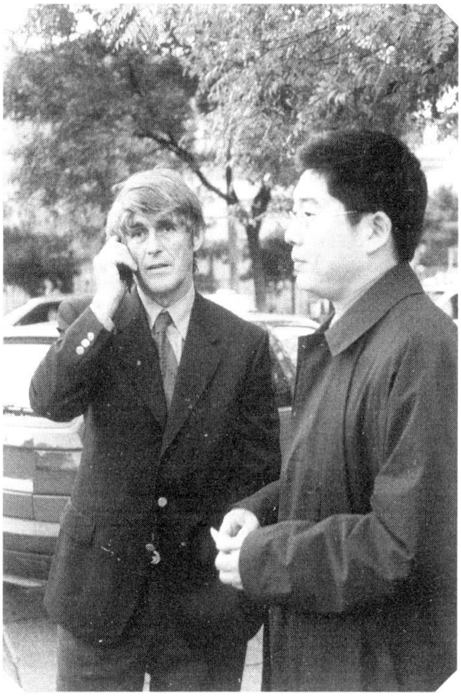

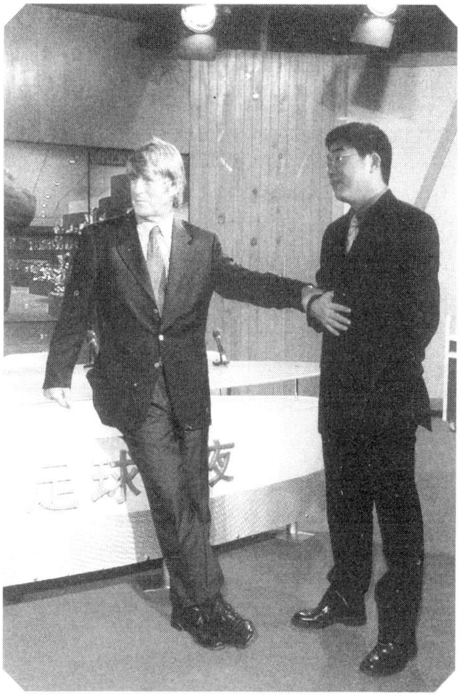

二〇〇〇年，在《足球之夜》节目中采访米卢。

二〇〇〇年，采访时任中国国家男子足球队主教练米卢。

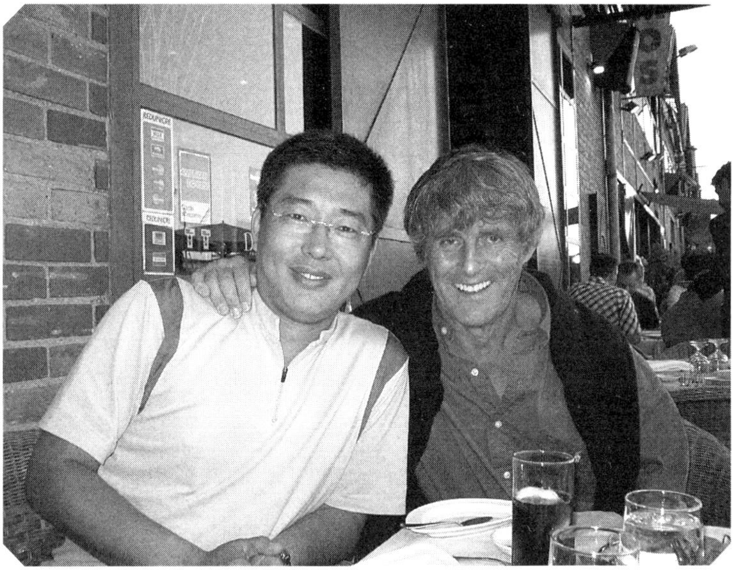

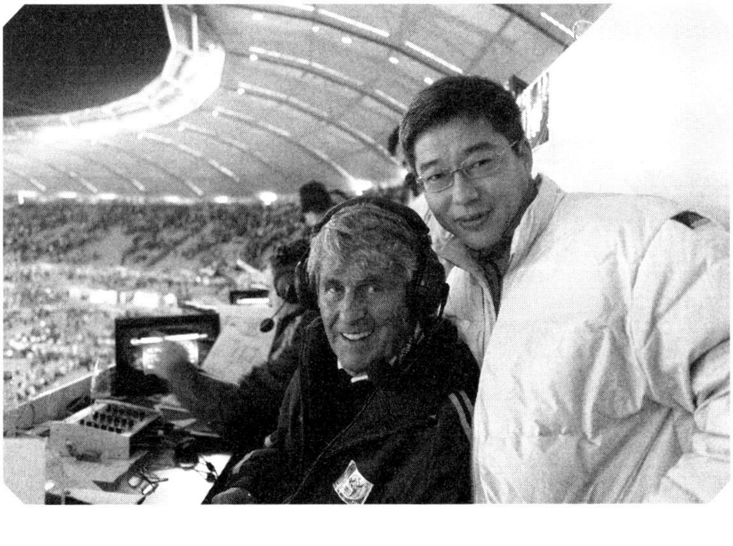

二〇〇四年欧洲杯，与米卢相会里斯本街头。

二〇一〇年与米卢世界杯赛场上合影。

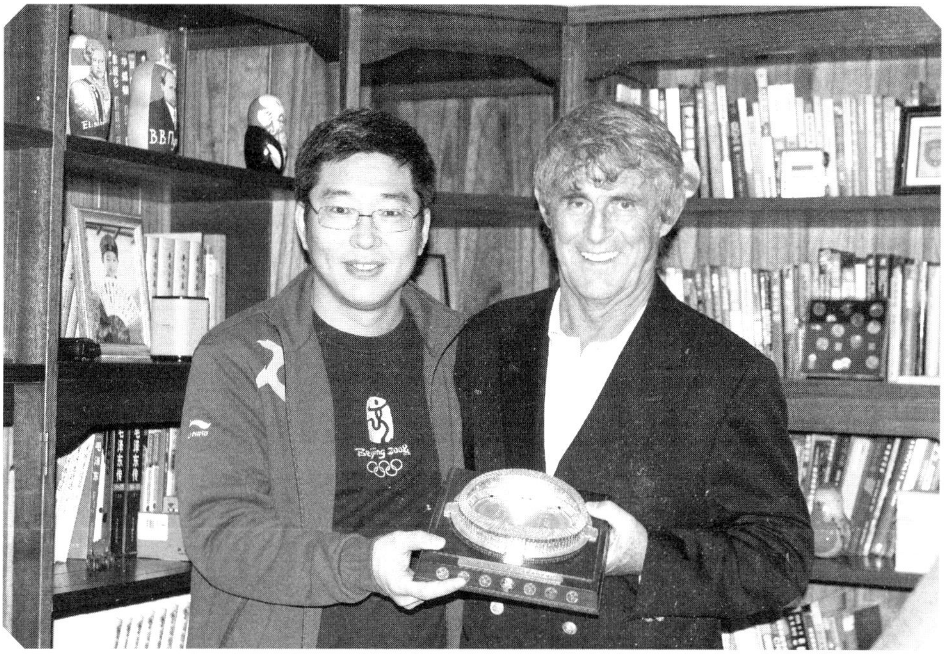
Beijing 2008

二〇〇八年米卢来我家中做客，我向他展示了五里河球场的模型。如今这座球场已不复存在。

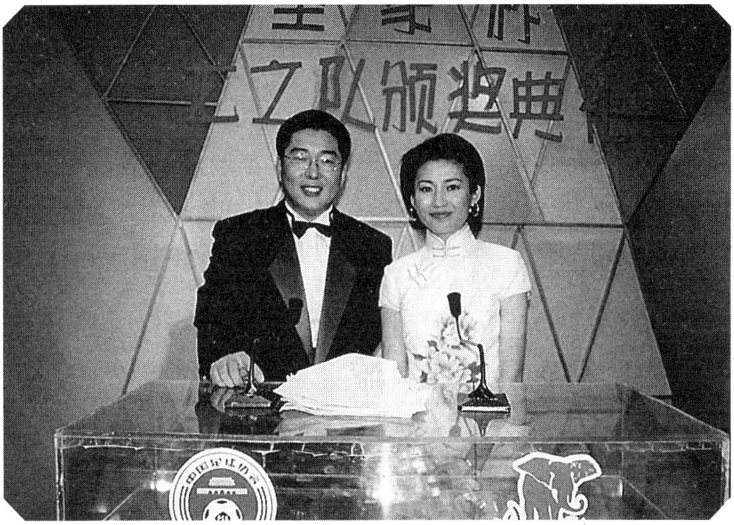

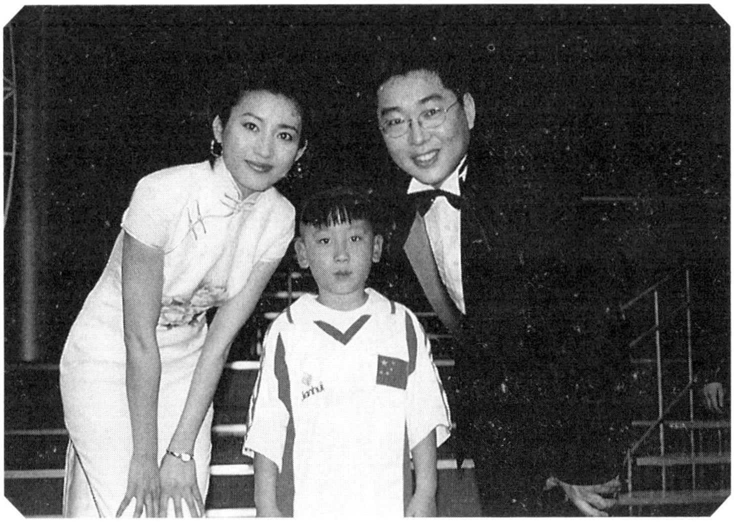

二〇〇二年与王小丫一起主持"龙之队"颁奖典礼。

二〇〇二年与王小丫一起主持"龙之队"颁奖典礼时与小球童合影。

们的约会和讨论。某一个晚上，他带我来到一个阿拉伯风情极为浓郁的茶馆，在那里，忘记了因为什么话题，扯到了中国队的定位球攻防。兴致来了的米卢，随便抓起一张纸，就开始了对当年他那支国家队定位球的描述。范志毅在哪里、李玮峰在哪里，什么时候是前点，什么时候是后点，那一刻，我突然有了一种感动。要知道，时间已经过去了整整十年。这些回忆还满满地装在他的头脑里。在任何时候任何地点接受采访的时候，只要谈起中国，米卢都会说那是对他极为特殊的一个地方。我知道，这不是假话，确实是他的肺腑之言。只是，多疑的中国足球一直把他排斥在外。

对米卢，这很不公平。

崔殷泽

一九九七年，韩国人崔殷泽应延边队邀请来到中国执教，那一年他带领的延边敖东队获得了联赛第四的好成绩。一九九八年，他因为成绩不佳而下课。虽然他来中国的时间不长，却给我留下深刻印象。二〇〇七年，当听说崔教授因病辞世之后，我写下了一篇悼念文字。

天国里应该有足球

工作像鞭子，我像陀螺。每天只要走进办公室，我的节奏就不由我控制。今天也是一样，推开屋门的那一刻，工作就像夏天的湿热空气扑面而来。在处理各种烦琐事务的时候，突然有一位同事说，崔殷泽去世了。这个消息于我似乎并不突然，因为早就听说崔教授检查出了癌症，有去韩国见过他的同事回来后也告诉过我，他的情况不是很好。

然而，这一天无论我在忙什么，似乎都觉得心里有一种异样的感觉。下午审看《足球三国》的片子，关于韩国的一集说的是李章洙，看着监视器里那个熟悉的韩国男人的面孔，不知道为什么我的脑海里却总是浮现出另外一个形象，这才突然意识到原来崔教授的离去让我真的难以释怀。

晚上接到长春朋友杨波打来的电话，和我说到的也还是这个事情。他告诉我，已经写了一些和老头（杨波是足记圈子里资格很老的一个，他当年供职延吉某报社，是吉林延边足球的记录者，他习惯把崔教授叫作老头）交往的故事。在内心里酝酿了将近一天的情绪终于发散开来。那个有些模糊的形象逐渐清晰起来，那些尘封的记忆也逐渐连贯起来，我的手忍不住放到了键盘上。

在世界的这一端，我要用一点文字向那个驾鹤西去的老者挥手致敬。

第一次见到崔教授是一九九七年初的海埂。崔教授是当时他的助手秋鸣对他的称呼，被我沿用下来。那时，甲Ａ里的外籍教练还不多，崔殷泽正是凤毛麟角。出现在我摄像机视野里的他温和安静，连带着整个敖东队的训练也显得很平和，三十多人的场地里似乎听不到什么杂乱的声音。我询问他对中国足协体能测试的意见，他很不以为然，不过即便是批评的词语从他的嘴里说出来也不显得刺激和犀利。后来我听说，他为了保证球队既能通过足协的测试，同时也按照自己的思路备战，动了不少脑筋。其中的一项练习是在球场两个禁区线上摆好足球，让队员从一侧先做若干俯卧撑，然后再全力冲刺到另一侧完成射门。崔教授对此的解释是，足球比赛的场地就这么大，让一个队员冲刺七八十米后还能完成有力的射门，这样的训练和实战是最接近的。我还听说，在海埂他的训练也很被足协派去的官员肯定，有些俱乐部的教练还特意跑到延边队那边观摩。

第二次再见到他是在我的家乡石家庄。一九九七年的联赛已经进行到第五轮，八一队的主场设在石家庄，延边敖东队客场作战。此前他们还没有获得过比赛的胜利，对于满心希望能够改变延边足球形象的崔教授来说压力可想而知。那场比赛他们赢了，二比〇的比分还不能说明一切，从场面上讲，他们不仅有绝对的优势，而且球也踢得很漂亮，套用现在大家经常说的一句话就是，这个球踢得有内容。

这样的比赛也引发了我浓厚的兴趣，接下来，我主动请命又去了延吉，那也是我第一次去这个足球之乡。这轮他们的对手换成了施拉普那执教的前卫寰岛，队伍里有高峰、姜峰、徐涛这样的大腕。我记得比赛开始前，我遇到了徐涛，他是当时寰岛队的守门员兼教练。我告诉他，现在的延边队不能小视，他笑着说，那就场上见吧。

延边队又赢了。

赛后，他们队员齐刷刷地跑到教授面前鞠躬致意，老人非常谦恭又不失风度地接受了这样的礼节。场外的球迷也报以最热烈的欢呼和掌声。那一刻一定是延边足球一个美好的回忆，而且这样的回忆也才只是个开始。

一九九七赛季，延边队打得生猛，让其他球队为之胆寒，就是当年的霸主大连万达也没有从他们身上占到太多便宜，赛季结束的时候他们获得了第四名的好成绩，这也应该是延边足球在职业联赛里的最好成绩。

和寰岛队比赛后的第二天，我又在俱乐部门口见到了崔教授。让我感到意外的是，他和翻译是步行来俱乐部的，途中他还遇到了几个认出他的球迷，包括两个老妇人，他都频频鞠躬示意，这一切都让我这个刚开始足球记者生涯的年轻人震动不已。

那时候，在延边队场边观看他们训练的球迷也有上千人，比现在有些中超比赛的观众还多。当老人出现在训练场上的时候，球迷报之以最热烈的掌声。然而老人依旧非常平静，他近乎安详地指挥着球队热身、对抗。足球对于他，仿佛是唯一的关注点，此外的一切都好像不存在。不以物喜，我不由得想到了古人的这句话。

当然，这只是半句格言。格言的下半句，我要到一年后才又一次从他身上感悟到。那是一九九八年的联赛，还是在石家庄。这次由于延边队成绩不够理想，老人被中途解职。当他就要离开球队的时候，在酒店大堂我又一次见到他。花白的头发依然一丝不苟，平和的表情还是那么平和。他冲我微微屈身致意，缓缓走出前门，望着那个安详的背影，我心头涌起的是格言的后半句，不以己悲。

我的摄像机记录了他登上中巴离开的镜头，那是他和中国足球的一次暂别。

以后他又多次来过中国，为了中国足球，他抱病依然孜孜以求。遗憾的是，后来我再没有了和他近距离的接触。

算起来我和他接触的次数不算多，采访和交流的时间加起来也不过几个小时。但在我的心里他始终是个谦和的长者，智慧的足球人。在喧闹迷乱的中国足球里，他让我感到了前所未有的冷静和坚定。在和他有限的接触里，他向我传递了很多足球知识，但我坚持认为他人格的感染才是他对我最大的影响。

其实，受到他恩泽的人大有人在。他把高仲勋改造成了一个前场自由人，让这个老将重新焕发了活力，他把黄东春塑造成了优秀的射手，在他之前和之后，黄东春都没有更出色的表现。他让小胖子玄春浩减肥成功，并且成为了一员中场悍将。他让黄庆良成为了甲Ａ里最出色的盯人后卫。最重要的是，他成为了第一个在中国获得成功的外籍教练，让我们感受到了先进足球理念对中国足球的重要性。

今天，当我们得知他仙逝的消息，我心中暗自发问，是不是在中国的许多角落，很多人在用自己的方式祭奠他，怀念他，为他祈祷，为他祝福。

我的姥爷去世的时候，我第一次觉得这个世界并不是我们生存的唯一世界，冥冥之中一定应该有另外的空间，它或许就是传说中的天堂。当我的姥娘去世的时候，我坚定地相信，天堂是存在的。因为我经常能够感觉到他们在天堂里注视我的眼光。

今天，我相信，崔教授一定已经进入这个天堂，那里一定也有足球，也有鲜花，有掌声。

差不多就在同一时刻，我在上面文章中提到的新文化报社的杨波也写下了一组文字。

那是一位可敬的韩国老头

二〇〇七年二月七日。

崔殷泽走了，那是一位可敬的韩国老人。

在这个冬天，在韩国的首尔，他孤单地离去，把光环和牵挂永远留在了中国。

昨天晚上，贺文告诉我老人离去的消息时，我知道这已是迟来的消息，打开网站时，"崔殷泽因病逝世　享年六十九岁　曾缔造延边足球甲Ａ神话"的标题下已经有近千个缅怀老人的帖子贴上来，并且数量还在快速地飙升。高珲告诉我，老人的葬礼今天将在韩国的首尔举行，因为签证的问题，他们已无法赶赴韩国。我们在电话里聊了很多，老人那慈祥的微笑也一直在心头萦绕，就好像在昨天。那是一位可敬的老人，一个永远值得中国足球和中国球迷敬重的老人。

老人来中国执教时，其身份是韩国汉阳大学教授，直至他离去时，他更多时候的身份仍然是教授。身上透着浓浓的学者气息，知礼而谦逊。他平常总穿着笔挺的西装，他说这是对别人的尊重；你与他打招呼时，他总是微微地欠下身与你说"你好"，一点也没有大牌教练的架子。从他来中国的第一次晚宴到最后依依不舍离开中国，他始终没有把我当作一个记者和晚辈来看待，而是当作朋友。二〇〇〇年，我邀请他来长春时，他非常高兴，说别的要求没有，最重要的是要有好酒。老人平常最大的爱好就是喝中国的酒，而且很有量，当时延边队的球员去韩国训练时都要给老人带来一两瓶好酒，他很懂中国的白酒，并只喝茅台。记得当天的晚宴他心情特好，没有点茅台，而是例外点了酒鬼，喝完一瓶时，他很不好意思地问，再来一瓶行吗，那晚他自己就喝了一瓶多。那时的他还没有查出胃癌，还想在另一领域里实现他的理想。

二〇〇二年，我去韩国采访世界杯时，老人当时说你来之后打电话，我会在韩国接待你。但那时他已经被查出胃癌早期，做了第一次手术，人已经瘦得不行了。到后来的第二次手术，他的胃已经被切除了三分之二，一个人与病魔抗争着。在韩国孤单一人的他，后来有一段时间去了美国，因为他有一个女儿在美国，那是他至亲至爱的人。那时的他很想中国，一个他战斗过的地方，他对中国有着一种说不清的感情。他始终说他和延边足球有缘、和中国足球有缘、和中国球迷有缘。他热爱这个国度，他对延边朝鲜族自治州评给他的"荣誉市民"称号很看重，他回国时总会和朋友谈起。这种感情在后来他致中国球迷的公开信中最能体现出来："一九九七年，这是在我的一生当中永远不能忘怀的一年。这一年给了我在人的一生之中不可多得的光荣和自豪。我深知，对于像我这样一个六旬老者来说，这样的光荣和自豪恐怕是不会再有了。况且，给予我这样的光荣和自豪的，不是生我养我的国度，而是异国他乡——延边乃至更大范围的中国。每当我想到这一点时，我就禁不住感慨万千，心潮澎湃，从而使我产生了一种想法：中国，是在我一生中给我留下最美好回忆、令我感激不尽的国度。"

今天，老人的葬礼在韩国的首尔举行，那将是老人作为教授的最后一堂课，也是老人作为教练执教的最后一场足球赛。

徐根宝

上海东亚冲上中超之后，我给徐指导打了一个电话，邀请他来参加《足球之夜》的节目。徐指导不仅非常爽快地答应了，而且在电话那头特别强调了一点：小刘，你要我来参加节目，我是一定会来的，哪怕是一封鸡毛信。

他一直称呼我"小刘"，从我们相熟的那会儿起，这个称呼没有变过。而我成为足球记者之后，采访的第一个甲A的主教练也是他。那是一九九六年的四月初,《足球之夜》第一期还没有开播,我刚刚来到北京,当时我跟张斌说,给我一点时间稍微适应适应,毕竟从地方小台到了央视的大平台,心里多少有些惴惴,不敢妄动。张斌也满口答应,谁知道刚过了两天,他就说,你和段暄去一趟上海吧,那里有一场慈善比赛,申花对国安,上个赛季的冠亚军。由于是刚刚起步,《足球之夜》团队根本没有啥固定人员,可能我就算是第一个吧,因为无论段暄还是其他人,那时候也还要为体育新闻工作。我硬着头皮答应了下来。借好了机器设备,就跟着段暄出发了。

对,确实是跟着比我小四岁的段暄。因为那时候我还没有坐过飞机,甚至连机场都没有去过。如何办理手续,也是一头雾水。在我面前,去过一次昆明采访的段暄就是见多识广了。我看着他买机场建设费(还有多少人记得这个特殊的费用呢),然后办理机票,过安检,登机。每一个经历都很新鲜。到后来,机场成为了我最熟悉的地方,我由国航的银卡,飞成了金卡,然后最近两年又飞成了白金卡会员。

置身虹口体育场,看台上满是球迷,头一年申花的冠军让上海的球市异常火爆。一场慈善比赛也是人山人海。那场比赛申花又赢了,赛后,我第一次把话筒伸到了徐根宝的嘴边。看到是央视的话筒,徐指导很是客气,尽管他根本不认识我,也很是配合地接受我的采访。对于央视,徐指导一直如此,哪怕采访者很陌生,他也会保持足够的客气;哪怕问题有些尖锐,他也会保持足够的克制。在足坛一向以威严示人的他在这点上,也含蓄地透露了他的来自上海滩的精明与练达。比如一九九七年,他率领广州松日冲上甲A之后,我们派去现场报道的就是两个新人,徐指导照样说出了"谢天谢地谢人"的金句。

他是头一年(一九九五年)的冠军教头,带领国奥队失败的阴影总算成为了过去,他是上海滩的英雄,正是意气风发。和他有着同样感觉的,还有他的那批弟子们,范志毅、谢晖、祁宏、申思也都是球迷心目中的宠儿。而那个时候的球迷也好,媒体也好,包括俱乐部同样缺乏对职业足球、职业联赛的亲身和深入认知,大家对于即将开始的将帅不和,或者至少是不再同心同德还缺乏足够的心理准备。

于是一九九六年的申花联赛进展得并不是很顺利。他的下课就显得顺理成章,虽然在老帅的心里一定会有诸多的愤懑和怨气。不过他表达的方式并不是公开的抱怨,一九九七年的松日以及日后的万达,都是他努力证明自己的方式。

说到上任万达,其中还有一段不为人知的故事,由于大连市政府主要负责人的干预,他的第一次大连之旅,以重新登上返回上海的飞机结束,这段故事我在后面王健林的章节中会有详细交代。值得一提的是,即便面对这样的突然转变和明显的失礼,他依旧没有抱怨,也正是这样的态度,让王健林一直觉得对徐指导有所亏欠,于是到了一九九八年,无论如何,王健林都坚持再次把徐根宝请到万达来执教。

后来徐指导的执教之路不用我赘述。他几次都想重新塑造辉煌,包括一九九八年距离亚俱杯冠军只有一个点球的差距,但都不如想象中那么成功。

于是,他又找到了另外一种证明自己的方式,打造中国曼联。这就是他的崇明岛足球基地。

从〇二足球俱乐部开始,徐根宝就一直希望在培养中国青少年球员方面有所突破。他带领国奥队的时候曾经提出过"横下一条心,一定要出线",这次他又提出了新的口号:"十年磨一剑"。

外界的反响依旧不统一,甚至在上海足球界有这样一种说法,只要下课，徐根宝就会提到他的青训计划，仿佛崇明岛之于他，正是慈溪之于蒋介石。一旦有机会他还会重返舞台的中央。终于有一天，徐根宝义无反顾地离开了。

他和他的一群志同道合的老哥们开始了艰苦创业。

尽管他是随着职业联赛改革先富起来的那一批教练，但是要想拿出三四千万的真金白银投入到基地建设和青训中去，不仅需要实力，更需要胆识，甚至是搏命的魄力。

曾经一度参与到这项工作中的范志毅对于崇明岛基地有个形象的说法，拿着机关枪扫射半天，打不到人，死的都是蚊子。这就是对那里条件的真实写照。

大约从那个时候开始，我和徐指导的联络也多起来。有时候有领导去视察，他会和我打个招呼，希望我们《足球之夜》的记者也能一同前往。有时候，我也会主动联络他，让我们的记者不定期地去拍摄一下。

对于他的这种模式，一开始我不置可否。因为我并不是很清楚这种模式到底会有什么结果。后来有一段我心里还有一点抵触。因为在我看来，足球基础的建设绝对不能依靠一个到了退休年龄的老教练，教育部门和体育主管部门才是主要责任人。并且，这种把一群孩子关在一个基地刻苦磨炼的做法，某些方面也是不符合教育和青少年成长规律的，在欧美，没有人会赞成年纪小小就让孩子远离家庭，这和当年的健力宝模式并无本质上的不同，大清派出去的百余名幼童不也没有能够拯救帝国的命运吗？

不过，后来我的认识又发生了一些改变。有关部门不作为，这是有关部门的失职，却绝对不是徐根宝的过错。中国也不是欧美，现阶段如果再没有徐根宝和鲁能足球学校这样的有志之士或机构全力投入，中国足球的未来恐怕更加令人绝望。

我想到了比徐根宝更早的另一个国家队主教练高丰文。他同样是以一己之力试图改变中国足球青少年培训的孱弱现状，结果是身心俱疲，当然也总算培养出了像陈涛这样的优秀球员。

所以，哪怕他们成功的可能性并不大，或者说最后的成功也只是局部的、个体的，我还是希望利用央视这个大平台给他们必要的支持，对我们而言，关注就是一种支持。

所以，基本上从二〇〇二年开始，《足球之夜》的记者每年都会上崇明岛，徐指导也跟我们的一大批记者都建立起了不错的关系。

唯独我，一直在电话里和徐指导各种交流、寒暄，却始终无缘上一次崇明岛。只能通过观看同事们拍摄回来的素材和成片观察着徐根宝和他的基地。

于是，我们看到了还只有十几岁的张琳芃、武磊，看到了和他们一样的这批孩子在崇明岛的真实生活和训练，我们看到了徐根宝每天清晨即起，和教练们一起投入到训练之中，我们还看到了徐根宝为了给基地增加哪怕一块钱的收入，坐在酒店前厅给游客以及慕名而来的球迷签名，因为每一个签名可以入账五十元，我们还看到徐根宝从各地运来的很多大石头，那是镇宅之宝，也是他坚如磐石个性的另类体现。当然，徐指导在很多地方也有自己的小特色。

他喜欢穿布鞋，因为常年踢球，他的脚已经有些变形，皮鞋穿起来当然不舒服。他还喜欢雨战，因为据说有命理大师告诉他，名字很好，有根也有宝，不过宝在根下面，遇水才活。所以，徐指导特别喜欢下雨天。徐指导带队，总喜欢让大家看电影、喝咖啡，也都是他某种习惯心理和习惯做法。从前，不仅记者们不理解，私下里会把这些故事当笑话来讲，即便队员也未必都接受。不过，当我们被职业联赛洗礼二十多年后，特别是和外界的接触越来越多，了解外面的世界越来越多时，才渐渐学会了坦然接受。任何一个在高压下生活的人，可能或多或少的都会有一点自己的小迷信。比如罗马里奥赛前会去夜店，有人说他这是不够敬业，但也许他只是为了寻求真正的放松。比如贝肯鲍尔在自传里也承认，遇到一些重要比赛，他也会在房间里偷偷喝上一杯，调节一下心态。当然如果像马拉多纳一样，走上吸毒的道路，另当别论。

十年磨一剑，终于看到了成效。先是全运会足球青年组的冠军，然后是东亚足球开始在中乙、中甲里崭露头角。在东亚还没有冲上中超之前，张琳芃就成了中国足球身价第一人。当得知自己有可能被徐指导卖掉时，张琳芃非常难过，他甚至找到徐根宝哭诉，渴望留下来和兄弟们一起打拼，共同杀入中超。不过，他也能理解徐指导的苦衷，球队的经济始终不宽裕。那一千五百万的一大笔收入可是球队急需的。

卖了张琳芃，徐指导绝对舍不得再卖了武磊。

在升入中超之后接受我专访的那期节目里，他又放出豪言，来年保六争三，后年征战亚冠。东亚确实打得不错，武磊、朱峥嵘、吕文君也撑起了整个球队。但在现在中超的高投入环境里，东亚要想取得好成绩实在困难，这不再是一九九九年张引带领辽小虎差点夺冠的时代了。

徐指导最终选择卖掉了球队，由上港接手。我没有问过他做出这个决定前后的真实感受。但想想这批孩子跟了他超过十年，早已经是形同父子，这样的选择应该比割肉还痛苦吧。

又一次从中心舞台退出的徐根宝还会回到崇明岛。以他的个性，是不会选择退休的。在那里新一批的武磊、张琳芃又在集结。有了前面的成功经历，再加上今天的红火局面，一定会有更多的青年才俊跨江来投。我们只需要期待，期待他给我们带来新的惊喜。

一定会有人质疑，徐根宝带出来的这些人也不过尔尔。凡如此发声者，我除了鄙夷还是鄙夷。诚然，没有了大环境的滋养，只靠自己的精耕细作，再好的苗子也只能是小有所成。这现在几乎已经是一个共识，但我们反过来想想，如果没有了徐根宝和他的团队如此辛勤耕耘，我们今天怕是连武磊、张琳芃这样可以撑撑门面的球员都难以寻觅。中国足球现在最不缺的就是理论家，每一个球迷谈论起来，都可以振振有词地说出一番大小道理，但只有实干家才是我们最需要的。哪怕我们非常阴暗地揣测，当年徐指导就是因为置气才走上了崇明岛，那么现在十年的光阴恐怕也早带走了一切的误解、隔阂和烦恼。我们能够看到的还是那个为了中国足球呕心沥血的徐根宝。

他个性鲜明，又百折不挠。

徐指导的恩师年维泗八十大寿之前，他给我打了一个电话，希望我能主持这个仪式，我当然是满口答应。徐指导和他的队友们自掏腰包，给年老过了一个风风光光的八十大寿，年老在美国的女儿也特意赶了回来，目睹这样的盛大场面不胜感慨。

当年的中国足球给人留下的是不团结、不刻苦、不谦虚、不严格的糟糕印象，在我看来，徐指导穷其一生都在努力改变着这样的看法，也确实通过自己的实践证明着中国足球的正能量。

最近闲不住的徐根宝决定利用崇明岛基地二次创业，假以五年期限，再造一支小东亚。那个时候，徐指导也快要过八十大寿了，武磊、张琳芃们不会错过这样一个机会，向恩师表达培育之恩吧。我期待。

李章洙

我不讳言，过往二十年，教练中与我私交最密的不是中国教练，也不是前面说到的米卢、崔殷泽，而是李章洙。

二〇〇九年李章洙在北京国安下课之后，我们俩单独吃了一次涮羊肉。就在日坛东门，我们也没有坐在包间里。如同两个普通朋友的普通聚会一样，我们吃饭、喝酒、聊天。虽说私交甚好，一起吃饭的时候也不多。下课之后的老李心情并不好，下课当晚就喝得酩酊大醉，这对他来说是罕见的，因为年轻的时候喝得太凶，他的肝脏并不好，所以他来中国之后，喝酒一直很克制。他告诉我，那晚酒醒之后，他非常意外地发现儿子在他们的公寓餐桌上留了一张纸条，让他喝点汤。旁边正是不知道什么时候，儿子给他煲好的热汤。老李流泪了，突然发现儿子长大了（那段时间，他的儿子正在北京学习汉语），突然发现自己亏欠儿子很多，虽然在儿子读高中的时候就把他送到了美国，也让儿子在美国接受了最好的大学教育，但是儿子怎么长大的，他并没有深刻印象。记忆里自己除了足球还是足球，即便在韩国，也很少享受天伦之乐。

在这点上，中国教练和韩国教练有相似之处，就是不太喜欢带着家人，尤其是夫人闯世界。他们大多单枪匹马，也许是担心有朝一日终难逃脱下课的厄运，也许是家里上有老、下有小，总需要夫人居家照应。

李章洙更是长期在中国执教，从一九九八年在重庆上任开始，他的大部分执教经历都是在中国，他也成了人们眼中的中国通。当年在重庆，他率队获得足协杯冠军之后，也曾深夜驾车带着我自如地穿行在重庆复杂而曲折的街道中。他告诉我，自己如何和队员们斗智斗勇，如何搬上一把椅子堵住楼道的必经之地，防止球员们半夜出去寻欢放纵。当然他也知道，无论自己如何治理，也总会有人偷偷地用各种更为高明的手法从他眼皮子底下溜出去，只有第二天训练的时候，他才能从队员的状态以及一身的酒气中判断出谁又违反了规定。

黯然离开北京之前，他的执教不可谓不成功。率领重庆、青岛先后都拿过足协杯，要知道这已经是了不起的成绩，以这两个队伍的实力，要想夺得联赛冠军势比登天。所以，上任北京，老李憋足了一口气。这是让他实现在中国夺得联赛冠军的最好的一次机会。

在北京不到三年时间，北京队的成绩开始稳定了下来，此前是在六、七、八名徘徊，他带队的第一年就获得了第三名，第二年更进一步，亚军，本来这一年他就有希望染指冠军的。只不过后来我们了解的情况是，足协有领导深深介入到了联赛的争夺之中。第三年，他的国安是最有希望夺冠的队伍。但偏偏这个时候，他和队伍内某些球员以及俱乐部的关系恶化了，最终他还是被下课。北京职业联赛的唯一一个联赛冠军，在他奠定了坚实基础之后，成了别人的果实。

其实，就算这个冠军不算在他头上，国安后来在联赛里的稳定地位也离不开他的功劳。在他治下，国安4231的阵型逐步稳定下来，哪怕后来经历了帕切科、曼萨诺，谁都不能否认这个基础是老李打下的。良好的延续性，才是国安能有后来表现的最重要因素。

那时候，离开北京，是一个伤感的故事结局。什么时候还能回来？我们俩谁也说不清。老李把一件首尔FC俱乐部的训练棉服送给了我，说是留一个纪念，他说那件棉服曾经给他带来过好运。我们就此别过。

不过，这只是故事的伏笔。在中国执教了快十年的李章洙并不知道，他的另一段传奇经历就要开始了，也许真的是棉服带来了好运气。

李章洙回到韩国，我们依旧保持联系。在一次聚会上，时任国家体育总局的某副局长听到我正在接通李章洙的电话，一把拿过我的手机，非常直白地询问道："李指导，你想不想接手中国国家队啊？"很显然，那个特殊的时期，中国足球并没有哪里是打假扫黑的死角，连国家队都不得不做一些特殊准备。

如果说这只是一个插曲，那么故事的高潮马上就要到来。

二〇一〇年初广州恒大接手广州足球。新上任的俱乐部董事长刘永灼通过张斌要到了我的电话，并且通过张斌约见我。二〇一〇年三月的某一天，我和刘永灼坐在了中国大饭店的大堂吧。对面的这个潮汕人神态从容，面色如水，谈吐沉稳，逻辑性很强，很难判断真实年龄，很久之后我才知道他是七〇后，让我不得不感叹后生可畏。我们持续不断地聊足球，看得出他对足球并不是很在行，但学习的态度相当诚恳。在聊了一个多小时之后，他突然抛出一个问题给我："我想换主教练，你觉得谁是合适人选？"当时广州队的主教练是彭伟国，以恒大的野心，阿国在这个位置上待不久，我是有基本判断的，但如此迅疾的动作和决心还是让我有些错愕。我沉吟了一下，头脑里快速检索我认为的合适候选者，然后马上说出了我的答案，这个过程应该不超过三十秒。

我的答案就是："李章洙"。刘永灼马上追问理由。我稍微理了理思路，逐一说出了我的推荐理由：第一，李章洙熟悉中国足球，恒大不仅要换帅，而且还想当赛季就冲上中超，但新赛季又近在眼前，如果找一个对中国足球完全不明就里的人来，很可能走弯路。第二，李章洙的严格管理思路和刘永灼向我叙述的恒大管理风格很接近，双方很容易形成默契。第三，李章洙对于中国的联赛冠军有一种近乎疯狂的渴望，为了实现目标他可以不顾一切。我还开了一个玩笑，东西南北，李章洙东面执教过青岛，北面带过国安，西面带过重庆，可能实现这个目标最终的地方就是南面的广州了。

而这样的渴望和恒大的野心相得益彰。最后一点，我说恰恰是因为李章洙带过重庆队，他对在炎热地区带领球队训练比赛已经很有心得，这是广州足球不得不考虑的一个天时问题。

听完我的表述，这次沉吟的人换成了刘永灼。片刻之后，他很坚定地告诉我，他这一关已经过了，接下来就是向大老板许家印汇报了，他说，如果大老板也认可，能不能通过我马上联系到李章洙，我痛快地允诺了。

以我对中国足球的了解，更换主帅这种事常常会久拖不决，至少不会立竿见影。不料，第二天我就接到了刘永灼的电话，"你能不能请李指导来一趟北京，我们一起聊聊。"说实话，我被这种速度震惊了。"好，我马上约他！"

在那个周末的晚上，我们几个见面了。

被我从首尔喊来的李章洙并不是非常清楚此行的目的，在电话里我只是说请他来北京一趟，有一个朋友搞足球，想见见面。那个晚上我因为意甲的解说，于是只能把会面安排到晚上十二点之后，我解说完之后，从军事博物馆边上的中央电视台老台飞车赶到东三环的凯宾斯基。在李章洙的房间，刘永灼以及李章洙的翻译，也是好友秋鸣，还有我，开始了交流。

刘永灼开诚布公，把恒大接手广州足球的目标以及投入和决心，一股脑儿地说了出来，并且直言，在跟大老板许家印汇报之后，他们一致认为，李章洙就是目前最适合恒大足球的那个人，希望李指导能够马上成为恒大的主教练。

这一次有点发蒙的变成了李章洙。他大概用了半个多小时的时间才从各种迷惑里走了出来。没有执教过中甲这样的次级别联赛，对中甲并不熟悉，对当年冲上中超没有把握，成了他的最大疑虑。

我打开了随身的电脑，调出中甲联赛赛程，开始和李指导分析起来：

首先广州队目前的班底并不是特别差；其次，最有利的一点是这一年的中甲因为有世界杯的冲击，被拦腰斩断，中间差不多有两个月的休赛期。这正是恒大难得的机遇。前面的十轮比赛只要咬住前几名不掉队，利用休赛期继续补充队员，同时磨合阵容，后面的十二轮相当于又打了一个联赛，恒大就非常有希望一举冲上中超。当然，这里的前提是刘永灼必须如同他保证的那样，不仅要大量引进国内高水平球员，还要继续引进高水平外援。

在一旁的刘永灼一直用开放而坚定的态度，给予了各种肯定的答复。看得出李章洙心动了，他又提出了很多小问题，刘永灼都一一作答。

此时已经是凌晨三点，刘永灼拿出一份合同，真诚地对李章洙说，李指导，这份合同只有两处是空白的，一处是你的签名，一处是你的薪水。你觉得薪水添多少合适，就写上去吧，我保证没有二话。

事已至此，我自觉任务已经完成，于是起身告辞。我只是一个中国足球的参与者、见证者，是李章洙的朋友，也是刘永灼的新交，但我并不是一个经纪人，这个时候我理应回避。我只记得当时我们的目标是恒大足球，三年拿中超冠军，五年一定要冲击亚冠冠军。至于他们到底是以什么价格签约的，我到现在也不知道，因为我从来没有问过。

不出所料，双方愉快地达成了合作。第二天，李章洙就跟着刘永灼去广州上任去了。

二〇一〇年三月二十五日，李章洙上任发布会正式进行。看着电视上、网络上和报纸上的各种新闻，中间大都充满了困惑和不解，我不禁莞尔。

二〇一〇年十月，李章洙和刘永灼特意邀请我前往广州见证他们的冲超成功，我因为工作原因未能成行。二〇一一年十月，恒大中超夺冠已成定局，我再次受邀前往。夺冠后的那个晚上，我和李章洙、刘永灼三人特意小酌了几杯。仅仅一年多时间，我们设定的几项任务都提前完成。李章洙也终于拿到了自己梦寐以求的中超冠军。我索要了一份属于我的礼物：李章洙和刘永灼都签名的恒大队旗。现在它就挂在我家楼梯的某个角落。

那是一段美好的岁月。李章洙在恒大享受着贵宾待遇，他和助手们往返客场不仅能坐头等舱，而且还时不时能够使用一下许家印的私人专机。有一次李章洙的助手，也是翻译秋鸣特别认真地对我说，我知道早晚有一天我会离开恒大，但我一定会去见见许家印，然后真诚地给他鞠个躬，因为他恢复了我们这些中国足球人的尊严，让我们觉得搞足球还是有前途、有希望的。

李章洙和刘永灼也配合得非常好。从对足球并不在行，到后来谈论起球队、球员和俱乐部建设逐步练达起来，刘永灼的变化我一直都看在眼里。他也如实地跟我说，李指导也是他的老师。从李指导那里他学到了很多。当然，这里面不但要有悟性，还得有特别良好的人际关系。在我眼里，刘永灼的情商很高。让我经常想到西方人的一个成功公式，成功 = 智商 + 情商 ×2 + X。其中 X 代表未知因素，而显然情商在成功的概念里是两倍于智商的关键因素。包括他这些年先后引入了这么多内援、外援，如果只是凭借着财大气粗，也很难有这样的成效。

但，事情也总是在变化，常常在不经意之间。

从执教恒大的第二个赛季开始，李章洙就感觉到了一些自己不大能接受的东西。比如孔卡的到来，李章洙从心里是抗拒的。尽管刘永灼告诉我，能够把孔卡从巴西带到广州，他也是费尽了千辛万苦。但李章洙几次都和我直言，没有孔卡，自己的队伍也能拿到联赛冠军。

在这点上，他没有能够和许家印完全想到一起，换句话说，他也想冲击亚冠，但也许迫切性比拿联赛冠军要差那么一点点，而许家印的目标更宏大也更急切。亚冠能早拿就早拿。

或许真的对孔卡的到来心存芥蒂，老李和孔卡的关系一直不融洽。有几次他还把孔卡提前换下，弄得这个急脾气的阿根廷人也很不愉快。

最终老李又一次下课了。在泰国得知这一消息时，他肯定比在北京时还困惑，还委屈。《足球之夜》的记者刘思远用镜头忠实地记录下了那一刻。老李远远地避开人群，独自抽烟，独自化解。都说他是中国通，对于中国的很多事他还是无法完全理解。

后来我们复盘的时候，我也直言，如果你坚持自己的权威地位，当初就不该让恒大引进孔卡，你看里皮到来之后，整个球队都是他一人控制。但是，如果没有孔卡，恐怕也不会有恒大在亚冠赛场上的优势。所以，也许没能和许家印保持思路、目标的一致才是根本，而没能把球队完整地控制在自己的手里，则是他可能存在的失误。其实，根本还在于李章洙无法理解许家印为什么会如此不顾一切地去追求那个亚冠冠军。说到底，他还是一个韩国教练。

五比一大胜全北现代一度让全亚洲俱乐部感到震惊，恒大的攻击力太过强大。但即便如此，许家印还是希望给亚冠冠军加一个重磅筹码，那就是里皮。所以李章洙的离开也只能是一个无可奈何的选择。

不过大家都保持了足够的风度，因为第二年当恒大打进亚冠决赛，客场出战首尔 FC 时，李章洙还来到现场观战，他和许家印在包厢里不期而遇，大家还很热情地打了招呼。站在足球的角度，我很同情李章洙，但站在老板的角度，你也无法指责许家印。

因为在天河，当恒大登上亚洲之巅时，几乎没有人还会记起这里曾经的主人李章洙。

李章洙说，他很感谢中国，让他在异国他乡获得了成功，也在韩国国内赢得了尊重。他希望有一天能够用另外一种方式报答中国，比如在青少年足球培训上多做一点事情。直到今天我们仍然会不定期地通通话,他可以用汉语毫无障碍地和我沟通。对中国足球的风吹草动,他依旧洞若观火。所以,他已经不会再离开中国足球了,那个远在首尔的韩国人已经在心里织起了密密的中国结。

高洪波

一九八五年,我就认识了高洪波。当然,那个时候他还不认识我,因为他已经在国青队扬名立万,而我还只是一个高中生。

一九八六年,我在人大校园第一次见到高洪波,他正隔着学校校园运动场的铁丝网观看一场普普通通的女大学生的篮球比赛。后来我才知道,他的女友,也是后来的太太,正是我的大学同系师姐。

一九九六年之后,因为工作原因,我们的交集渐渐多了起来。

下面这篇文字,是我第一次分析高洪波。那应该是他率领长春亚泰队第一次获得中超冠军。

熟悉的陌生人

我们平常以为非常熟悉的人,其实我们可能并不真正了解他。

看完了高洪波夺冠之后接受我们记者的专访,我首先想到的就是这句话。

最早知道他,还是在一九八四年前后,当时张志诚带领着中青队,先是在孟加拉所向披靡,老张的儿子小张,张焱是那次比赛的最佳射手。转眼到了亚青赛决赛，本来期待张焱的继续发挥，却从斜刺里杀出个高洪波。只见他头顶脚踢，独进五球，不仅拿下了最佳射手，还帮助中国队夺得冠军。从此记住了这个身材瘦削的杀手。

一九八五年，高洪波和队友们在苏联的世青赛上表现得也相当抢眼。他们首战负于墨西哥，然后平了巴拉圭，战胜英格兰，杀进了前八。

四分之一决赛，中国队挑战东道主。开场就丢了一球，不过，随后的比赛，中国队越战越勇，最后一分钟，高洪波有一个绝杀的机会，可惜被对方的门将扑出。谁让苏联盛产门将啊。中青队没能继续创造历史。但是，那支队伍，不仅有高洪波，还有高仲勋、杨为健、宋连勇、鞠李瑾、董玉刚、宫磊、傅博、徐弢等一批青年才俊。可惜由于咱们自己不懂得珍惜，好端端一个队伍就这么无声无息了。

后来，对高洪波的了解逐步多了起来。知道他是徐根宝的爱徒，小时候跟着徐教头的自行车练体能。也知道他不论怎么努力，也没能进国家队。只能在国家二队充当射手。

到了一九八六年，我考进了人民大学。一个偶然的机会，在校园里看到一个熟悉的身影。这不就是传说中的冷面杀手吗，怎么会在这里？后来问问高年级的师兄才知道，高洪波的女友就在人民大学新闻系就读，还是我的学姐呢。她后来成为了高洪波的贤内助，供职于中国足协。

等到职业联赛开始之后，高洪波也到了运动生涯的晚期。即便这样，他还是经常利用敏锐的嗅觉为北京国安得分，后来，他被徐根宝拉到了松日。在那里，他不仅成为了最佳射手，还完成了从球员向教练的过渡。

高洪波带领松日的那段时间，表现得已经很不错，被业内一些人士看好。后来，他又执教厦门，同样干得有模有样。

今年能够北上亚泰，有厦门方面的变故，也有亚泰原教练组离开的背景，还有相关人物从中做媒，这才成就了他和亚泰的这段情缘。

在我成为一个足球记者之后，我和高洪波有过几面之缘，在他赋闲家中的一段时间里，我们甚至还在一起踢过野球。不过，不善言辞是我对高洪波的第一印象。所以，我们的交流谈不上深入。

他对我而言，还是那种熟悉的陌生人。我对他的观察，也和大家差不多，都是远观，没有近瞧。

《足球之夜》里播出的高洪波专访，是我这么多年来，见到他说话最多的一次。

其实，前两年在厦门的时候，我们也曾经采访过他。可能是由于对自己还没有太多自信，或者因为队伍和自己的成绩，他表现得非常低调。只在一次访问中吐露了自己的心声，那就是要成为未来中国队的主教练。

据了解他的一些队友跟我介绍，高洪波平时就非常低调，是个很内敛、心思重的人。他有自己的主意，对于他认为的有本事有能耐的人，非常尊重。但是，由于不够外向，他的朋友并不多。

不管他是个什么样的人，在成为一个职业教练之后，他的进步还是非常明显的。有些思路，我觉得在中国教练里，还是比较超前的。

比如，他信任自己的助手和团队。荷兰来的助手负责进攻，后卫出身的杨为健负责防守，而高洪波则是一个意见的听取者和左右的决策人。

这番话，让我联想到两个人。其一是克林斯曼。二〇〇六年世界杯，克林斯曼不仅率领德国队杀进四强，而且他还成功地颠覆了整个德国对主教练这个角色的认识。在克林斯曼周围，有战术专家勒夫，有守门员教练科普克，还有专门从美国带来的体能训练师，以及公关主管比埃尔霍夫。克林斯曼不再是个所谓的主教练，而是一个管理团队的经理。有了这个团队的默契配合，德国队才能在一片悲观声里越走越远。而今，虽然他已经挂印而去，却给德国足球留下了丰厚的遗产。另一个我想到的人就是朱广沪。今天的朱指导已经起身远赴他乡继续学习，精神当然令人钦佩。然而在他执教中国队期间，虽然周围有不少帮手，却没有看到他能够把这个团队很好地团结在一起。一个只相信自己，不相信助手的人，其下场也很可悲。高洪波还是个年轻的主帅，能够有这样的胸襟和手段，自然令我刮目相看。

　　高洪波还面对我们的镜头第一次披露了八月的波动，和自己的父亲去世有关。听到这些，我不由得为之动容。做一个职业教练需要付出的，远比我们想象的更多。

　　亚泰的队员还告诉我一些故事。本赛季，宗磊有一场比赛发挥得不够理想。比赛结束之后，高洪波找到他说，明天早晨六点，我们在基地楼下见面。这样的命令让宗磊很是摸不着头脑。难道对一个队员的处罚一定要从早上六点开始吗？第二天，惴惴不安的宗磊在楼下见到了高洪波。两个人坐上高洪波的座驾，直奔高尔夫球场。在球场上，他们一边打球，一边聊天，高洪波告诉宗磊，不要有太多顾虑，只管在球门前正常地发挥。他和教练组绝对信任自己的门将。宗磊感觉，自此之后他的内心变得非常平静，在门前则变得信心十足。

　　高洪波，今年用一个冠军证明了自己具备了相当的实力，他正在跻身国内一流教练行列。

　　然而，当有些人迫不及待地喊出让高洪波执教国家队的口号时，我还是要表示谨慎的反对。

他还需要历练，在国内的赛场上，他还能够得到更多的经验，包括教训。如果大家真的希望我们的国产教练能够有所作为的话，就应该先给他一个更好更宽松的环境。而高洪波自己，也需要在这样的锻炼过程里，逐步完善和丰富自己。他还有许多上升的空间，他也还有很多需要改进的地方。

至于他能不能成为国家队的主帅，只能由他和时间一起给出我们最后的答案。

后来，高洪波终于成为了国家队的主教练。他应该很快就感受到了，这个位置和一个联赛球队主教练压力与环境的不同。刚一上任，高洪波就把目标定在了二〇一四年的世界杯。我依然用一个记者的眼光，打量着他。

守正出奇　始有希望

高少帅点兵升帐，新国家队用三场热身赛作为重新开始的宣言。把目标定在二〇一四巴西世界杯则是这支国家队的雄心壮志，而听到这样的豪言壮语，我们却已经不再像过去那样容易被感动。

原因很简单，中国足球一贯的表现会让最坚强的人失掉坚强，会让最自信的人没了自信。不必再多说国家队既往的历史，只说刚刚结束的亚冠小组赛就又一次让球迷、媒体没了脾气。我们的队伍既没有和日韩俱乐部全面抗衡的实力，也没有稳胜东南亚球队稳定的水平，以这样的状态去冲击二〇一四世界杯，实在让人没有底气。

当失利连番到来的时候，我甚至开始怀疑在中国足球的体内藏有某种诱导失败的可怕基因，而这种基因总在最危险的时候发作。所以，假如新组建的国家队还是延续着过去的旧哲学、老套路，那么，他们成功的可能性就近乎为零。

当然，我这样说并非认定他们毫无机会，而是想说明，在过去的怪圈里打转转，我们也就只能接受过去的失败，在中国足球整体低迷，水平没有明显提高的大前提下，国家队要想从局部获得突破，就必须引进新思维，改变传统观念，唯有守正出奇，中国足球才可能出现曙光。

那么，到底什么是新思维，什么是新路子呢？

在我看来，它不是简单地包括用电脑分析比赛，引进新的设备手段来辅助训练，或者请心理专家来做辅导，还应该在更多的习惯做法上进行改革。比如，寻找到球队的核心，树立起真正的核心，虽然高指导一直在强调足球是个团队项目，但过去，我们的做法不一直是用团队意识来模糊核心球员的作用吗？这样的做法，到最后就演变成了没有个体，也没有团队。为什么徐亮在接受《足球之夜》采访时，对进入国家队兴趣不大呢？因为他不是一个可以因为团队就改变个人风格的球员，让他去了国家队就要给他合适的位置，否则，在国家队一天，他就要受一天的煎熬。我们不妨看看那些成功的队伍都有什么经验。

弗格森在曼联的二十年，可以分成不同的时代，而每个不同的时代都有一个核心人物，从罗布森到坎通纳，从基恩到现在的C罗，他们都是队伍的绝对核心，他们不仅在技战术层面上起着核心作用，更在精神和意志力上深深地影响着这支队伍。我并不同意中国没有这种合适的核心球员的说法，其实，即便是一个业余球队，它也需要自己的核心队员。从目前新一届国家队的构成来看，郑智就是这样的合适人选。

提到郑智，就不能不提到杜伊。很显然，郑智和杜伊在国奥队和国家队的最后时刻，留给双方的都是不够美好的记忆。但，主帅和核心的碰撞并不能掩盖任何队伍都需要核心球员的规律。其实，上任伊始，杜伊还是非常看重郑智的作用的，只不过在后来的过程里，因为太多因素的干扰，才导致了摩擦和摩擦的公开。仍然以弗格森为例，当他意识到球队必须进行改变的时候，他的手段从来都是干净利落。从他赶走黑风双煞、斯塔姆和小贝，包括基恩的决绝，就能看到他维护团队的强烈决心。换言之，假如郑智不是合适的人选，那么，国家队需要做的不是把他留在队伍里当成一个普通球员使用，而是要坚决地拒绝他。就像当年雅凯拒绝坎通纳，就像二〇〇八年西班牙拒绝劳尔一样。

在团队和核心球员之间找到合适的平衡，是任何一个队伍获得成功的关键，而在过去的时间里，中国队在这个方面做得最差。

一九九七年的国家队，范志毅和郝海东互不理睬，这段后来尽人皆知的故事，当年被深深地掩盖着，结果是表面的和谐总要被比赛的残酷剥去外衣，从而在暴露出球队矛盾的同时，还要承受失败带来的恶果。这就是中国足球留给我们的教训，倘若这样的教训还不足以让我们警醒的话，那真的叫人无话可说。

其实，所谓树立核心，又要追究到另外一个核心问题，那就是主教练的权威。只有一个在球队当中有绝对控制力和影响力的主教练，才可能去按照自己的意志树立核心并建设团队。假如他只是个训练师，被迫要接受来自各方影响的话，那么，可以预计的是，他在这个位置上不可能长久，因为，违背了足球的规律，就必然要接受规律的惩罚。

这也是中国足球留给我们的教训。

记得朱广沪当年上任接受我的采访时，曾经提到自己专程拜访过前任戚务生，而前任给自己的忠告之一就是要能坚持自己，而最终让朱广沪重蹈覆辙也依然是没有能坚持下去。今天，刚开始自己冒险生涯的高洪波能做到吗？也许，我们不应该只把这个问题提给他，更应该把这个问题抛给中国足协。

其实，所谓技战术，首先要建立在一个团结、拥有真正核心和主帅的队伍基础之上。舍此，其他一切都无从谈起。

类似的所谓新思维，其实还有很多，只是不知道到底有多少能够得到真正的落实，而最后的落实情况也就决定了这支国家队最后的命运。

二〇一一年的亚洲杯，是对高洪波的一次大考。很遗憾，他的队伍表现并不理想。随后他也终于离开了国家队主教练的位置。其实，我摘录的两篇文字只能说明在不同的位置上，要求的不同，也是责任的不同。对于中国的年轻教练，我渴望他们能早日突破，但一切都需要用实践来证明。好在从教练这个岗位看，高洪波也好，后来的李铁、李金羽等人也好，都还很年轻。留给他们的机会自然很多。

李铁在恒大期间，我们的交流就很多，我当时半开玩笑半认真地对他说，许家印老板相当于花了巨资，给你聘请了一位私塾老师呢，你可一定要把握好。李铁则拿出了他做的厚厚的一沓训练笔记作为回应。如今他也已经离开了恒大，开始在实战中独立接受考验。

从一个年轻教练到成熟的合格的优秀教练，挫折、起伏乃至失败，几乎都是不可避免的。放在中国的年轻教练身上，则更多了一份怀疑甚至是不信任。突围，不容易，但也必须突围。这就是他们这一批人必须面对的现实和挑战。

金志扬

金志扬和徐根宝同龄，做球员的时候，徐根宝的名气更大。做教练，也是徐根宝先崭露头角。两个人真正的较量从一九九五年开始。那一年徐根宝的申花队拿了联赛冠军。金志扬的国安虽然在冠军争夺上功亏一篑，却在外战中替中国足球大大地出了一口气，所以，输了联赛，他并不服气。外界则干脆用一句谁也不得罪的总结给一九九五年定性：国安年，申花运。

金志扬善于调动球员的情绪，尤其是关键比赛，他的这种能力尤为明显。时间长了，就得了一个金政委的称号。

作为老资格的教练，他很喜欢学习。一方面，小时候的成绩不错，不像后来的球员因为过早专业化而荒疏了学业，另一方面，在他真正开始独立执教之后，本土教练面对着洋教练的竞争，也迫使他不得不迎头赶上。

在带队迎战外国队伍的时候，他可以激发大家的爱国热情，但这并不意味着他是一个民粹主义者。二〇〇〇年，米卢从他手里接过了国家队主教练的教鞭，他后来更一度成了米卢的助手，但他并没有因此心生罅隙，反而是最早站出来支持米卢"快乐足球"理念的国内足球界人士。没有偏见，且能够毫无保留。他的胸怀给我留下了深刻印象。

再后来，他干脆一头扎进大学，开始了校园足球的努力。他把北理工带进了中甲，并且时至今日。在资金不富裕、学生球员流动大、外援难觅的情况下，北理工依旧顽强地屹立在中甲之中。

虽然这样的独木并不能改变中国校园足球孱弱的事实，但北理工的存在还是让更多人看到了体教结合这条路有走通的可能性。而他在被确诊身患重症的情况下，依然奔波在各个宣传校园足球的活动里，并且逐步把足球的普及和推广与改变中国教育、中国下一代整体素质联系在一起。

现在的他很喜欢别人叫他金教授，这和他出生在文化家庭有关，另一方面，他也用这样的方式强化着人们对校园足球的印象。如今他俨然已经是这样的一个符号和代表。基层的活动少不了他，高层的研讨会、决策会也忘不掉他。

中国足球因为有了这样的奉献者也因此总还能给我们一种希望。多年之后，当中国足球真正崛起了，我们仍然应该记住他今天的努力。

科萨

米洛拉德·科萨诺维奇，一九五一年一月四日出生于塞尔维亚，作为家中的长子，很好学，好奇心、挑战心也强，他还有一副火暴脾气。科萨从三十二岁开始了他的足球教练生涯。一九九七年在著名的贝尔格莱德红星队任职。一九九九年夏天经当时南斯拉夫国家队主教练也是科萨恩师博斯科夫建议，与正处于保级关口的武汉红桃K队签了半年合同。在二〇〇〇至二〇〇四年以及二〇〇八年两度担任大连队主教练，二〇一〇年出任陕西队主教练。

如果说米卢是我的足球启蒙教练，那么科萨也算得上是我在足球领域里的良师益友。我们不论是在机场的咖啡厅里，还是在酒店的大堂吧，都有过关于足球的探讨，当然一般情况下，是我问得多，他答得多。

一九九九年以美国为首的北约轰炸了南斯拉夫，整个南斯拉夫陷入了战火纷飞之中。全国上下没有人能正常地工作和生活了，联赛自然也是没法打了。科萨带着妻子玛亚和儿子尼古拉到了离诺维萨德市不远的一个小村子，科萨在那有一所小房子。那几个月的闲居生活带给科萨的唯一收获，就是长了十几公斤的体重。突然有一天，科萨接到一个中国人的电话，他叫杨善朴，是北京一家影视文化公司的老总。一九九八年就是杨总和他的公司策划邀请南斯拉夫的贝尔格莱德红星队到中国进行三场友谊比赛。当时红星队的主帅就是科萨。三场比赛的结果是，红星队二比〇胜北京国安，三比一胜上海申花，二比〇胜四川全兴。杨善朴问科萨是否愿意到中国一个不是很大的俱乐部执教。科萨的回答说："我现在反正也是闲着没什么事儿，我正想逃离这个地方，这里实在是太没劲了。不过我只能签五个月的合同。"

事实证明科萨的选择是对的，那个赛季结束之后，有三家俱乐部都找到他，分别是上海、北京和大连。最终是王健林打动了科萨并把他带到了大连。据科萨介绍，上海的合同条款里有必须夺冠的约定，但王健林却没有给科萨这样的硬性指标。在科萨看来，足球这东西不可能说去承诺什么，因为你根本就无法承诺。如果有人对你承诺他会夺冠，那他就是个骗子。

虽然聘请外籍教练已经有了一段历史，但我们依然可以从科萨的经历中看到，我们的俱乐部在那个时代还很不正规。外教也好，外援也罢，依然在和中国足球的传统思维不断地碰撞着。某种意义上说，这也是他们对中国足球的另外一种推动。

一九九九年十二月九日，足协杯首回合比赛在大连市体育场拉开战幕。上半场快结束时，山东队的宿茂臻以一记手球把球打进了网窝。事后包括宿茂臻都承认那是个手球，但边裁就是不举旗，当值日本主裁判边跑边看边裁，然后手指中圈处。中场休息时有队员指责边裁不公，科萨很耐心地跟他们讲："上半场已经过去，不要想那个球是不是手球了。下半场我们要重新开始！是男子汉咱们场上见！"下半场王涛上场，科萨告诉他："我希望你像'野兽'一样杀到山东队的禁区。"仅仅一场比赛，科萨就用自己很有煽动性的语言给球员们留下了好印象。大连万达在下半场一比一扳平了比分。在比赛还剩下四分钟的时候，科萨扭过身子对翻译刘仁铁说："Thomas，要是没有那个手球，这场球我们不就赢了吗？"

其实他还是很在意。

第二回合的比赛，大连万达没能在客场翻盘，队员们对自己遭遇的各种不公待遇很是不平。回到休息室，守门员韩文海还流下了眼泪，"我踢了十多年球，从来没有哭过，可今天我实在是忍不住。太冤了！"前锋王涛也说："今天这场球是我今年踢得最玩命的一场，就差一两分钟就要结束了，太遗憾了！"这时科萨走过来和每位球员握手致意，大声说："小伙子们你们踢得不错！我知道你们已经尽力了。这就是足球！我希望你们能挺起胸，抬起头，明天我们会夺回我们所失去的一切！"

那天夜里十一点半，科萨又突然很兴奋地和翻译说："你看今天的比赛录像，孩子们今天踢得非常好，按照我的部署打。他们的接受能力非常强，明年看我们的！"说完科萨握紧了拳头，又使劲挥了一下。

这些故事都是科萨的翻译刘仁铁亲口告诉我的，甚至很多细节他都有文字记录。从这些例子中，你就能看到一个好教练是怎么逐步和球队融为一体，并逐步能够驾驭自己的队伍。

后来的科萨在中国获得了巨大成功，他也成为球员们非常喜欢的一个主教练。甚至大连队一度距离亚洲冠军很近很近。

我们会记住这些优秀教练对中国足球的帮助，当然他们每个人都因此赚得盆满钵满。同时我们也要知道，在对外交流的过程里，这些人也是中国奇迹最好的见证人和传播者。比如，有一次科萨带武汉红桃K队到贵阳打松日队，晚上在贵阳街头散步，走到一条食街，看着热气腾腾的火锅店，各种精美的小吃和往来的人群，特别是推杯换盏的嬉笑声，所有这一切无不令科萨感慨，联想到自己的祖国正饱受战火的蹂躏，于是他用手机给妻子玛亚打了一个电话："玛亚，你知道我在哪里吗？我在中国的贵阳。告诉你，中国正在进行一场'革命'。'革命'你知道吗？就是说中国已经发生了天翻地覆的变化！"

期望有一天，在中国的足球场上，重新回来的科萨也能发出这样的感叹。我们还是加紧赶路吧。

第二十章
球员们

赵达裕

一九八四年一月二十日,印度的尼赫鲁金杯,中国队遭遇阿根廷。这支阿根廷就是一九八六年获得墨西哥世界杯冠军的那支队伍的雏形,除了球王马拉多纳没有来参赛之外,布鲁查加等名将悉数登场。中国队在那场比赛里和对手打得难解难分,并且在比赛即将结束的时候,通过一系列配合,最终由赵达裕一击致命,一比〇,中国队史无前例地击败了世界冠军球队(此前阿根廷曾经获得过一九七八年的世界杯)。

时年二十四岁的赵达裕一战成名。

而此前,关于赵达裕该不该入选国家队一直存有争议。原因很简单,就是他的身高。只有一米六二的赵达裕技术精湛,意识出众,早已经在国内赛场声名显赫。但以这样的身高踢前锋的位置,还是让很多专业人士耿耿于怀。

当时中国队的主教练曾雪麟力排众议,把他带进了国家队。是不是因为同样来自广东,才让曾雪麟格外地看重这个矮个子球员,我们不得而知。但事实证明,曾雪麟的选择确实眼光独到。赵达裕不仅帮助中国队击败了世界冠军，还在各项比赛里屡立战功。在当时的一项经典赛事——长城杯上，赵达裕曾经上演过连中三元的好戏，随后在一九八四年的亚洲杯上，中国队又杀进了决赛，获得了最后的亚军，这也成了相当长一段时间里中国队的最佳表现。直到二十年后，中国队才在本土举行的亚洲杯上再次进入决赛。赵达裕一直是那支队伍的主力。

其实，他的足球生涯始终不那么平顺。青年队时期的赵达裕就已经表现出了很好的天赋，否则他也无法在层层选拔中，一直熬到了差一步就能进入专业队的阶段。可是专业队就像是在和他开玩笑。每一次上面的队伍来选人，他都能进入到最后的选拔，又屡屡在最后功亏一篑。

落选的赵达裕用更加勤奋的训练以及疯狂的过人、突破和射门来发泄不满。他曾经亲口对我说，我恨不得过完足球场上的每一个人，然后再射门得分。

在中国足球现代史上，人们公认的天才不多。另一个以"志行风格"闻名遐迩的广东人容志行也是其中一个。老一代足球人对他的评价是：一个人、两个人围攻容志行并不能看到他的出色，往往是对方三到四个人一块来抢的时候，容志行才会显现自己的与众不同，他总能用出人意料的方式摆脱，或传球或突破。

就在赵达裕的告别仪式上，年长的容志行也前来给晚辈送行。在容志行之后，赵达裕差不多是最接近他成就的一名广东球员了。

他是传统体育体制下的产品。青少年队教练从踢球的孩子里选拔出他们认为的可造之材，然后进入少体校训练，再沿着各省市青年队、成年队直到国家队的阶梯层层选拔。和今天无序的中国足球人才培养体系相比，这个系统虽然普及面不广，却也还有着一定的效率，可以选拔出类似赵达裕、古广明、麦超、区楚良这样不错的球员。

在生活水平普遍不高的那个时代，专业运动员的待遇还算不错。不仅可以进入国家编制，拿着固定的工资，而且还能时不时有出国比赛的机会，也算是社会的中上层，因而，这个工作（我们姑且称之为一个工作）也还具备一定的吸引力。

那个时代也存在着某种假球，但他们更喜欢把它叫作"默契球"。因为一条香烟，或者一顿饭，就可以搞定熟悉的对方球友，或放自己一马，或给出另外的方便。这是人之常情，无可厚非。

但那个时代的球员也经历着社会变革、时代进步的磨砺。改革开放之后，广东地区比其他地方更早地接纳了市场经济，也因此会让球员遭受着各种冲击。

那个时代的中国体育也在不断发生着各种各样的变革。举国体制并不是一成不变，尤其是深受国人关注的国足。成绩好，掌声一片；踢得不好，也很容易招致骂声连连。赵达裕在国家队的主教练曾雪麟在经历了"五一九"失败后，就接到了各种各样的信件，里面偶尔有刀片，让他自我了断；或者是臭鞋垫，表达着球迷变态的不满。

嘈杂的环境让球员的心态也不那么平静。赵达裕在后来的国内比赛里，就被铲断了腿，足球生涯遭遇严重打击。

再没有恢复到最佳状态的他，出国了一段时间，回来后进入商界，创办了自有的体育品牌，算是小有所成。不过，赵达裕还是更喜欢从事与足球有关的活动。他创办了足球学校，虽然举步维艰，也算培养了一些新人。包括彭伟国在内，很多广东球员都得到过他的指点和教诲。

我们不能假设赵达裕如果赶上今天的环境会取得怎样的成就，我们也不能简单地认为如果是在今天，他一定会取得更大的成功。

公平地说，他是中国体育变化的见证者，也是努力在试图改变中国体育和中国足球的实践者。年过五十的他偶尔还会踢球，哪怕胖了，慢了，他的一招一式还是能够让你看出他的足球造诣。他还经常参加一些足球活动，他和许多足球人一样，呼吁中国足球必须从教育的改变开始。

就在他去世前几天，政府关于振兴中国足球的五十条公布了。不知道躺在病床上的他是否听到了这个消息。但，对于此刻已在天国的赵达裕来说，五十条唯有落到实处，才是他最大的安慰。

范志毅

喜欢他的人会说，小范够义气、豪爽，值得一交。

不喜欢他的人会说，他就是个脾气暴躁的运动员，思维简单，逻辑不清。

有很多例子可以印证双方的说法。比如小范和别人吃饭，最后买单的一定是他。不仅在上海是这样，甚至他到了水晶宫踢球的时候，他也喜欢抢着买单，这让习惯了 AA 制的老外也很是惊奇。再比如无论在哪里，小范一定是那个位于核心的人。他就是传说里那种不能被忽视的朋友。在退役之后，有段时间他执教一支很贫困的乙级球队，队员们甚至连买训练装备的钱都没有，范志毅跑回上海的家，把自己的球鞋收拾了几十双，带到队伍，让队员们随便选，随便用。

到现在，很多老资格的球迷也还能记得一九九六年亚洲杯上，范志毅怒吼刘越的那一幕。

同样，一九九七年申花在工体输给国安一比九，赛后面对《足球之夜》的摄像机，范志毅令人意外地流泪了。他夺冠的时候没哭，在中国队罚丢点球未能世界杯出线的时候没哭，却在这样的一场联赛之后放弃了对情感的控制。

某年某月某日的晚上,小范悄悄地从申花基地溜出来,和朋友们一起出去吃饭,将要进入饭店的时候,他们看到一个外国人和出租车司机因为什么事情吵闹了起来,混乱之中那个外国人用英语骂了一句,China Pig(中国猪)。看热闹的小范一下子发火了,冲上去就和那个外国人理论起来。朋友们好劝歹劝才把他拉进酒店。大家说,你也是悄悄溜出来的,事情弄大了,你怎么跟教练、俱乐部和球队交代啊?但小范并不这么看,他说,谁让他骂"中国猪"了,他们如果只是吵架那是他们自己的事,但骂"中国猪"就把所有人都包括进去了,我就必须让他赔礼道歉。

也许他很早就开始代表国家队比赛,对国家意识更加敏感,也许那一刻他已经把那个出租车司机当作了自己的队友,当队友受了委屈的时候他是一定要出头的。这可能看起来并不是一个标准的上海人,却是十足的球场领袖,或者球霸的做派。

还有另外一个例子非常有趣。中国队进军世界杯之后,范志毅当选亚足联足球先生,他又迎来了竞技生涯的第二春,同时也吸引了很多商家和客户。有一单广告,在完成之后对方准备汇给他美金,但美金入境多少有些麻烦,于是商家问他有什么办法,刚好范志毅在泰国有一个半熟不熟的朋友,那个朋友就说,汇我吧,我给你带回去不就行了。于是,范志毅就痛快地答应了。

结果,款汇了,那个朋友也失踪了。后来才知道他因为赌博,把那十二万美金都输光了。

故事到这里还没有结束。若干年之后,范志毅到泰国玩,又意外地联系上了这个朋友,大家坐在一起喝酒聊天,就像什么都没有发生过一样。这样的情节让很多小范的朋友都大吃一惊。大家开玩笑说,原来你的世界杯是为那个泰国朋友踢的。

在和恩师徐根宝的关系上，范志毅也表现出了非常矛盾也非常有趣的一面。一九九五年他们情同父子，一九九六年之后渐生嫌隙，到后来一度形同水火，二〇〇三年上海德比时，以"空心萝卜"为代表的争斗已经完全暴露在公众面前，一切都因为徐根宝在做战前动员的时候，把小范比成"空心萝卜"，一下子激起了他的好胜之心，一定要用一场胜利还击曾经的恩师。不过，到后来峰回路转，范志毅不仅追随徐根宝去崇明岛执教了一段时间，还和徐根宝一起带领着年轻的队伍获得了全运会足球比赛的冠军。闹起来轰轰烈烈，好起来也自自然然。如果没有一颗足够豁达的心脏，怕很难做得来。

每个人都是一个特殊的个体，完全不能复制。不过他的故事却依然可以看到许多必然和逻辑。

小时候的范志毅经历过一次很大的伤病，几乎要毁掉他的足球生涯，为了疗伤，在很长时间里，他都必须一个人乘坐公交车到很远的地方单独接受治疗，而那样的治疗又因为过于残忍，很多人都劝他还是别踢球了。这是后来范志毅非常引以为豪的一件事：他不仅坚持下来了，而且成为了中国最好的球员。

也许这样的坚韧是天生的，但后来的霸气也确有人为的因素。一九九五年之后的范志毅确实膨胀过一段时间，周边人不负责任地吹捧，让他确实可能产生了一种无所不能的虚幻。幸好中国足球依旧孱弱，在这样的基础和环境里，无法诞生真正的巨星。

不过，对于范志毅的霸气，有必要从足球的角度上重新解读。在很多国人的心里，喜欢的往往是小说或者虚构的英雄，却对现实世界里的强者不以为然。其实，在自己的球队里树立核心是许多国外俱乐部和教练最常见的做法。有了核心的球队是不容易散架的，有了核心的球队也很难被彻底击败。这个核心既可能是球队的队长，也可能是技术或者实力的强者。在英超赛场上，当年曼联的基恩和阿森纳的维埃拉的对立，一度是国际足坛的最大看点之一。一旦这样的人物出现在我们的赛场上，就会有人迫不及待地把"球霸"的称谓强加给他们。对于如何建设和营造一个球队的良好氛围，我们不论从媒体和球迷，还是专家以及实践者都没有清晰的认识。

当然基恩在自传中就曾经毫不避讳地写到，每次自己的爱尔兰亲戚成群结队来访，他们要观看比赛，就逼迫基恩把俱乐部分配给小球员的球票克扣一些。因为在英国，分配球票的工作是由队长完成的。

其实除此之外，一个好的队长还会配合教练，把球队的很多问题化解于无形，他在球队内部所起到的黏合与勾兑效果是主教练也时常力不从心的。

穆里尼奥回忆，二〇〇四年他带领的波尔图一路杀进欧冠的半决赛，客场比赛的头一天晚上，他和助手们在外用餐归来，看到自己的队伍从酒店鱼贯而出，一问才知道，是队长带领大家开了一个会。在没有教练的时候，他们自己在分析比赛，分析对手。然后大家决定一起出去聚餐。穆里尼奥说，目睹此景，他深信自己的队伍一定能取得最后的胜利。

所以队长或者核心是应该在场上成为另一个主教练的。他要鼓舞士气，凝聚人心；他要身先士卒，以身作则。

遗憾的是，中国足球这么多年来，还没有形成这种核心和队长的文化。不患寡而患不均的大锅饭思想，出头的椽子先烂的中庸之道，都影响了这样的文化的出现和生长。为此我还专门写过文章进行探讨。

我的团长在哪里

对于一支刚刚组建的国家队,选秀永远只能是一个序曲。真正的生活不过是才开始。

既然要拉开架势过日子,就得有过好生活的打算。鸡毛蒜皮,零零碎碎,摆在当家人面前的总是问题成堆。作为一个旁观者,说出任何一样,都似乎是必须马上解决的要务,总需要人家一个一个地给出。所以,下面我提出的应该是个小案子,但,也需要未来给出一个答案。

我的建议是,给我一个团长。

所谓团长,其实只是一个代称。具体而言,就是给国家队选出一个真正的队长。

一个球队必须要有一个队长,他所担负的不仅仅是带领队伍入场,也不仅仅是负责和裁判握手、挑边。一个队长的任务,绝对需要我们在这个时候,进行一次认真的考量。

二〇〇〇年之后,如日中天,拥有齐达内、亨利、维埃拉的法国队却没有一次在世界大赛里称雄,其中的原因可能有很多,但在我看来,缺少了一个名副其实的队长是重要因素之一。

在此之前,法国队的队长是德尚。一个个头不高,地位也不算显赫,却是整个队伍不可或缺的人物。他在场上是后腰,是一个兢兢业业、追逐足球、完成承上启下、串联队伍的人选。但如果你只是如此定义德尚,显然不够全面。他还是法国队的队长,一支队伍在场上真正的精神核心。

他会在困难的时候激励队伍,他会在顺利的时候稳定队伍,他能够在主教练和队伍之间架起一道桥梁,他是队伍的首席小提琴,他是更衣室里的重要人物，他是平衡队伍内部关系的重要砝码。

这就是一个队长的价值。除了德尚，我们还可以举出很多例子。一九九四年巴西队的队长邓加，阿森纳马踏英超时候的维埃拉，曼联三冠王时代的基恩，意大利荣膺二〇〇六年世界杯冠军时的卡纳瓦罗。

把这些成功的队长进行横向的比较和分析，你可以发现，他们永远是教练们可以信赖的朋友，他们可以摆平队伍内部纷繁复杂的各种关系，他们让一个队伍在场上比赛的时候，比别人更容易形成一个整体，他们传递的永远是一种永不言败的精神。

如果我们用这样的标准来衡量中国足球，你突然发现，在我们的足球史上，似乎还缺乏一个真正意义的队长。

米卢时期，我们曾经为范志毅和郝海东场上真诚的拥抱所感动，但如果这算是我们打造团队的经典的话，从另一个角度，恰恰说明了中国足球真正的欠缺。一个主力后卫和主力前锋从不说话的队伍，如何能赢得胜利呢？而我们却容忍了很多年。

而在米卢前后，我们都没有过成功的范例。这也许就是我们无数次失败幕后，潜藏的一个重要原因。

以最近为例，郑智曾经是我们寄予希望的队长人选，但他可以是次一等的齐达内，却无法成为次一等的德尚。他可以完成一些基本的战术要求，却不能把一支队伍变成一支铁军。

包括李玮峰在内的诸多人等，也都没有完成上述任务。这个时候，我们可以抱怨中国足球的土壤过于贫瘠，根本就不可能诞生合适的人选。但反过来让我们扪心自问，在一支队伍的组建过程中，我们又在多大程度上重视过这个问题呢？

我们习惯于对队内滋生的各种问题熟视无睹，我们习惯于在更衣室内群龙无首，我们更不怕在场上让队伍变成散兵游勇，我们独独没有想过怎么样才能培养一个合格的队长。

诚然，有些人天生是队长的合适选择，但，更多时候，你需要给自己的队伍培养出一个精神核心，甚至不止一个。

你需要他在关键时刻挺身而出，他在场上除了完成自己的任务之外，还能协调好整支队伍，特别是危急时刻，他可以用自己的力量去执行教练的部署，并把精神变成获胜的武器。

所以，当国家队雏形显现，一个队伍要开始自己的漫长旅程时，我希望，我们的教练组也能把培养这样的一个人选作为自己的重要任务之一，这块一直以来中国足球的短板，能够在高洪波时代得到有效的提升。

孙继海从英国回来后，有一次我们聊到这个话题，他也是很有同感，最后用他特有的东北式的幽默总结了一句：我们的队长就是挑边的。

在我看来，范志毅差不多就是迄今为止，我们看到的中国足球里最像西方球队队长的队长，和他差不多的还有魏群。他们那种舍我其谁的性格正是一个球队最需要的一种气质。当然，因为中国足球的特殊环境，无论小范还是魏群等人，也都有自己走不出的怪圈。

未来，我们只能等待着真正的队长的出现。

郝海东

有一次我采访梅西。我的第一个问题是，"你是什么学历？"估计被采访了千百遍，也很少人提出这样的问题，梅西感到一丝困惑，盯着我看了一会，确认我是认真的，才给出了答案，"高中，我高中毕业。"

之所以有这样的一段对话，源于我那段时间一直思考的一个问题，究竟什么样的教育和什么样的足球青训体系才是合理的。过去的二十多年，是中国足球体系变化最大，也是各种尝试层出不穷的一段时间。然而这样的尝试却几乎不约而同地都采用了一个基本的模式，就是在很早的时候让孩子远离家庭，进入到一种相对封闭而孤独的训练体系。曾经的健力宝模式是这样，鲁能足校、恒大足校也是这样，徐根宝在崇明岛的足球基地其实也没能走出一条更新的路来。相对而言，万达送到西班牙的几十个孩子略有改变。孩子们在那里有专门的学校，而且都还是当地相当不错的私立学校，不过，晚上他们还是要集中住宿，并不能找到属于家庭的温暖。

梅西在被巴塞罗那看中之后，也离开了阿根廷，但他并非孤身一人，俱乐部为了解决他的问题，还给他的父亲提供了一份工作，因为在他们看来，不论如何，梅西都必须有一个家，这是他成长过程里不可缺少的必要因素。

但我们的体育培训体系却并不这么看。郝海东算是这种中国式培训体系培养出来的典型。

在我们小时候，能够参军是至高无上的理想之一。当了兵，意味着穿上了神圣的军装。家长也会告诉你，如果能提干，你就拥有了一辈子的铁饭碗。而且部队的伙食好，待遇好，也是传说中培养人才的大熔炉。农村的姑娘渴望嫁给一个现役军人，因为他们至少见过世面。城里的姑娘渴望嫁给一个军官，那等于给自己的后半生找到了可靠的保证。

那时候部队招收少年兵有两个途径，一是体育，一是文艺。为了让孩子能在十几岁的时候领上部队的津贴，很多家长殚精竭虑。同时部队为了把自己看上的人才从地方带走，也常常会动用一些特殊手段。

曾经的万达足球俱乐部、力帆俱乐部总经理石雪清回忆，他们当年如何被从大连带走时，就宛如在讲述一部历险记。因为害怕地方不放人，他们几个被昆明部队看上的小孩子，先被拉到车站，装进了罐装车，到了不知道哪一站，才换乘了真正的客车。一路小心翼翼，这才最终成为了一名军人。

郝海东幸运地进入了八一队，成了一个娃娃兵。

徐阳告诉我，他刚刚进入八一队的时候确实感到震撼。伙食好到出乎意料。在很多人还不知道酸奶是何物的年代，他们在训练结束之后，可以一人一箱地大快朵颐。

我也曾经到红山口八一体工大队踢过球。那里确实是一个幽静的所在。和很多美国学校选址一样，远离闹市，可以让少年们心无旁骛地专心学习。

在这样令人羡慕的环境里，郝海东苦苦磨炼自己的足球技能。他在那里观察八一队著名前锋、朝鲜族国脚李宙哲的抢点能力，并且暗中模仿。他在那里孤独地成长，并且一点点感悟属于自己的人生哲学。少小离家，对于一个人的成长是无情而残酷的。李永波就曾经告诉我一个这样的故事：当年他和另外一个比自己稍小一点的孩子，一同被从大连选入了辽宁羽毛球队。这相当于很早就吃上了皇粮，同样很令人羡慕。但那个孩子来到队伍之后，也许是因为还小，也许是因为训练量太大，晚上经常尿床，最后又被遣返回了大连。不过，这还不是故事的结束，那个孩子过了一段又重新回到了辽宁体育大院，这次他入选了足球队，并且最终成为一个优秀的门将，还入选了国家队。我们无法想象那个孩子在这样无人陪伴下的痛苦煎熬，更对他们内心的剧烈起伏与挣扎一无所知。但缺少了家人的关爱，他们的成长过程不仅缺少了应该有的温暖，还让他们开始过早地面对人生的酸甜苦辣。这对他们后来的人生都产生了难以估量的影响。郝海东也不例外，他只能用幼小的心灵感知世界，用并不成熟的头脑思考世界。

我曾经总结世界上有四种人：一种人是有知识也有文化；一种人是有知识没有文化；还有一种人是没有知识但是有文化；最后一种人则是既无知识，也无文化。这样的划分未必准确，但应该可以涵盖大多数人。郝海东就是那种有文化但知识相对欠缺的人。

如果论球员的智商，按平均值计算，一定在社会平均值之上，特别是那些能够有所成就的运动员。虽然没有统计，在我看来，均值也不应该亚于大学教授。他们能够把一项具备竞技性的游戏玩到极致，没有超高的智商是肯定不可能的。所以，关于中国运动员头脑简单、四肢发达的说法纯属偏见。它既是中国社会"万般皆下品，唯有读书高"的传统观念的体育化表述，也是隔行如隔山的行业的认识误区和偏见。

其实，郝海东喜欢读书，并且是球员之中少有的喜欢读书的。蹲在马桶上看书、看杂志，是圈子里关于他传说中最生动的一个场景。直到现在，他走到哪里都还喜欢买书、买杂志。不过，和从学校里走出来的人相比，他的知识体系一定是不完善也不系统的。

而更多关于人生、关于社会的理解和认识都是在走南闯北之中和球场内外的历练当中逐步建立起来的。老北京队的球员曾经追忆：当年随队去香港打比赛，在饭店吃饭，人家给端上一盆茶水，大家面面相觑，不明白既然是茶水，为什么没有倒在每个人杯子里，于是集体决定把茶水分掉。到最后才弄明白这是让大家洗手用的。算是闹了一个大笑话。不过，和普通老百姓相比，那个时候能出国打比赛，就已经是非常难得的待遇了。我的老东家——中央电视台内部也流传着许多这样的故事。出国之前，无论是编辑、记者还是解说员、领导，还有工程技术人员，大家都买好了成堆的方便面和榨菜。在国外的日子吃饭就靠这些，回来的时候，剩下的伙食补助（当然都是美金）就可以换成一个大的家用电器背回来。很小的时候，郝海东也开始这样的倒腾生涯，把香烟和其他电器从南方背回来，就能瞬间赚来差价，这也应该是他后来在大连进入商业领域的基础。一个优秀的前锋总能在别人看不到机会的地方创造出机会，如果把这样的本领和天赋施展在人生的其他领域，他必将成为所谓人生赢家。其实从后来的经历看，彭伟国、魏群等，还有一批不大知名的球员反而在商界获得了更多的成功。

没有接受过系统教育，自幼就生活在一个封闭的环境里，偶尔的走南闯北，这就是郝海东青少年的成长环境，难得的是他居然在其中建立起了一套完全属于自己的哲学体系。这么多年来，他虽然屡屡做出一些出格的事情，但细思之下，又和他的所谓人生哲学非常统一。

他因为在甲A赛场上打架被禁赛，他因为在亚运赛场上对裁判不敬被禁赛，他又因为身在国家队对自己的主教练大加指责而获得了"郝大炮"的绰号，但这么多年来，他一直都是我行我素，郝式风格就是他的哲学的实践体现。

当然这种哲学也有着一个有力的支撑，那就是实力。在足球世界里，没有实力的狂只能是癫狂。有实力的狂则处处可见。从马拉多纳到罗纳尔多，从C罗到伊布，当然还有巴神，从小天赋异禀，成人后卓尔不群，这很容易让他们产生一览众山小的优越感，而在足球场上一个好前锋总是最贵的，因为天赋是靠后天训练也练不出来的。郝海东还在未成年的时候就火了一把。英国著名教练泰勒访华，参观八一青年队，郝海东在他的要求下颠球轻松过百，赢了泰勒脚上的一双足球鞋。

一九八九年，我在天津电台实习。当时体育组的老师从山东采访全国比赛回来，喝酒的时候跟我讲，八一队有一个小边锋速度快，技术好，场上一过就是一串。从此我记住了他的名字，而很快他也凭借着出众的球技一路进入国青、国奥和国家队。

狂归狂，他的身体条件如果和高峰、范志毅相比，还是不占优势，所以，郝海东很懂得爱惜自己。他不碰烟酒，生活规律。在这点上，他堪称典范。因此，反而是他这个身体看起来最单薄的前锋能够在三十三岁的时候还是国家队的主力。加图索为了避免发胖，让家人把巧克力、披萨等食物从冰箱里彻底拿掉，德约科维奇在获得大满贯冠军之后，对自己的最大奖赏之一，就是吃了一小口巧克力，因为在日常，他对自己的饮食是严格控制的。郝海东没有那么极致，但是在一个大家都喜欢出去泡泡吧、喝喝酒的环境里，他能做到独善其身，殊为不易。在大连时，孙继海和郝海东是最好的朋友，很多人都说，和海东接触上之后，孙继海发生了不小变化，相信继海能够成为目前的中国球员英超第一人，海东也应该有所贡献。有一年的亚冠比赛，科萨就在赛前训练简单介绍了训练内容之后，对郝海东大加赞扬，原因是只有他把自己的球鞋擦得锃亮。"你们看看，球鞋是你们养家糊口的工具，要做好自己的工作，首先要爱护你们的工具啊，这是一种态度，要知道他已经三十四了。"据说，郝海东确实保持着这样一个习惯。每次训练和比赛之后，都会把足球鞋清理一下，去污，抹干，打油，再放好。也许是八一出身，他一直就认为球鞋就是球员手中的枪。

在大连队，郝海东也是体能教练最喜欢的球员。虽然他总是对体能测试开炮，但在训练里却从不马虎。很多次在球队的体能训练中，他的数据都是全队最高的。有一次比三十米冲刺跑，巴西外援奥兰多赢了他零点零一秒，郝海东当时就急了，强烈要求再重跑一次。第二次，他赢了。

二〇〇三年的 A3 联赛上，郝海东在和韩国联赛霸主城南一和的比赛里连进三球，帮助球队三比二获胜。赛后在酒店的电梯里，他和城南一和的主教练不期而遇，对方主动伸出手来表示敬意，临别还鞠了一躬。能够把对手打服，这正是郝海东最希望看到的结果。

和范志毅一样，郝海东也是在那个特殊的时期，在特殊的环境里成长起来的球员。随着时代的进步，像他们经历过的这样的培养模式也会逐步绝迹。恒大足球学校也好，鲁能足球学校也好，还是徐根宝的崇明岛模式也好，都是这种培养模式的变种或者所谓升级版。这种违背了教育规律的做法，从历史阶段来看，是新旧足球培训体系衔接时期的过渡，不会成为未来的主流。从最终效果来看，也无法达到真正的预期，唯有彻底改弦更张，把从半职业到职业的青少年培训和学校教育紧密联系在一起，才是真正的康庄大道。

郝海东们也有自己的幸运。毕竟他们赶上了中国足球的职业化改革，足球的思维也因为中国足球越来越开放的环境而不断发生变化。

霍顿来到中国后，就一度用自己丰富的足球理论让当时的国脚们大开眼界。第四届戴拿斯杯，中国队二比〇击败了刚刚获得世界杯参赛资格的日本队，这场比赛让郝海东一直念念不忘，他多次对人说起，霍顿还是有水平的，当时的国家队实力不是最强，但在他的组合下，居然能两球拿下日本。也正是从那场球开始，我对足球的理解才上了一个层次。原来足球应该这样踢。

当然并不是所有的外籍教练都能让他心服口服，著名的炮轰米卢也是他的杰作。不能说他的炮轰都有道理，但也不能否认，他还是有着很强的个人态度和观点。

而在和米卢和解的问题上，他也表现得很男人。说归说，谈开了，球照样踢，而且还要踢得更好。甚至他还主动地响应米卢，在十强赛的关键揭幕战里，在场上和范志毅用一个拥抱冰释前嫌。

足球是男人的运动。不论他成长的道路、环境多么曲折和复杂，也不论他在成长的道路上犯过什么样的错误，郝海东始终还是我心目中的中国男人。

也许有人总是喜欢习惯性地批判中国足球，但我要说的是，真的让你踢专业、职业足球，你十有八九比不上郝海东。

高峰

如果说这二十年中国最有天赋的足球运动员是谁？高峰的得票一定不会低，说不定还会是第一。

你可以说，马拉多纳、梅西、加斯科因，甚至巴洛特利的天赋都要远远好于他，但也无法否认这些年来，我们甚至连下一个高峰都很难找到的事实。

有天赋的人也许是因为天赋与生俱来，反而经常不太珍惜。自己抬抬腿动动手就能做到的事情，别人无论怎么费力，似乎都差点意思。

所以恃才傲物，不论古今中外，到处皆是。

不仅如此，他们充盈的才华还经常让身体和灵魂分离。离经叛道是天赋的另外一种存在方式。如果又遇到严格的管理，这样的背叛经常就成为了常态。

假如你看过电影《曼联重生》就会知道，上个世纪五十年代的职业足球，球员们出场的时候甚至还叼着烟斗。比赛之后去酒吧喝两杯更是司空见惯。老特拉福德的酒文化，一度也是曼联这个伟大俱乐部的标志之一。

上个世纪五六十年代名闻世界的巴西球星加林查临死的时候穷困潦

倒，据说连葬礼都是朋友和队友凑钱给他办的。但是在他红极一时的时代，哪怕到医院做个小手术，他都能把女护士睡一个遍。

如果列举天才球员干的出格举动，那将是另外一本引人入胜的畅销书。一个人的创造力有多旺盛，他的破坏力也会出人意料。

从这个角度考察，高峰无论是球员时代的深夜泡吧、场外滋事，还是退役之后发生的一切，都属于他们那个团体再"正常不过"的行为。

这并不是我有意为他们这些球员辩解，实在是这股力量也非常强大，你根本无法忽视他们的存在，甚至必须思考到底是什么原因和理由才是合理的解释。

说得玄虚一点，纪律和自由是人类需要面对的永恒的矛盾，换一个维度考量，怎么解决个体和集体的矛盾，同样也是每一个主教练都想得到的答案。

我知道很多人会反感或者拒绝把高峰和马拉多纳、加斯科因等相提并论，其实这是类型的归纳。如果论球技自然有天壤之别。当然，反过来看，能够以那样鲜明的个性走到最后他职业生涯的顶点，也说明了他们的强大实力和天赋，保证了自己可以在各个层面的竞争中都能够脱颖而出。

所以如果把高峰放到阿根廷、巴西或者英格兰、西班牙、德国等任何一个地方，他还会是今天的高峰吗？在那个从小就竞争异常惨烈的环境里，如果他看重自己的前途，就必须对个性有所收敛，否则以他的天赋断然不会走到国家队的高度。而如果他依然我行我素，那也没有人会知道那个社会上"高峰"们的存在，相信这样的人群也不在少数。

这是个奇妙的逻辑。有天赋的叛逆是个永恒的现象。所以高峰之前，有谢育新、许建平，高峰之后也还会有"接班人"的出现。我们只是希望，在矛盾的螺旋里，中国足球的竞争能够越来越激烈，今后的"高峰"们的天赋能够越来越高,换言之,是更有天赋的"高峰"们才能获得更好的位置。

外援们

中国足球职业化改革的初期,能不能引进外援是改革到不到位,或者是不是改革的一个标志。

这样初级的争论和判断持续了相当长一段时间并且到现在也不会有什么定论。不过随着大量外援的涌入,我们从新鲜到兴奋,中间还夹杂着困惑、失落、气愤、震怒等各种情绪。直到现在我们对外援在职业联赛中的价值和作用才逐步明晰起来。

我不想在这里进行所谓的专题研究,只是把我们听到见到和想到的事写下来,给大家各自做判断提供一个参考。

早期职业联赛大连万达是引援效果好、成绩佳的代表。他们的几个外援都给早期职业联赛球迷留下了深刻印象。比如金斯、汉斯、内梅切克和扬科维奇等。

金斯身高一米八一,体重七十五公斤,一九六六年十月二十七日出生,金发碧眼,帅气逼人。一九八四年至一九八七年效力瑞典甲B动物花园队;一九八八年至一九九二年在瑞典甲A斯德哥尔摩佐加斯顿队;一九九三年至一九九六年在马尔默队效力。金斯在马尔默做了三年队长,是队中的Leader(领袖)。

二十世纪五十年代的大连足坛曾出现了好几位左脚的前卫,而自从孙伟退役之后,就出现了位置的断层和空缺,金斯的到来填补了这个空白。刚来的时候,很多人的第一感觉是金斯速度和爆发力一般,射门更一般。

但踢过几场比赛后，这些人的认识就发生了改变。承前启后、左右逢源，金斯把自己技术好、基本功扎实的特点发挥得特别到位，看似慢但很难从他脚下抢到球，看似慢却总能抢到别人的球。比赛越来越多，人们看到的优点也越来越多：传球好，尤其是传球的时机把握；摆脱合理，因为很少丢球；视野开阔，善于发现空当，他在左路斜传为海东和王涛创造了不少进攻的良机。一九九八赛季金斯进球五个，而助攻则帮助队友进了九个。

从球迷角度看上去，金斯踢球观赏性也不差，技术运用得非常合理，踢球干净，运作不大，绝少犯规，一个赛季下来只得两三张黄牌。再加上节奏感掌握得非常好，一张一弛，进退有序，两个禁区都能找到他的身影，可谓攻守兼备，潇洒自如。

一九九八赛季主场打八一那天，赛前在休息室他找到吴俊，谈到八一队有个二号是队里的主力之一，左脚好。他说：这场球如果二号打右前卫在他拿球的时候，咱俩至少有一个人应该上去，一定要封住他的左脚，不要让他用左脚起球。果然，八一队的二号黄勇下半场就被刘国江换到了左路。赛后金斯对小吴说我们成功了。

黄勇事后回忆那场球的时候也说，那天我一拿球就听见有风声过来，连头都很难抬起来，你们那个老外逼得太凶了。

一九九八年超霸杯失利后，徐根宝要求每个队员都写一份总结，谈谈自己的超霸杯感受。金斯的总结就很让徐导满意：

一、我认为我们打了一场并不好看的比赛，对我来说我感到很难过，因为第二个入球与我有一定的关系，后来我想应该提前制造一个犯规给对方一个任意球。

二、场地看来不错，但事实上草太高，球速太慢，尤其是短传受影响。再加上北京队集中在场地中间地带，很难打出我们的风格。为了追求这种风格，需要在场的十一个人每时每刻都渴望帮助队友，要敢于控球而不是害怕失误。

三、在这种情况下，我们应该更多地利用边路，那需要勇敢的边后卫，连续助攻，给对手压力，同时延长我队进攻时间从而更具有威胁性。

四、对我来说，在更多的时间里充当了左边后卫的角色。左后卫在帮助张恩华，使我由守转攻、由攻转守的距离更长了，消耗了很多体力。当我回撤较深而成为边后卫时，我们的中场便少了一个人，很难在中场给对手压力。在这种情况下，汉斯不得不回来由前腰变成后腰，自然，前锋的力量就削弱了。

五、综上所述，这是一场并不精彩的比赛，请记住：再有两分钟我们就可以以一比〇拿下这场比赛。那么现在我就无须写此总结并为此而难过。当然我们必须试图把坏事变成好事。

大连万达是支劲旅，压力大，期望值高，失败往往被夸大了。我们要放下包袱，减轻压力，主动去拼对方。

让我们重新开始吧，治愈心灵创伤最好的办法是恢复自信心，去主宰自己的命运，使我们大连万达成为中国足坛的霸主。

仅仅从一份总结，我们就能看出他和国内球员的不同，国外的球员培养强调不离开教育，不离开家庭，正因为如此，他们不仅足球智商高，思维总结能力也不差。这种综合素质很容易让我们的球员感受到差距所在。

大连队的翻译刘仁铁告诉我：每次比赛前在休息室，金斯总是走到每一个队友身前与之击掌，鼓励队友，激发斗志。赛后，不管有多累，也是和每一位队友握握手或拍拍肩膀。王健林对此也大为赞叹。拍拍巴掌握握手，看起来再普通不过，而金斯却能坚持两年。私下里金斯这样对刘仁铁解释：足球是由十一个人组成的一支队伍，是集体项目而不是单打独斗，我们十一人就像链条一样，一环扣一环，只有大家紧密地团结起来，互相帮助，互相弥补，才能把球踢好。

多年之后，刘仁铁还能记住金斯说过的一句非常耐人寻味的话：我们应该允许球员在场上犯错误，但不允许不努力。

就在离开中国之前，曾有记者问金斯对中国足球的看法，他说中国足坛有好多优秀的球员，我可以随便念出五六个人的名字，他们都可以到欧洲踢球。但问题是中国的球迷和新闻界通常把掌声和鲜花送给进球得分的球员。不可否认，一支队伍必须得有一两朵鲜花，但是，别忘了，还有绿叶。没有绿叶便衬托不出鲜花的娇艳。如果场上每一个人都发扬一些绿叶精神，那么鲜花将会越开越艳。什么时候人们学会为狂奔三十余米把球破坏掉的防守球员而高声喝彩，什么时候中国的足球便有高层次的飞跃。拿中场球员来说，如果他的进攻能力是一百分的话，还要看他的防守能力。如果他的防守能力是五十分的话，那该球员的综合分只能是五十分。如果他的防守是零的话，那他最后得分也就是零分。

这些话放在今天看，已经非常普通，但是在当年，却是足球基本战术、意识的最好的普及教育。其实，如果说中国足球在过往二十多年有什么收获的话，我以为一定包括金斯等人的谆谆之言。

又有记者请金斯对中国有些球员抽烟喝酒谈谈他的看法。金斯说，对一名职业球员来说，你就像是一颗流星，一个足球运动员的运动生命是有限的。比如说，你昨晚玩得很晚，可是今天要训练，你要是没状态，主教练星期天比赛可能就不用你，如果你硬撑着，那么你的体力势必要透支一些。如果每天都透支一点的话，本来你能踢十年，最后你可能踢到八年就踢不动了。那么这两年你的损失有多大呢？看看你自己的口袋就知道了。

回国的前一天下午，金斯和入队第一天一样换上了运动服训练。刘仁铁说，明天就走了，今天休息一下吧。金斯一笑说，明年我还踢球，怎么能不练呢？如果我的训练间断的话，那势必会影响我的状态。我的状态不好，我的身价也就会贬值了。回瑞典后我还要跟母队一起训练，还想多踢几年哩。

那几年的大连万达是中国的霸主，球队的特点之一就是发挥稳定，很少起伏。很多次他们的队员都会跟我说，我们也玩，但是有节度。我们也有一些矛盾，但绝对不会带到球场上。

我想，这和有金斯、汉斯、内梅切克这样的优秀外援在队内一定有着密切的关系。

这两年，大家都说郜林涨球了，于是孔卡、穆里奇、高拉特、埃尔克森等，都成为了解释这个现象的原因，我相信郜林本人也不应该否认。高水平的队友是你的福音，这个道理在球场上永远都成立。

一九九八赛季上半段大连万达打得比较艰苦，只领先上海队三分。在联赛的第二阶段开始前，有关方面来到万达队足球训练基地为大家鼓劲加油。教练员、运动员都要表态。金斯代表三位外援发了言。金斯平常说话也是有板有眼，在市领导面前同样侃侃而谈：在这个美丽的夏日，我们欣赏了十多场高水平的世界杯比赛，在进入决赛的两支队伍中，法国队和巴西队给我留下了深刻的印象。巴西队个人技术好，球好看；而整体好，有组织才能拿冠军，如法国队。我们大连万达有不少技术出众的球员，如果在整体上能有些改进的话，我想诸位也就无须坐在这里了，今年的联赛冠军已是我们的囊中之物。金斯的讲话自然博得掌声一片。

一九九八年十一月的一天，金斯还来到了大连市团委，向希望工程捐赠了五万元人民币，以帮助孤儿和失学儿童。

那个时候，球员中有这种公益心的还非常少。放在今天，不仅孔卡等外援经常做慈善，国内也有不少球员加入到社会公益的活动中来。这也应该被看作是外援的某种表率作用。

面对摄像机，金斯告诉大家：我原来并不知道中国有个希望工程，在酒店期间，有希望工程的工作人员问过我是否愿意做点什么。我一听很高兴，我的儿子和女儿生活得很好，我希望中国的小朋友们也能和他们一样。大连人对我们一家都非常友好，大连人给了我们那么多，从现在开始我要回报大连。我想现在只不过是一个开始，回到瑞典后我会再准备一些书、教学用品和衣物之类，发一个集装箱到大连。

金斯应该是第一个向希望工程捐款的外援。那天下午，希望工程的工作人员向金斯献了一束鲜花，并扯起了一面蓝色的大旗。上书：金斯，受你捐助的孩子们感谢你！

这也让大连球员想起了金斯常说的另一句话：做人比踢球更难。

二〇〇〇年初，科萨上任大连万达实德主教练，带队赴欧洲冬训，在扬科维奇的家乡诺维萨德踢了一场教学比赛。扬科维奇是诺维萨德沃依沃丁纳队的九号，那天他们的队伍三比〇赢了大连，老杨（后来大连万达队内部对他的一个称呼）进了两个传了一个。赛后，科萨满脸通红，觉得很没面子。而郝海东则干脆对科萨说，我们应该把那个九号买下来。于是大连就引进了他。

和温文尔雅的金斯不一样，扬科维奇有一副火暴脾气。他在大连的六七个赛季得了很多张红黄牌。赛后他虽然也会后悔，但对中国个别裁判也充满抱怨。比如有一次防守他的球员经常在无球的情况下踢他。扬科维奇就把这个情况反映给了当值主裁判，可主裁判根本没有任何表示。于是他整个人就疯狂了，直接就得了一张红牌，还被追加处罚六场球。

脾气火暴归火暴。扬科维奇的球技绝对让球队上下服气。同时他的职业精神也是大家的楷模。他知道，在中国，好像每个队都有球员吸烟，还有些队员特别爱喝酒，个别的还常去夜总会。所以，他会经常劝诫大连的年轻球员，一个职业球员应该保持自律，烟伤肺、酒伤肝。球员是靠身体吃饭的。一个职业球员如果不自律，他的职业生涯会缩短。另外，不自律会导致人生观和世界观的变化。球员的运动生涯是有限的，当你踢不动之后，你会做什么呢？

球队当中，核心球员不仅在球场上有威信，他们在场下也具备了相当的权威，说不上一言九鼎，也总能让年轻人警觉和反思。当然，不听话的永远都有。

内梅切克在大连万达踢球的时间不是很长，但是我对他的印象却格外深刻。如果让我评选中国职业联赛二十多年来的最佳阵容，我想有一票一定属于内梅切克。

在大连万达，人们叫他瓦瓦。瓦瓦的全名叫瓦克拉夫·内梅切克。对中国人来说，老外的名字大多都比较长，不太好记。所以每次接新外援的时候，翻译都会征求一下对方的意见，看看有没有简洁、容易发音的名字，像大连的一位荷兰外援叫依黑，他的本名叫依格那西亚（图胡泰鲁）。后来他说在荷兰人们喜欢叫他依黑，于是这就成了他的通用名。内梅切克是捷克国脚，在法国踢球时队员们喜欢叫他VAVA，VAVA在汉语中有两种解释，一个是娃娃，一个是瓦瓦。他说："我已经三十一岁了，不是娃娃。

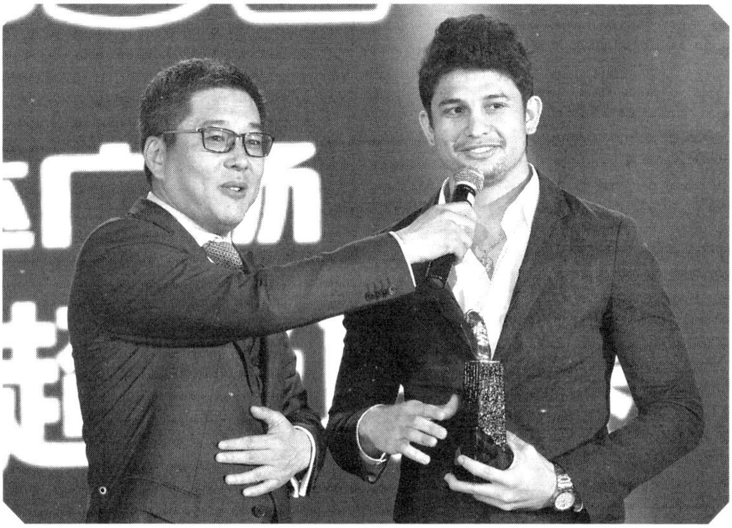

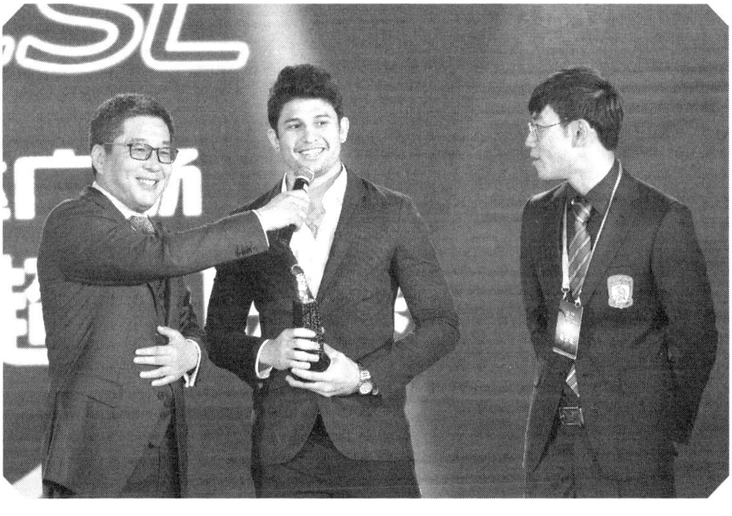

二〇一三年主持中超联赛颁奖典礼，采访最佳射手获得者、当时的广州恒大足球俱乐部外援埃尔克森。

在二〇一三年中超联赛颁奖典礼上，询问埃尔克森能否打破李金羽保持的中超联赛单赛季二十六球的进球纪录，结果第二年他就以二十八球的成绩，刷新了单赛季中超联赛的进球纪录。

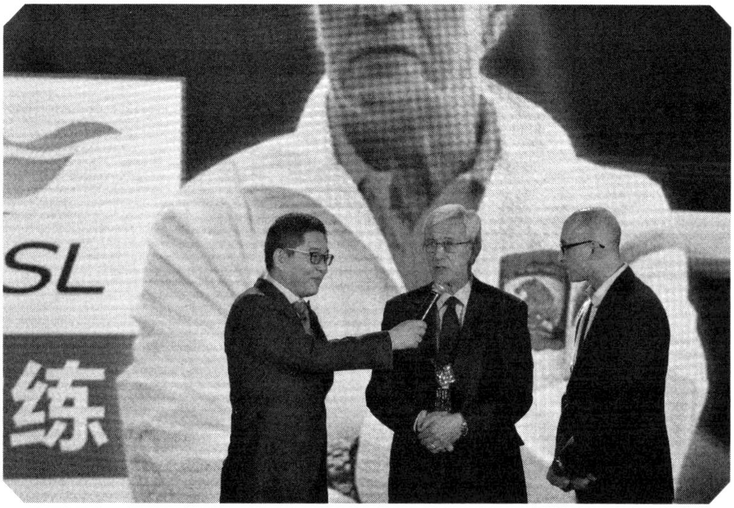

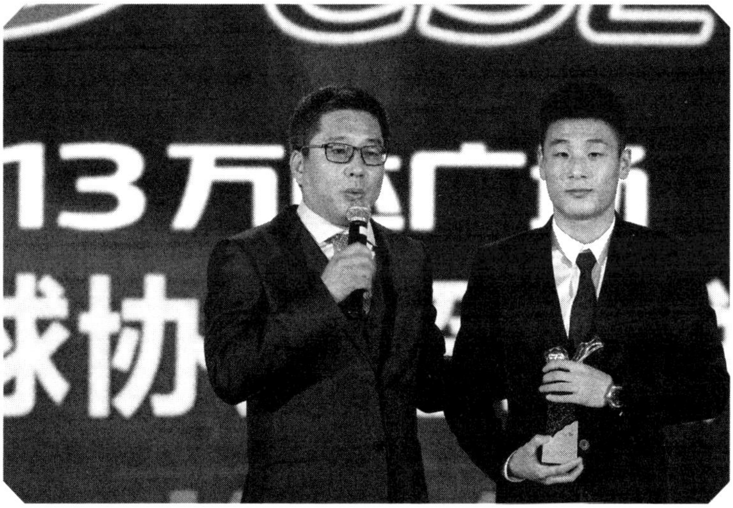

在二〇一三年中超联赛颁奖典礼上，采访最佳主教练获得者、时任广州恒大足球俱乐部的主教练里皮先生。

在二〇一三年中超联赛颁奖典礼上，采访本土最佳射手获得者武磊。

我是瓦瓦，我愿意做大连万达队的一块瓦。"

事实证明，他确实是一块好瓦。

内梅切克到大连万达报到的第二天上午，球队就要进行十二分钟跑体能测试，徐根宝虽然有点担心，但还是决定让他试一试，结果带着时差的他跑了个三千三百八十五米的成绩，差十五米就免测了，就算这样内梅切克自己还很懊悔，连声说早点冲刺就好了。

内梅切克刚到球队时，手腕上戴了一块挺别致的表，是劳力士，后面刻着'96欧洲杯亚军和他的名字。有人就问他这表是怎么得的，他说拿了欧洲杯亚军，捷克足协给全队每一个人都定做了这块表，价值七千美元。不过从第二天起人们就再也没见他戴那块表。

他代表球队打的第一场比赛就因为裁判误判，吃到了红牌。赛后球队试图安慰他几句，谁知他却淡淡一笑：我已经踢了十几年的球了，现在的心情很平静，不平静的应该是裁判。只言片语，尽显大将风度。

话虽如此，到了球场上，他一贯地争强好胜。每周一次的分队比赛，他的那组赢多负少。有一次他所在的蓝队输了，队友看到他的脸马上变成了铁青色，然后毫不顾及情面地说，我们个别年轻队员根本不是在踢球，而是在散步，他根本就不想赢球（后来一问才知道那位球员的脚有伤没好利索），训练是比赛的镜子，平常练什么，比赛才能打什么。我不明白有些球员训练时为什么提不起精神来。没有强烈的胜负感，怎么能调动自己的身体去适应激烈的比赛呢？按说我们一周的训练都应是针对下一个对手而进行的演练，你若不投入、不认真，周日比赛怎么能出状态呢？我想忠告年轻球员，位置是拼出来的，不是等出来的，你的上帝就是你自己。

又是一件小事，却让我们看到了这些优秀外援对我们联赛和球员日积月累的影响和改变。只不过有时候河水流淌得很慢，以至于会带给外界静止不动的错觉。

到了这几年，高水平外援越来越多。以至于现在有些朋友可能对此司空见惯。其实我想说的是，当年为数寥寥的高水平外援对我们联赛的贡献不能忽视，今天更高水平外援的到来，对他们的某些破坏性也不能低估。

我们就拿孔卡举例。他是曾经的天河之王，深受广东球迷的喜爱，如今他又在上海滩踢出了一片自己的天地。

不过孔卡刚来的时候，却非常不好管理。李章洙把他换下场，他闹情绪，在球队内部的训练中，他也不是最投入。有一次，全队都坐大巴从训练基地返回，却独独不见了孔卡，后来才知道，他居然一个人开着基地的小卡车玩去了。

孔卡之所以如此胆大妄为，根本原因应该还是没有把李章洙放在眼里。也许他的身价让他的感觉太好了。而等里皮到来，孔卡的态度发生了巨变。第一堂训练课，《足球之夜》的记者回来就告诉我，孔卡完全是用一种敬畏的眼神在看着里皮。

这就是外援，特别是大牌外援。你花了大价钱，有时候请来也可能是一个累赘。当年，甘肃天马还把加斯科因也请了来。我们《足球之夜》的记者足足跟踪拍摄了一个月，后来他们告诉我，没过几天，我们就总能看到加斯科因从外面醉醺醺地回来。那个曾经的大牌早就沦落成酒鬼。

有这样一种说法，人和人之间相互的影响也取决于你看到了对方的哪个特点。日本职业联赛刚刚起步的时候，他们同样不惜重金请来济科、斯托伊奇科夫、莱昂纳多、莱因克尔、斯基拉奇等名将，不仅在于打造球市，更在于给日本球员树立职业球员的典范。包括后来成为巴西队队长的邓加在很多日本球员眼中，他简直就是球场上的大神，几乎在队友敬佩、敬仰的眼光中训练和比赛。

但中国足球却有着另外一个习惯或者坏毛病，无论什么样的外援，我们总是能够很轻易找到他们的缺点，进而给出一个看起来客观，却对自己提高成长毫无裨益的结论。这其实让我们为此付出的巨额资金打了很多折扣。

只要再聪明一点，不，是再踏实一点，我们本来可以收获更多。

第二十一章
足球人

老吕

在《足球之夜》我们都叫他：老吕。

老吕，辽宁鞍山人氏，性格温和，为人谦逊，走在大街上是最不引人注目的那类人。和他接触久了，你会慢慢发现，在他的身体里蕴涵着一种热情。

外人，特别是球迷，常常非常羡慕我们的工作，曾经有一次，在延吉就有一个球迷对我说：在《足球之夜》工作真好，全国各地地看球，还给发工资。这样的差事，不给钱也干啊。但是，只有真正从事这个职业的人才了解其中的甘苦。周而复始地出差，没有节假日的生活，是消耗一个优秀记者热情的最可怕武器。如果连续以这样的节奏生活、工作四五年，很难想象谁还能对出差保持着足够的新鲜。老吕却能做到。

每逢出差派活，我总是可以看到他那张渴望的脸。不管去哪里，也不管这趟活得干多少天，只管派。有这样的同事，是一个管理者的幸运。我常想，这就是《足球之夜》始终锲而不舍的动力所在。有据可查，老吕是我们节目组里最快飞到国航银卡的记者，有了这种银卡，不仅能享受机场贵宾室休息的特殊待遇，换登机牌也无须排队等候，同时在飞机上也还能免费升舱，总之是益处无穷，然而这也意味着，他是我们集体里一年中在外生活时间最长的人。工作的疲劳，让他的眼睛深受其害，为此不得不做了手术。此后，我一再提醒自己，要多照顾他一些，尽量减轻他的负荷，但老吕似乎得了健忘症，仍然像以前一样，忘情地工作、出差。在他的影响下，我也几乎忘掉了他的需要体贴的眼睛。

在《足球之夜》做记者，仅有热情还远远不够。从工作中得到乐趣，是一种有效的自我保护，不至于被岁月一天天地麻木。老吕恰恰有这方面的特长。他总是喜欢音量不大，却滔滔不绝地和你谈论他这次出差的见闻，他经常被自己拍摄的东西所打动，兴奋地做着场记，他会在空闲的时候，把工作的成绩当成一种愉悦慢慢地享受。这些特长使默默的他经常显得很生动，有一种光彩，你只能在被事业征服的人脸上看到，而老吕就有。

二〇〇三年，为了报道中国女足在欧洲的拉练，我们派出了老吕单兵作战。在语言不通的情况下，我们确实感觉有些冒险，但种种不足与外人说的原因，使我们只能出此下策。但，绝对让我们意外的是，老吕不仅去了、拍了，还能够源源不断地往回发消息、传专题，简直无所不能。后来我才知道，为了这次欧洲之行，他把诸如"餐馆""厕所""加油站"等常用词写在了纸上，一旦需要马上拿出来，即便没有任何语言上的沟通，他也能来去自由，从容不迫。其他的绝招，他还有很多。比如怎么认路，怎么买火车票，怎么在没人帮助的情况下，自己驾车找到一个法国小镇上的足球场。平常很少接触女足的老吕就这样征服了队员和教练，他所获得的拍摄空间也因此大大拓宽，那是许多中国记者难以获得的一种特殊权力。当他顺利完成了十四天的采访回来的时候，我们送了他一句话：马踏欧洲。这里有赵子龙单骑救主的风采。我以为这是一个记者能够获得的最好的赞许。

有一天，老吕突然对我说，自己想写本书。又是一个出乎意料的主意。

不过当他把自己这些年的积累娓娓道来，我发现老吕像杜十娘一样变出了百宝箱。他太富有了。即便他只从中拿出一半，也足够惊艳旁人了。

关于书的内容，我无须赘言。

差点忘了，老吕的大号是：吕兴林。在全国各地的球场上，你都可能见到他的身影。关于他还有一个显著的特点，除了摄像机，他总喜欢背一个相机，用胶片记录他所看到的一切。也许，下次你就将出现在他的镜头里。那应该是他的下一本书的内容了。

老吕的书出版于二〇〇三年四月，和《足球之夜》的生日四月四日相去不远，因而我们既把它看作是节目的生日礼物，也把它看作是我们的又一个作品。更重要的是，这本书给了我们一种信心。有了一双关怀、关注的眼睛，《足球之夜》就能够长久地陪伴着我们的观众和中国足球。

（备注：今天的老吕是央视驻平壤记者站记者，在那里又驻扎了一段时间。我猜测他不会空手而归。）

非典型成都人——李承鹏

老实说，我已经记不得是怎么认识的李承鹏了。一九九六年的时候，他已经是蜀中"名记"，而我刚刚加盟《足球之夜》，大家的"焦点"重合，相逢、相识看来是早晚的事。仔细想来，那个时候，他好像已经很有了些派头，说不清是哪年的哪个时刻，有一个画面牢牢地印在了我记忆里：已经是《成都商报》体育部主任的他，在当地记者的前呼后拥中，步入厅堂，个头虽然不高，却也气宇轩昂，俨然一袍哥。

通常说来，有了这样的印象，我们很难再成为朋友。在我的个性里，其实极度排斥那种不可一世的人物。

但，我们竟然成为了朋友。可是，如何成为的朋友，又是一个我回答不了的问题。我甚至说不清我们到底算什么样的朋友。

相识近十年，两个人单独在一起喝酒吃饭的次数还是个位数。所以，我们不应该是"酒肉朋友"。交往近十年，我始终没有见过他的家人，所以，我们也不是"密友"。我们之间的电话也不算多，只有遇到了很特殊的事情，彼此才会联络。所以，我们可能也不是"好友"。但，我们肯定是朋友。因为那些"特殊的事情"决定了这种交往的性质。

当年，他决定离开成都，投奔《足球》的时候，非常郑重地征求过我的意见。后来，为创立《二十一世纪体育报》，重回成都的时候，也和我认真地探讨过利弊。再以后，《二十一世纪体育报》夭折，他面临是继续留守成都，还是返回《足球》报的难题，我的电话再度成为参谋热线。及至后来，他被《体坛周报》挖角，在广州（《足球》报总部）和长沙（那时候《体坛周报》的总部还在那里）之间徘徊、极度困惑的时候，我们在一次新闻发布会的会场外，展开了热烈的讨论。

有了这些经历，谁还能怀疑我们之间的友谊呢。姑且不论是什么样的交情，有这样一个朋友，还是我这辈子比较得意的事情。

作为一个读者，我得说李承鹏是中国足球文字评论领域的一杆独特的笔。你可以不完全赞同他的观点，你也可以不必非常欣赏他的文字，但他的文章，你却无法忽视。这么多年了，他辛苦耕耘，下笔百万言。纵使中国足球千疮百孔，也不能叫他稍有停歇。我曾经阴暗地想过，他那么华丽的文字实在叫中国足球更加寒碜。如果去写点情趣文字，一定会更有建树，偏偏他有如着魔一般和中国足球形影不离。

作为一个足球记者，我得说李承鹏并不是一个玩弄小聪明的写手。他的文字和他的努力密切相关。二〇〇五年底，我们一同报道中国队在西班牙的拉练比赛，由于南北奔波，温差悬殊，我俩先后病倒。在加迪斯的酒店里，他有气无力地拨通了我的电话，希望把我没吃完的退烧药支援一点给他。当我推开他的房门时，高烧不退的他蜷缩在床上，萎靡萧索，好不可怜。然而吃下了药，定了定神，他居然站了起来，坚持要去敲"被采访对象"的房门。仅此一例，你就可以想见，他的那些文字是如何锻造出来。

不过，作为一个苛刻的朋友，我还得说李承鹏的文字也会有卖弄之嫌。他的文章不乏引经据典、天南海北、说古论今、大开大合的精品，却也常有故意作秀、屈意应承、刻意时尚的问题。有时候，他勃发的才情还会压制了关于足球的思考，使人感觉他不是在写足球，而是在把玩自己的文字。

看他的文字，你会发现他身上混合着南北不同的气质，也夹杂着强烈的矛盾冲突。尤其是交往渐深，我了解了他的一些身世，更使我相信自己的这种判断。

黑格尔的《地理哲学》论述了地理环境对人类不同生存状态的影响，甚至是决定作用。生活在中国，我们也都无法回避生存环境对我们后天性格、气质、习惯和心理的潜移默化。

一般说来，"成都人"这个概念就是一种生活方式的最好说明。安逸、闲适、考究、慵懒、聪明、好奇、游移、浮动。我不知道这样形容成都人是不是真的很准确，会不会引来他们的怒斥，但这确实是这些年来，成都人给我留下的深刻印象。茶馆里麻将声声，阳光下府南河畔人来人往，大饭店小饭馆不断翻新的菜式，不同阶层永远不变的美味追求。加上这些年幻化无常的城市时尚，从足球到超女，一再强化人们某种认识，成都确实是一个最"适合生活"的城市。作为成都人的李承鹏又怎么能脱离了这座城市的特色呢？

其实不然。

童年时代的李承鹏并没有生活在天府之国。他出生在新疆，直到八岁的时候才随家人迁徙到成都。

不能因为那不过是人生蒙昧时期的八年，就轻视了它的价值。作为人生的基石，我们以后的道路其实已经有了方向，进而可能有了行走的方式和最终的目标。

所以，我们才可以从李承鹏的文字里隐隐感到大漠的冷风和骄阳，感到土地撕裂般的干涸和洪水猛兽一样的爆发。我猜想那应该是新疆的千里黄沙留给他最难以磨灭的影响，也让他的文字有了一股野性的力量，这是绵软精巧的成都文化培养不出来的一种特质。

当然，李承鹏至少是半个成都人。毕竟在这个城市里生活了三十年；毕竟是在这里接受了正规的教育，开始了人生的旅程；毕竟是在这里娶妻、生子，在这里筑巢、安居。这个城市从另外一个侧面塑造了他。生活里的李承鹏也有着成都人普遍的情趣，穿着永远不会随便，头发很少蓬乱无章，文字更是渗透着一种优越和得意。

我力图告诉大家一个我所认为的真实的李承鹏，写到这里，我以为仍然未能如愿。真正的他，不是新疆人，也不完全是成都人。那个混合的、矛盾的，时而平静安详、时而暴躁冲动的李承鹏才是最真实的李承鹏。

譬如，他离不开成都，在外面漂泊久了，就一定要回到这个舒适的港湾放松调整。这时他和朋友们出入酒吧，和儿子玩耍嬉戏。成都的稳定感和熟悉感会让他感到安全和享受。

但是，这样的生活一定不会维持太久。久了，某种体内的野蛮激素就开始蠢蠢欲动。他又得启程。他要去外面呼吸凛冽的空气，他要到外面感受超强的刺激。因为没有了这些的碰撞，他就好像没有了灵感。

所以，许多次他都和我表示，自己决计不会再回到成都发展。他害怕那种蕴涵着某种阴谋的安详，害怕自己在这样的安详中被温柔地融化。

李承鹏和我同岁，属猴，都是处女座。但我们之间的个性好像有天壤之别，我向往的宁静、专注的生活状态似乎和他无缘。他依然在矛盾中煎熬着自己，依然把成都看作是风筝的起点，却固执地要在天上飞翔。我不知道他还会过上多久这样的生活。我只知道，他的最终志向并不是做一个足球记者，他想写点自己的文字，我一直想，如果没有了足球的束缚，他一定可以写得更激扬、更恣肆。

最后我用这样一个文字游戏结束这篇文字：

李承鹏，里成鹏，一只在成都上空飞着的大鸟。他想飞，却飞不走；他想留，却留不住。这难道是一个非典型成都人的命中注定？！

王健林的足球情缘

一九九六年《足球之夜》开播，我也在那一年认识了王健林。

那时候他是大连万达俱乐部的投资人，球队在中国足球职业联赛的第一个赛季，就给大连这个城市带回了第一个全国冠军。王健林的名气也开始走出大连，拥有了全国性的影响力。

经历了一九九五年的小低谷，万达队在一九九六年开始所向披靡，球队从瑞典引进的外援是当年甲A赛场上最具实力的球员，主教练迟尚斌和球队也度过了磨合期，再加上李明、孙继海、徐弘、张恩华、魏意民、王涛等一干猛将，万达再次具备了称霸的实力。即便如此，王健林依然不放心，逢球队的重要赛事，他都会亲临现场，不论主场还是客场。

印象中一九九六年的夏天，万达做客越秀山，炎热的天气和下午的赛事让北方的队员很不适应，广州太阳神很快就获得了二比〇的优势，这让在场边观战的王健林很是不满，他几乎是怒气冲冲地走进了中场休息室，等主教练布置完战术，就开始了一番极具煽动性的陈词，核心的一点是即便这样的比分，这样的天气，也不能认输，下半场只要大家拼出去了，照样有机会扳回来。我在他身旁用摄像机记录下了这个鲜活的场景，他犀利的眼神，挺直的腰板，掷地有声的话语，都很容易给外人留下深刻印象，也是他军人出身的最好的一种说明。

　　那场比赛的最后比分是二比二，万达队真的在下半场完成了追赶。也正是在那个赛季，万达队创造了联赛赛季不败的惊人纪录。赛季末，在上海，万达队只要战平申花就能提前夺冠。他又一次现身球队，在战前动员会上，继续用他的王式风格给大家鼓劲，我至今还记得的一句话是：你们今晚把冠军拿回来，我开最好的酒等你们。据说，此前曾经在和球队一起飞赴客场的时候，有球员拍着他的包说，这里面是不是都是我们的奖金？总之，为了球队获得好成绩，那时候王健林给外人的感觉就是敢花钱，不吝惜。

　　即便在职业联赛的最初三个赛季两次夺得冠军，王健林仍不满足。一九九七年新赛季开始之前，他从上海请来了徐根宝，希望徐根宝用自己的方式给万达足球注入更多血性和活力。但那也成了王健林一个不愉快的记忆。因为当时市领导的介入，徐根宝没能顺利上任，王健林只能心有不甘地把他送上了回上海的飞机。

　　一九九七年万达队在联赛里依然一枝独秀。王健林把眼光投向国家队，他希望能帮助渴望进入世界杯的中国队在大连实现一次梦想。他的万达集团承包了中国队全部主场比赛。承包的价格在当时自然又是天价。

一九九七年的大连金州是那样地令人难忘，尽管中国队一次又一次地浪费了机会。中国队第一场面对伊朗，入场的三万多中国球迷挥舞着五星红旗、高唱着《歌唱祖国》的场景也成了中国足球史上最经典的时刻。

一九九八年的联赛冠军还是万达的，他们已经实现了三连冠，但王健林在这一年感觉很受伤，在一场足协杯的主场比赛里，站在场边的王健林对当值主裁判的表现非常不满，赛后随即表示将要退出中国足坛，此言一出，举国皆惊。人们很难想象对足球一往情深的他会有这样的选择。

很快万达的代表来到北京找到《足球之夜》，希望安排一次王健林的专访，对自己的这次表态进行一个全方位的解读。我当即飞往大连，第二天就完成了这样一次特殊的专访。在采访里，他暂时收回了"退出"的表态，但也特别强调了对中国足球现状的诸多不满，作为一个投资人，他经常有一种无力感。他曾经对中国足协的领导直言：我们这些人生意能做得这么大，都不是没本事的人，把联赛交给我们打理，一定比你们做得更好。那段时间里，王健林特别喜欢谈论职业足球联盟，他希望在这个领域里拥有更多的话语权。

度过了平淡的一九九九年之后，王健林最终还是决定退出。我当然知道这里面有很多复杂因素。除了对大环境的假赌黑深恶痛绝之外，他对职业足球在中国社会的存在也有了很多感悟，甚至是切肤之痛。比如，他可能随时接到一些电话，或者信息，涉及足球的微妙结果。有时候他会选择特殊的方式，比如出国，把决定权交给属下，但有时候恐怕也不得不受到某些明的、暗的影响。当然也有他反复强调的原因，为了足球，他甚至耽误了一些生意。在中国社会经济建设高速发展的时代，他必须心无旁骛地去发展自己的事业。

暂时告别了足球的王健林果然在自己的事业上做得风生水起。虽然我们见面不再像之前那么频繁，但我经常可以在媒体上不经意就看到他的信息。

还记得有一次在大连机场我又遇到了他，那时候他已经把公司总部从大连搬到了北京。万达广场开始迅猛地在全国扩张。他半开玩笑半认真地问我，要不要来买北京万达广场的房子啊？我可以给你优惠。只能说我有点愚钝，在投资和理财上一窍不通，否则，当年只卖八千多一平方米的万达广场，我进入的机会多好啊。

还有一次偶遇是在梅地亚酒店大堂，他刚刚参加了央视经济频道的经济人物年度颁奖，我们相互寒暄之后，本想小坐片刻，不料还是天南地北地聊了将近一个小时，其间也谈到了中国足球，但很显然正处在事业爆发期的王健林已经没有太多心思去考虑中国足球了，更何况中国足球的惨淡景象恐怕也激发不了他回归的热情。

二〇〇三年我制作职业联赛十年的特别节目，王健林尽管离开已久，因为他的特殊性，仍然是我们必须要采访到的人。我知道他很忙，几乎变身为空中飞人，企业也处在转型之中，但他还是拿出了时间，专门来到我们演播室接受了我的专访。我又一次问起何时回来的问题，似乎这就是一个规定动作。他也如实作答，现在还不是时候，等我回来，我就一定要彻底改变中国足球。

转眼来到二〇一〇年，某一天万达的另外一位老熟人约我聊聊，这让我多少有些意外。我们的话题当然还是中国足球，他非常详细地询问着我关于中国足球现状的判断以及对未来的一些思考。这让我敏感地意识到背后一定有一些原因。追问之下，果然王健林又动了足球这颗"凡心"。

很快，王健林出手了。这一次他不再从俱乐部入手，而是从青少年、国家队、联赛和裁判等方面全面推进。他为国家队请来了卡马乔，大幅度提升了裁判的待遇和酬劳，冠名中超联赛，给正处在困难之中的联赛注入了强势资本。当然，最重要的是，他开始在全国各地选拔优秀苗子送往西班牙的三家俱乐部——马德里竞技、巴伦西亚、比利亚雷亚尔，如今已经送出去了九十多人。根据他的说法，至少要送满二百人。

在我眼里，这二百人才是王健林重回中国足球的最重要标志。因为它不仅说明了现在，更预示着一种未来。当这些孩子在西班牙茁壮成长起来的时候，中国足球的一个小阳春时代就应该到来了吧。要知道每个孩子在西班牙的一年费用就在六万欧元左右。他们在那里享受的待遇与当年的健力宝相比简直是天上地下。即便如此，健力宝还涌现了李铁、李金羽、李玮峰、陶伟等一大批优秀球员，万达的这些西班牙少年自然应该能够有更好的表现。

进入二○一五年，王健林的体育步伐再度提速。参股马竞，并购盈方，包括成为了乐视体育首轮融资的领投方。所有这些都让外界有了确切的感知，他一定会在体育领域大干一场。这一次，中国足球是重要的一个内容，但已经不再是全部。他已经把目光盯向中国体育乃至世界体育。就像我们某一次见面一样，王健林迟到了几分钟才下楼，跟我解释道，他先是跟自己的团队研究新的建筑设计方案，随后又和几个经济学家推演中美两国的经济模型。随后他非常坚定地告诉我，二○二○年中国经济就将超越美国。

在世界体育的版图上，中国人来了，而且会越来越强大。

6

六
外一篇

第二十二章
体育文字

从一九九六年第一次接到《体坛周报》的约稿电话,到离开《足球之夜》,我在工作之余,渐渐养成了写作的习惯。算起来,给各家纸媒和网站撰写足球评论已经不下百万字。甚至,当年在《体坛周报》最早的专栏,还让我的另一个名字——刘甲B也被很多球迷熟知。其实,除了足球,我还写过一些其他的体育和非体育文字。现摘录几篇奉上,算是对自己体育评论的一个小小总结。

让篮球教育足球

福布斯中国大陆明星排行榜出来之后,各人反应迥异。在得知自己荣登榜首后,姚明的表现如是,"我真的不关心这些,钱够我买喜欢的东西就够了。现在我只有一件正事,就是全心全意打好每一场联赛。"

和旁人相比,这样的表白简直无足轻重,效果却一如转身后撤的勾手投篮,轻飘飘地化解了来自各方的议论。

姚明并不是没有自己的喜怒哀乐,美国职业篮球(NBA)赛场上的胜负才是他最在意的。面对职业生涯的最高分，他说："当我拿到四十分的时候，我想，我们就该赢了。"面对至今还没有战胜过的小牛，姚明说："生活毕竟不是武打小说，想有怎么样的结局，就能拥有。生活中机会，原本就不多，而且转瞬即逝。"面对关于队内老大的传闻，姚明的回答是：如果我是飞机，那么弗朗西斯就是一条非常平滑的跑道，他让比赛变得容易了。

在耐克和锐步竞逐包装他的时候，姚明最终选择了锐步。据业内人士透露，在与耐克签订协议的最后时刻，专业性极强的姚之队在文本上的某个条款里发现了问题。这个问题至今无法确认是否是蓄意所为，但它在这场交锋里最终使耐克失去了几乎已经赢得的姚明。尽管耐克公司给姚明开出的第二份合同金额几乎是姚明如今所签订的锐步合同金额的二点五倍。姚明在做出决定的时候说："你可以少给我钱，但是你必须诚实地面对我。这不是钱的事儿。"

这就是姚明的方式，简单明了。不回避问题，也不激化矛盾。本来不太喜欢篮球的我，现在有点像姚明的 FANS，我不仅关注他的每一场比赛，更是特别欣赏他的各类名言警句，在我看来，如果这些本事都能够被中国的足球运动员学到的话，我们的足球水平将因此飞速提高五年。

和我们相比，我们的球员算得上是富翁，而和姚明相比，他们却只能是乞丐。其实金钱永远不是衡量财富的唯一标准。在其他方面，姚明显然更富有。在强手如林，竞争激烈的美国职业篮球（NBA）赛场上，如果没有足够的实力和头脑，我们简直不晓得姚明是如何立足的。姚明开创了中国运动员成为国际巨星的先河，在他的身后，将有更多的中国人前赴后继，我不知道已经过了小康阶段的中国足球运动员是否也能以姚明为榜样，但可以肯定的是，有了姚明，我们对中国的职业体育就感到了一种自信。

我所知道的体操二三事

几年前，中国体操队教练钱奎去湖北出差，离开时被省队教练拉着去了趟黄石，不料，就是这趟看似旅游的出行，挖出了一个中国体操的大宝贝。在黄石业余体校，钱奎发现了有位小姑娘的体操天分非常好，马上认定她将来一定能有大作为，结果和体校教练一交流才知道，原来教练正在为这个孩子苦恼。因为这个小姑娘长得还不够漂亮，所以教练很担心她将来会因为这个原因冒不出来。

钱奎的肯定打消了教练的顾虑，于是，在大家的通力培养下，这个小姑娘在几年的时间里就完成了从业余体校到世界冠军的过渡，她就是程菲。当今中国体操女队的核心人物，这次亚运会团体、跳马和自由体操三项金牌得主。

我也是非常偶然地知道了这个故事，因为准备《荣耀亚洲》节目，我们的编导到体操队采访拍摄，闲谈中他们才得到了这样的细节。

一个苗子的发现、培养和成功，或许具备他的偶然性，但，如果你去过中国体操队的训练馆，可以亲身感受那里的训练气氛，还能在冠军墙下驻足，恐怕你一定会惊讶于中国体操所具备的能量、传统、光荣和未来。

在这次亚运会上，中国体操队拿到了十一枚金牌，距离黄玉斌教练十二枚的目标差了一枚，但，他们的成绩有目共睹，亚运会单个项目金牌已经突破了一百枚。这样的纪录无论在什么项目都值得大书特书，但体操队却好像司空见惯。

出征亚运之前，在国家体育训练局组织的一次笔会上，我遇到了黄玉斌，他特意请到会的书法家写下一个横幅，上有四个大字：自强不息。很明显，黄玉斌的用意不完全是即将开始的亚运会。刚刚从丹麦拿回了男女团体世锦赛冠军和多个单项冠军，黄玉斌和整个体操队郁积在心中两年的恶气完全有机会释放出来，连经风识雨的高健指导在去机场迎接的时候都没有压制住情感，老泪纵横。但，黄玉斌似乎在用这样的横幅提醒自己，也在暗示外界，中国体操队不会因为成绩的起伏或骄傲，或沮丧，也只有做到"自强不息"，才能达到竞技场上最理想的境界。

亚运会开始的几天，中国体操是大家关注的焦点项目，我们也特意请来了嘉宾邢傲伟。和小邢五六年不见，他已经从当年悉尼奥运会团体冠军主力成为了现在中国体操队的一名教练。在节目里，他向我们透露了杨威的一个小秘密。二〇〇一年，中国体操队派出二线队员参加世界锦标赛，谁也没有想到，居然就让冯敬把全能冠军给拿了回来。当时和杨威同住一个宿舍的邢敖伟还开过他的玩笑，看，小家伙都得全能了，你怎么还不成？或许正是在后生辈的刺激下，杨威一直坚持了下来，并且还准备战斗到二〇〇八年。

关于中国体操，我所知道的不多，在他们即将从多哈回来的时候，写下这样一点文字，既是想表达我对这个团队的一点敬意，也是觉得隐约里我们好像得到了点启示，有着不错的人才培养体系，有着事业心极强的教练团队，有着良好的内部竞争，中国体操才能成为这样一个光荣的项目。

向女曲致敬

肯定有很多人在女曲失利的那个夜晚辗转难眠。

在中国队的比赛之前，荷兰与阿根廷打得难解难分，看着双方高速的奔跑，激烈的对抗，不停顿的比赛，我一度开始为中国女曲担心，无论谁进决赛，都不好对付。不过，在看了中国队和德国队上半场后，我极其坚定地认为胜利一定会属于中国姑娘。道理很简单，我们比她们体能更好，攻击力更强，取胜的欲望也更明确。我在那个时候，做出了一个预测，我们一定能够依靠体能的优势，在最后时刻拖垮对手，进而赢得胜利。

可是，我失算了。德国人用自己的顽强，阻挡了中国姑娘如潮水般的进攻，再加上裁判关键时刻若隐若现的偏袒，我们终于还是被挡在决赛之外。

我不敢再看下去，急忙转换了频道去看跳水。因为我实在害怕看到她们伤心的泪水，谁都知道中国女曲本应该是最后的胜利者，为了这样的时刻，她们苦苦练了五年，为了这样的时刻，她们付出了太多。

黄健翔从雅典打电话回来告诉我，那儿中午的气温非常高，他出去走了走，回到屋里眼睛直泛黑，难怪英国的马拉松选手会跑到中途含泪退场。而在这样的气候里，中国女曲已经连续征战了五场。

其实仔细观看，我们的姑娘们多数面容姣好，如果能注意保养，再略施粉黛，她们不会输给那些进出高档写字楼的白领女性。但是，她们黝黑的皮肤颜色是别样的美丽。她们不知疲倦的奔跑是一种压倒一切的精神。

也正是在这个时候，我才明白了为什么韩国教练金昶柏会用魔鬼般的训练来"折磨"这些年轻姑娘。没有了充沛的体能做保障，中国女曲就不可能达到今天的境界。没有了钢铁般的意志，我们又怎么能够和身高体壮的欧美强敌对抗。

在大球项目上，除了女排，还没有哪个球队能够获得世界冠军，而我们的女曲做到了。她们和中国女排一同给其他运动队树立了榜样，只有这样的持之以恒，我们的大球才能真正翻身。

据说女曲的守门员聂亚丽和爱人结婚两年，真正在一起生活的时间不超过两个月，为了追求站在奥运会的领奖台上，她几次推迟了退役时间。想想她在雅典的高温下，身披厚重的守门服，克服了多少困难和艰辛。我们就应该知道，这支失利的球队仍然值得我们爱戴和尊重。

据说金昶柏是魔鬼加慈父一样的教练，姑娘们常常一边恶狠狠地咒骂他，一边含着眼泪坚持训练。据说金昶柏平素除了训练，就是抱着对手的录像反复研究。在他的荣誉室里，只缺一枚奥运会的金牌。

躺在床上，我无法入眠，即便彭勃的胜利也难以冲淡女曲失利带给我的深深遗憾，我知道一旦回到国内，一旦奥运会的烟云散去，中国女曲又将回到寂寞无人顾的状态里。我不知道，在一些老将退役之后，她们今后的命运如何？她们是否还能够保持着现在的实力和斗志？我也不知道老金是否还会继续执教下去？我们记忆里的这支队伍是否还会不断带给我们新的惊喜？

我只想借着这个机会，向女曲致敬，谢谢她们在过去几年里带给我们的一切。

新生代

奥运军团陆续归来，给我提供了多次近距离面对面采访冠军运动员和冠军教练的机会。比如昨天一天我就从台里出发，先到位于八大处附近的国家射击队，再到天坛边上的体育总局训练局，然后再返回台里的演播室，分别采访了国家射击队总教练许海峰，本届奥运会第一金的获得者杜丽，羽毛球队的总教练李永波以及乒乓球队的总教练蔡振华。一系列的访谈下来，我既惊讶于我们运动员的某种变化，也初步感受到了教练工作面临的压力和挑战。

比如杜丽非常直白地告诉我，从小就不喜欢命题作文，关于自己长大了希望成为一个什么样的人，她的回答很简单，"我并不知道自己会是什么样，因为我还小，没有考虑过那样的深奥问题，我更喜欢写点实际的东西，其实我的作文从小到大成绩还不错。"爽快的杜丽还告诉我，自己是一个非常火暴脾气的女孩，遇上什么不顺心的事，常常会火冒三丈。当我问她，如果能够给你放两天假，你会做什么时，她又做出了一个本能的回答，如果不是如果多好啊，我真的希望能够好好放松两天。

很可惜，我不是射击队的教练，即便我是许海峰，可能我也不敢做主给她放假，不过，说实话，我非常喜欢她的表述方式，这样的坦诚，让我们的交流少了许多不必要的障碍。一个访谈做下来，几乎没有什么浪费的时间。

不过，当我采访了三个总教练之后，他们的一些谈话，又迫使我开始思考另一个问题，面对运动员的这种变化，我们的培训思路应该有什么相应的改变？

许海峰告诉我，当射击队为了避免信息干扰，决定把手机集中管理的时候，老将王义夫是第一个上缴手机的运动员。和那些年轻人相比，老王最大的特点就是自己知道在备战期间，什么时候做什么事情。其实论起来，老王的社会关系和交往比那些年轻人要多得多。这恐怕也正是为什么老王能够坚持这么长时间，还能够再得奥运冠军的原因之一。

蔡振华对于新生代的评论则更加直接。他说，和我们这一代，甚至和孔令辉、刘国梁那一代相比，现在的运动员明显缺乏集体意识，他们的个体性更强。另一个不同则是，他们的意志品质很不容易过关，遇到非血战不能过关的时候，他们往往拼不出来。还有，年轻运动员的学习劲头普遍不足，虽然这是一个开放、宽松的社会，运动员有更多的机会接触社会，他们的领悟能力、接受能力更强，但是他们的基础知识相对薄弱，这在很大程度上也妨碍了他们的继续提高。

我追问，这是否给他们的执教工作带来极大挑战？蔡指导略显无奈地点了点头。

同样的问题和困惑，也出现在羽毛球队。当球队出师不利，困难重重的时候，李永波甚至想到了这次可能空手而归。我想和运动员朝夕相处的他对自己的队员实力不会产生怀疑和动摇，他最大的担心还是害怕队员们顶不住压力，过不了难关。

都说二〇〇八，中国体育将占尽天时、地利、人和。可偏偏在许海峰看来，到那时所有的压力都会袭来，他所有的担心都来自于我们的运动员能否经历这样严峻的考验。

赛场上大浪淘沙，新陈代谢，本是自然规律。当新生代准备扛起中国体育大旗的时候，我们是否也已经做好准备，给他们提供更好的环境，更合适的执教思路，这还真是一个难题。

我猜想

我猜想当李婷和孙甜甜走上奥运会决赛场时，一定是心如止水。既然在第一轮对阵大威和鲁宾的时候，已经是视死如归，还有什么能够让她们惧怕呢？放开包袱的中国组合在赛场上爆发出惊人的能量，这样的能量可能让她们自己都难以置信，以至于赛后很长时间，她们都不敢相信自己已经梦想成真。

我猜想她们的对手也没有太把她们放在眼里，否则的话，我们就无法解释为什么西班牙媒介会提前给马丁内斯和帕斯奎尔开庆功会了。一个是久经沙场的老将，一个是排名世界第一的双打奇才，和一对初出茅庐的小姑娘相比，她们的优势过于明显，简直用不到过多的考虑。

我猜想马丁内斯和她的搭档从第一拍起，就开始感受到了来自中国运动员的压力，所以她们在遭遇中国双打顽强的抵抗时，才失误连连，不堪一击。这其中肯定包含了轻敌所必须要付出的代价。所谓哀兵必胜，以这样的心理冲击对手本来就是中国双打的取胜法宝，这次也不例外。

我猜想没过多久，李婷和孙甜甜就发现马丁内斯是对手的软肋，重点攻击她，一定能够收到奇效。当雨点般的攻势倾泻到那位三十二岁的西班牙老将身上时，她终于崩溃了。找到了对手的命门，中国组合取胜完全在情理之中。从这场比赛里，我第一次感觉到马丁内斯确实老矣，她茫然的神情、无助的姿态甚至让人不由自主地产生了一种怜悯。

我猜想中国组合的信心越打越强，到了最后一盘，她们已经完全放开手脚，即便面对世界排名第一的帕斯奎尔也敢于在底线和对手周旋，直至对手完全崩溃，击球出界，成全了中国的网球奥运梦想。信心是实战里积累出来的，把握了对手的薄弱环节，就可以处处主动，厚积薄发。

我猜想亲临现场的体育官员孙晋芳也是喜出望外，她刚刚接手网球工作不久，即便有什么成就，恐怕也和她没有多大的关系，但既然是在最合适的时候出现在最合适的场合，她也真的算是命大福大。中国网球能够有今天，一定是几代人孜孜追求，不断努力的结果。

我猜想这对中国组合之所以能够临场不乱，应该是屡次参加世界巡回比赛的功劳。有了在各类赛事里和强手过招的经历，她们早已经可以做到处变不惊，从容淡定了。看看两位中国球员在WTA里的排名，我们就不难知道她们的成功，是一种积累之后的总爆发。

我猜想中国网球一定能够从这样的胜利中获得足够的信心，中国网球前有张德培的启发，后有李婷、孙甜甜的成功，搞好这个项目的最关键环节已经打通，只要持之以恒，必然获得巨大的收获。

我猜想从她们登上冠军领奖台的那一刻起，会有无数的中国女孩、男孩拿起网球拍，走上网球场，在金牌的激励下，朝着自己的梦想进发。

我猜想若干年后，可能是十年，也可能是二十年，获得大满贯冠军的中国球员会深情地回顾当年自己是如何受到前辈的感召，喜爱上这项运动的。

所以，我猜想，二〇〇四年八月二十二日，被命名为中国网球元年自有其中的道理。

为此，我们应该深深地感谢这两位中国姑娘：李婷和孙甜甜。

奥运之后

我的小学至高中时代一直在石家庄度过。那时候，我经常能看到一些比赛，比如石家庄市足球队的比赛，河北省足球队参加的全国足球甲级联赛，还有河北男篮、女篮的比赛。虽然场地的条件和现在没法比，不过，作为一个体育迷，总还是可以享受到不少专业的和业余的乐趣。

不过，现在生活在这个城市的体育迷想要看到这些已经很难了。很难说是因为这些队伍滑坡了，还是其他什么原因造成的。如今，场馆空置，除了歌星们来弄个演唱会，平时基本上就成了一个大包袱。老百姓除了自娱自乐之外，要想找到点更高级的体育享受，还真的是一个大问题。事实上，在很多地方，这几乎就是一个普遍现象。

前两天，我还第一次去了秦皇岛的中国足球学校。学校的负责人告诉我，和十几年前比，这里发生了明显的变化，场馆多了，设备更新了，条件明显改善。和我去过的曼联、拜仁等豪门的训练基地相比，可以说，中国足球学校从硬件上早已经走在前面。不过，学生的数量已经急剧下滑。好在，因为去年的奥运会，学校早已经及时转向，成为了一个综合性的训练基地。不仅国内的运动队喜欢来这里，连国外的许多运动队也趋之若鹜。不过，总体而言，这里还处在不饱和状态。

当然，还有我们的鸟巢和水立方。奥运会之后的一年时间里，这里除了供来北京旅游的观光客游览之外，就是给了娱乐行业，体育的真实概念已经彻底淡化。直到我们请来了意大利的两支队伍，鸟巢这才重新有了点属于体育的生气。

这就是我们面对的现实。一方面场馆越来越好,越来越国际化,一方面又在使用上遇到了问题。一方面我们在顶尖领域里的成绩总体提高,一方面又在全民体育上举步维艰。

日本人曾经做过一个统计。一九六四年东京奥运会结束之后,全日本经常性参加体育锻炼的男性人口增加到了百分之四十五左右,而在奥运会之前,这个数字是百分之二十三。几乎翻了一番的事实告诉我们,奥运会确实有效地改变了日本人的体育生活。而直到现在,我们还没有看到属于自己的这种统计。即便真的有了,按照我的观察和判断,也绝对不会有这样的提高。

这并不是妄自菲薄,而是确确实实的一种担心。也许,奥运会给中国播下的种子,需要相当长的一段时间才能慢慢发芽,破土而出,但,如果我们没有进行及时的灌溉和培育呢?期待中的改变又如何变成真实生活?

带着这些问题,带着这些思考,我们度过了北京奥运会之后的第一年。在社会转型、我们的思维观念发生着深刻变化的时代,体育必然会深深打上时代的烙印。一个国家的健康,一个民族的强大,体育不仅要在成绩上,更要在普及和推广上得到有效保证。而上述目的的达成,则首先需要我们在自己的体育系统建设上,取得突破性的成效。

万里路上万卷书

关于读书,实在是一件很个人的事情。有人好读通俗易懂的小说,就有人喜欢生涩艰深的哲学。有人能够在数学典籍里获得愉悦,也有人喜欢在历史长河里徜徉。

具体到我自己，相对偏爱文史哲，尤以历史为甚。

这样的习惯应该始于中学时期。那个时候学习历史，一会是中国古代史，一会是世界现代史。读着读着，就有了错乱的感觉。于是我在迷茫之中，试图找到一点属于自己的逻辑脉络。我画了一张大表，足够有一平方米还多，按照中国历史和世界历史两条线索并行推进。在互相印证里，加深我的历史记忆。后来上了大学才知道有一门学问叫比较学，我当然不是无师自通，更不是自成体系，只不过误打误撞用了一点点比较学的皮毛。

大学期间，我继续自己的乱读书。东一榔头，西一棒槌。偶尔借阅了黑格尔的《历史哲学》，虽然读了一个学期，进展异常缓慢，不得不最终放弃，却也隐隐地受到了一些他的历史观影响。后来，在波澜壮阔的社会生活里，我的一些基于历史的现实判断居然能被印证，也让我进一步加强了对历史的兴趣和敬畏。等到走出校门，我的历史阅读也一直保留了下来。

不过，我的阅读同时也是凌乱的，并没有什么目的，也没有什么任务，高兴了，随便抓一本就可以读下去。直到看了金庸的《袁崇焕评传》，我才意识到原来哪怕是最通俗的武侠小说，也蕴藏着深厚的历史底蕴。不由得对自己的历史兴趣，产生了深深的自卑。

又是在无意间，买了柏杨的《中国人史纲》，一路读下来，突然发现我过去学到的所谓历史知识开始坍塌。被颠覆的感觉既分裂，又新鲜。原来历史还可以这么写，辩证的历史观可以如此新颖大胆。

从这本书开始，我的所谓历史观才逐步明朗起来。关于过去的阅读，我终于知道了应该如何取舍、分析和梳理。

这时候，我的工作也开始忙碌起来。闲来无事乱翻书的日子也过去了。

不间断的旅行成了我相当长时间里的常态。国内几乎跑遍，欧洲、亚洲、北美、南美、非洲、澳洲，也走了一大圈。

路上偶尔也会阅读，但路上的风景更引人入胜。还记得初到英国，就被伦敦的气魄和神韵惊到。传统、秩序、人本、和谐，是我给出的关于伦敦的第一印象。但这样的伦敦，和书上读到的雾都有太多区别，它既不是书里的样子，和影视剧里的景象也有不小出入。

这确实引发了我的一些思考。历史是一条流动的河，你无法用这段的平静诠释另一端的咆哮，也无法用那一段的浑浊一下子过渡到这一段的清澈。

要想真正地认识一城、一地、一人、一国，都不那么容易。人的大脑不能像电脑一样海量储存，但如果尽可能准确地留存下一些典型时刻，倒是可以帮助你相对准确地给出一些综合评价。

我发现，除了读书，很多优秀的历史影视作品，也是帮助你进行概括和总结的好来源。比如你看过了《都铎王朝》，就能多一个对英国的近代史基础分析的平台。你如果看过了《斯巴达克斯》和《罗马》，也能对今天的意大利有更为穿透性的理解。

二〇〇六年，我经历了当时最为漫长的一次旅行，从北京取道欧洲飞赴阿根廷。为了打发路上的无聊时光，我带了几本书。其中保罗·肯尼迪的《大国的兴衰》是我翻阅较多的。看着舷窗外的碧海蓝天，我猛然间想通了那句我们日日挂在嘴边的古训：读万卷书，行万里路。古人之所以如此并行地给出这样的总结，其实是想告诉我们，不能只读书，不周游，更不可只周游，不读书。用书本上的知识和现实的世界相互比照，互相启发，这才是认识世界的唯一正确方式。于是，我正式把自己的读书方式定名为：万里路上万卷书。

想通了此话，确实让我把旅行和读书紧密联系在了一起。

来到神秘、魔幻的拉丁美洲，你必须想方设法地搞清楚这里的前世今生，你除了要看《百年孤独》，也要看好莱坞的一部并不怎么经典的电影《毁天灭地》，它会告诉你，一个原发的，进步异常缓慢的文明，是如何在内斗中忽略或者根本不可能预知的外侵，而外来文化对这里的破坏和摧毁，也因而成了一种极度的扩张。

在一望无尽的沙与海的中东，我对伊斯兰文明也多了一点领会和鲜活感受。而在伊比利亚半岛，混合的建筑、绘画甚至包括人的长相让你马上就能回忆起阿拉伯人长期滞留在这里的特殊时刻。

在台湾的诚品书店，我把齐邦媛的《巨流河》与龙应台的《大江大海一九四九》并排在一起展开研读，很快我觉得王树增的《解放战争》也可以加入进来。这种多视角、多立场的阅读，在互相激荡甚至对抗里，为你建立起全景的一段特殊中国历史，然后你才会为个人、民族与社会的命运多舛唏嘘感慨。

就这样囫囵吞枣、不求甚解，又不甘糊涂的阅读，陪伴我走到了今天。

或许你会问我，历史到底是什么？对不起，我还在看，还在走，还在想，所以也还没有标准答案。

转型期与原动力

经常听到身边的人说，身体变胖了，体质变差了，应该减肥了，应该锻炼了。不过，能够把这种紧迫感变成压力，进而让自己成为体育人口的人却不是很多。

经常听到有人议论，今天的孩子学业负担太重了，他们的身体和父辈们同时代相比不是更强壮了，而是更加羸弱。让我们的孩子们健康成长，今天看来还是一个需要努力再努力才能达到的目标。

经常看到退了休的老人们占据了晨练的舞台。他们不仅是主角，而且比年轻人更投入。站在老年人的角度，我们当然为他们高兴，但为什么我们的年轻人们都宁愿赖在床上，或者待在电视机前，让自己一点点地成为了沙发土豆呢？

经常通过体育频道观看各种赛事的人越来越多。但，把这些人集合在一起，能够时不时也到体育场上试试身手的人却又寥寥无几。

我没有关于中国体育的确切统计，但，我所看到听到的，也应该是你身边的故事。这点，大家恐怕没有异议。

这基本上就是今天中国群众体育的现状。

小时候，我们一边喊着"锻炼身体，保卫祖国"的口号，一边从事着各种体育活动。或者是冬季长跑，或者是夏季的游泳，或者是体育课上的足球、篮球、排球。那时的我们吃的不如今天丰富，学的不如今天扎实，但至少有一个好身板。我们的家长们也可以在工厂里做做工间操，并且参加厂里的球队，生活虽然艰苦，体育锻炼却并不缺乏。

那时候，即便在中国比较偏远的农村，我们也能看到一些锻炼的人群。退伍军人可以把篮球带回乡村，知识青年玩的各项运动更是让村民们大开眼界。

当然，建立在贫困基础上的体育并不是生活的主流。它至多算是中国人对艰苦生活的一种调剂。

之后的中国进入了社会的转型期。企业改制，工人转型，下岗，再就业，另谋出路，新型企业艰难诞生，新的生产关系缓慢形成。这样的社会沧桑巨变里，"运动"一点点疏离了我们的生活，甚至在很多人的生活里绝迹。

不过，体育好像始终离大家不远。这种体育首先存在于电视里，今天又以更多的形式存在于网络上，游戏里。

同时，中国的竞技体育也以火箭般速度攀升。从一九八二年新德里亚运会的亚洲金牌第一，一直到二〇〇八年北京奥运会上金牌总数的第一。我们的竞技体育由亚洲强国，变成了世界强国。而在这种特殊的社会阶段，竞技体育也用自己的方式鼓舞着一边迷茫，一边前行的国人。中国男排让北大的学生喊出了"团结起来，振兴中华"，中国女排连夺世界冠军让女排精神变成了一种社会效仿的榜样，李宁扬威萨格勒布，乒乓球包揽世乒赛冠军，羽毛球队第一次捧回了汤姆斯杯、尤伯杯。朱建华、邹振先、王军霞、刘翔、姚明都成了全民族的偶像。跳水队更是一代又一代地给我们贡献着世界冠军和新生代超男超女。

当我们一次一次的兴奋，一次一次的冷静之后，渐渐地，竞技体育对于我们的价值，就被拉入了新的思考层面。

我们是竞技体育强国，却不是真正的体育大国，至少现在还不能算是。我们的举国体制可以保证中国体育代表团在世界大赛、洲际大赛里摘金夺银，却还没有真正带动全民族的体育热情。否则，我们的体育场早就应该人满为患，我们的体育设施建设早就该进入到新一轮热潮。可是，现实的情况却是大量的体育场馆闲置，甚至包括我们引以为豪的鸟巢、水立方。

仍然处在社会转型期的中国体育，中国群众体育，还是没有找到一个真正的支点，没有找到真正的原动力。

我当然也看到了北京的一些体育场馆里人越来越多。羽毛球、乒乓球、网球，甚至高尔夫都越来越流行。但，居庙堂之高，并不应该让我们忘记江湖之远。放眼中国社会，又能有多少人可以被算作体育人口呢？

日本人在一九六四年东京奥运会之后进行过一个统计，一九六五年经常性参加体育锻炼的男性人口几乎是一九六二年的两倍。然而，我们的二〇〇九年，并没有看到相应的变化。可是，还是有不少朋友喜欢拿二〇〇八的北京奥运和东京奥运会进行比较。当然，他们更喜欢比较的是GDP，是所谓的社会发展阶段。唯独把奥运会最应该体现的体育忘到了一边。

所以，今天，当我们即将进入共和国的又一个甲子时，我们确实应该好好考虑一个问题，如何让我们的国民们运动起来，如何让他们更健康。一个拥有十三亿健康国民的国家，才会是一个真正强大的国家。

小康也好，大同也罢，我们终究不能忽视体育的价值。

乐在其中

对于中国足球，我不乐观，也很少彻底悲观。同理，对待足球和体育这项事业，自从我接触、喜爱并最终决定以它为终身事业之后，我也一直要求自己顺天乐命，用积极入世的态度去面对每一天。不仅如此，在带领足球团队相当长的一段时间里，我都希望利用自己的热情能够始终给集体、给节目以活力，我天真地希望《足球之夜》和这个团队能够一直激情、狂热下去。二〇〇二年初的时候我写下了这样的文字。

光阴的故事

让我们站在今天，咀嚼昨天。

一年前的此刻，正是我们《足球之夜》最困难的时候，虽然我们每个人都尽力保持外表的冷静，但来自生活、工作和其他方面的压力，使我们面临着前所未有的危险局面。那个时候，我们真的不知道未来会怎样，也很难预计即将到来的变化。那个时候，是《足球之夜》数年来的积累给了我们坚持的信念，也给了我们坚持的能力。十强赛的出色表现不是为今天的改变奠定了坚实的基础吗？龙之队、足球歌曲大赛不也为我们探索了新的路径吗？《天下足球》和彩经彩报的创立和成长，不也为我们提供了新的增长点吗？而在年底的扫黑行动里，《足球之夜》再次引领了潮流，那些经过了一年锻炼的新人们在这次规模报道里，也向我们展示了他们的成长和进步。一支能战斗的队伍，一个团结的集体，这才是我们实现多年理想的根本保证。

两年前的此刻，我们开始出现彷徨，《足球之夜》曾经的辉煌似乎正在离我们远去，而我们虽然意识到了应该有所改变，却因为体制、思维以及各种束缚，无能为力。那是一段无奈和骄傲并存的时光，是我们从巨大的成就感里逐步冷静下来，从新审视现实的开始。今天看来，那样的经历同样是我们的财富，它至少让我们懂得了自己的幼稚，看到了自己的不足，体会到了外界的压力和冷酷，也开始意识到必须开始第二次创业。当然那同样需要机遇，就像一九九六年《足球之夜》

应运而生，就像现在我们得到的这次空前的转机一样。

　　三年前的此刻，《足球之夜》正在为自己的勇猛、正直，同时也是为我们的单纯付出惨重的代价。节目的时长从二百二十分钟缩减到九十分钟，张斌也被暂停在节目中出镜主持。但，我们没有畏缩，也没有屈服，一九九九年我们制作了《在路上》，推出了《足球特别报道》，让所有人都知道了这不是一个没有抗击打能力的团队，同时也用团结，捍卫了我们的尊严。在今天看来，它还为我们保留了火种，虽然有一股无法抗拒的寒流袭来，但也因此，证明了凝聚力对我们的价值。那年虽然走了老韩，虽然让我们体会到了最初的挫折感，但那年从前的名声还在牢牢地支撑着我们，乐观的情绪也还没有完全消失。

　　四年前，那是一段多么让人难忘的时光。在经过了几年的成长之后，《足球之夜》正处在生命力最旺盛的时候，正是在我们带动下，中国足球第一次掀起了扫黑打假的风暴。而同样是由于我们的出色表现，《足球之夜》的收视率也创下了第一个高峰。这个纪录直到去年的十强赛才被打破。那个时候，即便不喜欢足球的人也知道了有一个《足球之夜》节目的存在。甚至有人说，在中国民主化的进程里，应该有《足球之夜》的一个位置。不能忘记的还有那年的世界杯专题报道，那是《足球之夜》整体向外展示形象的第一个机会，还好我们做得不错。

　　五年前，中国队的失利深深地伤害了我们，也让我们逐步从一个单纯的足球节目进一步脱离开来，思索中国足球的现状，探求中国足球的未来，我们意识到自己身上的担子很重，也愿意用自己的正直和良知勇敢地面对现实。那年，我们第一次报道了中国队的世界杯预选赛，第一次实现了双向直播，第一次拿回了全国大奖（那以后，大奖对我们只是家常便饭）。几乎每一天都有新的观众加盟到我们收视的队伍里，几乎每一天我们都能够感受到自己和节目的进步。

六年前，那是《足球之夜》这个节目出生的时候。七八个人，十来条枪，在几乎不可能的情况下，她出生了，尽管先天的不足给后来的发展带来了诸多困难，但试想，如果没有人去开拓新的局面，探索新的领域，中央电视台的足球节目今天真不知道会是一个什么局面。就算《足球之夜》出现得再晚点，该遇到的情况我们照样也逃避不了。我们创造了世界电视史上的一个奇迹，你可以说那时候的节目很粗糙、很糟烂，但你必须看到在最初的人员中真正有过电视经验的人不过一两个，其他人都必须边干边学。现在《足球纪事》的总编老韩在《足球之夜》最初的工作只是做场记，打字幕，缩编比赛。他做一条新闻都差点让值班编辑心脏病发作。差不多半年以后，老韩才开始有机会出差。那时候，大家好像都是亡命之徒，大家从北京、河北、江西、内蒙、福建汇集到一起，为的是能够共同开创一个属于自己的未来，因为只有这样才能实现自己的理想、价值，也才能根本改变自己的命运。就是靠这样一批人，创办了中国最知名的体育栏目。

今天呢？今天我们面对的是历史给予我们的一次巨大的机遇。那是我们梦寐以求的理想，而当它真的到来的时候，我们又几乎觉得难以置信。这个时候，我们知道了所有的幻想都没有破灭，所有的期待都有回应，所有的努力都没有白费。既然当初我们曾经极力勾勒过未来，而未来在今天已经实现，那么，我们为什么不再站在今天，思考明天呢？

一年后，我们应该已经创立了《每日足球》这档新闻节目，并且把赛事直播改造成了《足球周末》。加上我们原有的节目，我们六个栏目覆盖了体育频道的每一天。那时候，经过我们的努力，《每日足球》

和《足球周末》都将成为新的优秀节目,其他相关媒介在我们的挤压下,只能挖空心思,另辟蹊径,所有属于足球的第一落点的新闻都应该是我们的势力范围,而我们给球迷提供的转播服务,也将比现在更周到、细致。而且,关于世界杯的转播更得到外界的普遍认可。《足球之夜》这个品牌比以往任何时候都更响亮,因为大家知道,在中央电视台几乎所有的一切电视足球差不多都是由我们提供和生产的。

两年以后,计划中的中超联赛即将开始,那时候,我们将使自己变得更加强大。

那个时候,《足球之夜》将是一个节目制作公司,不仅为自己、为中央电视台制作提供大量足球节目,同时还为海外,为国内电视市场提供诸多产品,从音像制品到平面产品。每年若干部纪录片将成为我们的保留项目。我们还有可能涉猎电影、电视剧、音乐等领域。把足球推广到社会生活的各个角落。

那个时候,《足球之夜》还将是一个产业公司,中超联赛里或许会有我们的股份,也许会有我们的代表。我们和中超公司共同包装、推广新的联赛。在所有和足球有关的文化类、日常类产品里你都能看到《足球之夜》的影子。新的比赛甚至还包括沙滩足球、室内足球、大学生足球、街头足球等等。人们看到中国足球就会想到《足球之夜》,看到《足球之夜》就能想到自己的生活。

这样的蓝图什么时候都能变成现实呢?在这个蓝图中究竟能够实现多少?我暂时还没有明确的答案。但为了早一天的实现,为了多一点的实现,我们应该不遗余力。我们每个人都应该知道在这样的过程里,个人需要付出什么样的劳动,也应该明白,我们需要表现出什么样的进步。因为《足球之夜》将是最好的,所以只有最好的才能在这里有立足之地。我们将引进大批优秀人才，他们来自中国的各个地区，各个学校，他们还会来自海外。他们将带来自己的活力，他们将使已有的竞争变得更加激烈。我们也将力争在这个过程里，一步步完善我们的管理机制。尽管，这里的困难可能比什么都多。

各位同仁，不论如何，竞争的序幕已经拉开，第二次冲锋的时刻已经到来，你做好准备了吗？别再抱怨什么，所有的抱怨和我们的未来相比都无足轻重，所有的斤斤计较都将在前进的车轮下被压得粉碎，所有的伪装和惰怠都将在紧张的节奏里被暴露无遗。

想在新的竞争里胜出吗？

这需要努力，需要责任，需要合作，需要宽容，需要忍耐，需要智慧，需要律己。

现在回过头来再看这段文字，很容易就能发现自己曾经的幼稚、单纯和理想主义。但很多当时的设想，却正是我现在在乐视体育的行动内容，尽管过去了十三年。不知道是中国体育进步太慢，还是我当年的设想太过激进、大胆。

不能否认的是，随着时间的推移，当年的创业团队开始出现问题。我不断试图解决，却总是感到力不从心。

不知道从什么时候开始，我也要不断地劝慰自己，可以更宽容一点，和不断变化的内部形势妥协甚至屈服。

对内如此，对外更是不断遭受各种各样的打击和刺激。甚至每一次中国队的比赛之前，我都需要给自己做一次心理辅导。不断劝诫自己，一次两次，乃至千次百次的失败都是成功之前必须的经历。

自己尚且挣扎，还要不断面对着外界的各种询问。几乎每一次聚餐都会有球迷、半球迷、伪球迷或者完全不在意中国足球的朋友问一个相同的问题：中国足球还有希望吗？

从不厌其烦，到略显麻木，最终我决定在下面的文字内给一个所谓的标准答案。

中国足球输球年限是 N+10 年

（本文成文于二〇〇九年）

我和 Tony（许宏涛英文名）只见过一两次面，倒是通过很多次电话，基本上以足球内容为主。他留给我的印象斯文儒雅，没有什么铜臭气。没有想到的是，这次的扫黑治赌他居然也连带其中。

身陷囹圄，许宏涛关于中国足球的一番言辞却得到了广泛的传播和认同。"中国足球是一个病入膏肓的人，需要综合治理。"此语既道出了中国足球的现状，也给出了疗救的建议。如果再仔细想想，这句话还描述了这个任务的巨大困难。

你看，中国国奥队大比分输给了韩国。许多人愤懑不已。一支堂堂国字号，怎么能输给韩国一支临时拼凑的队伍呢。在这些人的潜意识里，更看重的是国字号的金字招牌，以为只要国字号就能比临时的强。殊不知，这可不是什么田忌赛马。我们的"上马"就一定能赢人家的"中马"，我们的"中马"就一定能赢人家的"下马"。其实，这笔账应该这么算，人家的队伍是从上百所高中和大学选拔出来的，仅就选材面，已经远远超过了我们。而中国国奥队却只有四十多人的选择范围，如此比较，输球岂不是很正常。

让我们再来看看另外一种言论。因为足球、篮球在东亚运动会上失利，有人就此提出我们的队伍管理不严，我们需要大松博文这样的"魔鬼教练"。

此结论表面看很有道理。中国集体项目训练质量不高，人所共知，所以抓管理，抓训练当然无可厚非。不过中国足球现在的最大任务不是寻找大松博文，而是去寻找踢球的孩子。一个足球运动员注册人数不足万人的国家，即便有一百个大松博文，也解决不了球员水平越发低下的本质问题。所以，当今之计我们更应该回过头来，好好审视一下这些年在青少年足球普及工作上的问题，然后能让更多的孩子可以踢上球。

李章洙离开中国之前我们曾有过一次深谈。他告诉我，一九九八年他刚来中国时，中国球员和韩国球员综合进行比较，有差距，但不是很大，他用一个几乎一张纸的手势，告诉我这种差距是多么细微。然而，让他非常难过的是，十二年过去了，中国球员和韩国球员的差距越拉越大，现在的差距，用一只手已经无法形容了，老李把两手拉开，让我的心在这样的空白里不寒而栗。

确实，现在能踢上中超主力的很多球员，倒退十年，恐怕在甲A里连替补都打不上。球员平均水平下降，说到底还是青少年足球培训埋下的祸根。

如果能明白了这个道理，你就能看出下面这种观点多可笑。

他们说，中国足球有希望了，因为政府发话了，有人进了监狱，中国足球的环境肯定能得到改善，所以，我们的足球前景一片光明。治理赌球和假球，当然有助于环境的净化，可是，你打扫房子是一回事，有没有人来这房子里住，是另外一回事。以为把自家餐厅打扫干净，就能吸引食客的人，肯定赚不到钱。和餐厅的菜品质量，价格定位等一样重要的是，中国足球的队员水平。

所以，这和前面的问题本质上相同。

没有了后来人的中国足球，未来几年前景十分暗淡。谁也没有乐观的理由。我给出的一个输球年限是：N+10年。N代表的是我们真正开始重视和实施青少年足球普及的那一年。从那年开始，我们还得再输上十年，因为即便现在播种，足球的收获也只能在十年之后。

一面要承受失利之苦，一面还要图谋复兴，这才是中国足球面对的残酷现实。

正是在这样的不断煎熬中，我逐步明白，改变中国足球与其声嘶力竭，不如脚踏实地地多做一点实事。

长期以来，中国足球的批评家一直多于建设者。高丰文、徐根宝、金志扬这类的老派人物即便做出了一点成就也不大会被充分肯定。反倒是批评者大行其道。当我明白自己的命运已经和中国足球的命运息息相关之后，我也慢慢体会到，做一个建设者虽然不能显赫一时，但终究能够让自己的命运逐步改变。

二〇〇四年，中国队在本土进行的亚洲杯上杀进最后的决赛，我在演播室里呼吁：去工体看球，都穿一件白色T恤吧。

下面的文字写于那届亚洲杯半决赛之前。

让工体歌声嘹亮

七月三十日的晚上，中国的球迷制造了一个大场面，超过六万名的观众，数不清的国旗，大的、小的，布的、纸的、拿在手里的、画在脸上的、迎风招展的、恣意摇摆的。这个时候,你如果能够置身其中,很可以感受到一个群体的力量。

当国歌奏响,全场合唱的时候,这样的力量达到了极致。不过接下来,我们还是遇到了一点尴尬,当我们应该为自己的队伍加油的时候,我们却发现,还是没有好的歌曲,好的选择。

我的同事前段时间去了国际足联总部所在地——瑞士。在那里,他们参观了一个隶属于国际足联的足球展览。展厅的规模不大,陈列了许多非常有纪念意义的物品和照片。让他吃惊的是,不仅韩国队二〇〇二年世界杯赛上的阵型被国际足联精心收藏,更夺目的是全场最大的一幅照片也和韩国有关,二〇〇二年百万"红魔"在广场聚集的照片在国际足联的心目中是足球力量最好的展示。

前天出差去济南,再次见到了"红魔"。他们只来了几百人,却营造了相当强烈的效果,虽然比赛输了,但他们却赢得了济南人的承认和尊重。散场的时候,我分明听到了几个当地球迷对"红魔"的赞许。我和同事们回到住地也忍不住议论了一通。一个二〇〇二年世界杯曾经去韩国采访的同事深有感触地说,当你身处"红魔"之中的时候,你没有办法不感动。他们可以不带停歇地一直唱下去,跳下去,任何得到这种球迷支持的队伍都应该可以发挥出无穷的战斗力。

我想到了一九九九年在上海第一次见识了"红魔"的厉害。八万人体育场虽然拥进了四万多中国球迷,但在几百个"红魔"的集体造势面前,我们的主场优势消失殆尽。老人家曾经说过"加强纪律性,革命无不胜",看来"红魔"是深得其道。

客观分析,中国队和伊朗相比,我看不到有任何优势。无论是整体、技术、战术,还是个体、核心球员,我们都不处在上风。那么,八月三日的工体，中国队靠什么取胜？

除了队伍的认真准备之外，中国队必然需要来自球迷的狂热支持。

很遗憾，我还从来没有去过阿扎迪，但中国球迷可能都知道那座能够容纳十万名球迷的体育场是客队的坟场。在伊朗球迷营造的恐怖气氛里，很少有球队可以全身而退。无论我们的国家队，还是国奥队都已经领教过那里的厉害。

今天，我们有机会"以其人之道，还治其人之身"。如果工体都坐满观众差不多也有七万人，规模小不到哪里去。现在问题的关键就是我们唱完国歌之后的一两个小时应该怎么办？

我和我的同事黄健翔都不太赞同大家吹喇叭，这样的做法太中性，无法准确表达你的立场，我们更希望大家能够把歌曲先唱起来。确实现在我们面临着足球歌曲太少了的现实，不过，有条件要"唱"，没有条件创造条件也要"唱"。

还记得一九九七年大连金州的第一战，当时全场观众合唱《歌唱祖国》的场面极其感人。这可算得是选择之一。一些球迷群体现在已经掌握的有节奏鼓掌，再高喊"中国"的做法也值得提倡，那些核心人员，请你们带动周边的朋友一起来。再有我还可以提供一两个方案，其一，唱《打靶归来》，不会唱这首歌的中国人还真不多。其二，唱每个球迷耳熟能详的"奥—莱—奥—莱—奥—莱"的《球迷歌》。

只要一个人起头，大家跟着一起来，工体一定会成为中国队真正的主场。

中国队击败了伊朗，挺进决赛，我在演播室关于穿白色T恤去工体看球的言论也在发酵。决赛当天我去工体，一路走来都会有球迷和我打招呼，

"刘哥，听你的，看，我们穿的是白色。""刘老师，白色，我们今天是白色。"

那天的工体至今令我难忘，站在我们的演播室放眼看去，百分之七十以上的工体看台已经被白色覆盖。那一刻，我有一种很奇妙的感觉，有时候你觉得推动中国足球是如此艰难，但有时候为它做点事也真是易如反掌。

二〇〇六年九月，我和同事们一起到莫斯科报道中国女子青年队参加世青赛。对于女足，《足球之夜》一直都有很特殊的情感。

一九九六年张斌从亚特兰大奥运会归来，用他在当地购买的CD音乐做背景，给刚刚获得银牌的中国女足做了一首MV《The power of dream》，你如果有印象的话，应该知道这是席琳·迪翁在那届奥运会上演唱的歌曲。

一九九九年，中国女足又要出征美国世界杯，张斌前去报道，我则留守家里准备女足专题。我们在央视边上的小饭馆边吃边聊，这个专题起个什么名字好呢？既要有女性的色彩，又不能失掉足球的刚毅。《足球之夜》的编外参谋张立宪，对，就是很多人知道的老六，突然说："李宗盛给林忆莲写过一首歌，名字叫《铿锵玫瑰》，这个名字怎么样？"他又补充了一句，"那首歌很一般。"

但，这其实已经足够。张斌拍板，女足专题就此命名。

那一年中国女足名震美利坚，打出了高水平。我们的专题节目也备受关注，女足还没有回国，她们就已经知道自己又多了一个美丽的称谓，铿锵玫瑰。

有时候，一个名字思前想后，难倒多少英雄好汉，有时候，妙手偶得，又觉得那么贴切如意，并且还有意想不到的结果。

同样在一九九九年，我们筹备大型系列专题节目《在路上》，把当时中国足球报道的各位大腕级人物都请来做策划，大家聊得极为尽兴，却因为片名卡了壳。这个系列片到底叫什么好呢？大家各执一词，莫衷一是。直到策划会结束，也还没有一个统一结论。策划会在廊坊的一个宾馆进行，快要出发回北京了，不知道谁在大巴车上高喊，在路上，在路上再想吧。

几乎同时，好几个人都像是得到了神谕，"在路上，在路上，就是它了。"这就是至今还被许多球迷记忆的《在路上》名字的由来。

而在那部片子里，还有一首很多人都很喜欢的主题歌《我的世界为你留住春天》。这首歌词由北青报记者、诗人大仙完成，作曲是肖白，并且最终决定由满文军演唱。快要录制了，我拿到了大仙的歌词。整体很深情，但调性偏灰色，可能跟大仙的风格比较吻合，但却和《在路上》的初衷有所背离。这时候投资方高德公司的工作人员又在一旁催促，希望赶紧定稿。于是，我掏出笔，在录音棚外的院子的一辆车前盖上，进行了现场的修改。整体没有大的改动，只是在局部，特别是最后进行了修改，"相见多年相伴多年一天天，一天天，相识昨天相约明天一年年，一年年，你永远是我注视的容颜，我的世界为你留住春天。因为有爱，所以无悔无怨。"

我喜欢罗大佑、李宗盛、齐秦的歌，那一刻，不知道是他们谁的灵感启发了我，"我的世界为你留住春天"就成了这首歌的核心思想，连歌名都这样命名。

回到女足，自铿锵玫瑰起，《足球之夜》的每一个人似乎和中国女足就多了一份情感，一份牵绊。二〇〇六年我去莫斯科报道中国女子青年队征战世青赛。当时的马晓旭、张艳茹等人都已经小有名气。这支队伍也很被外界看好。

她们果然也不负众望，一路杀进了最后的决赛。下面的文章就写于那次报道中。

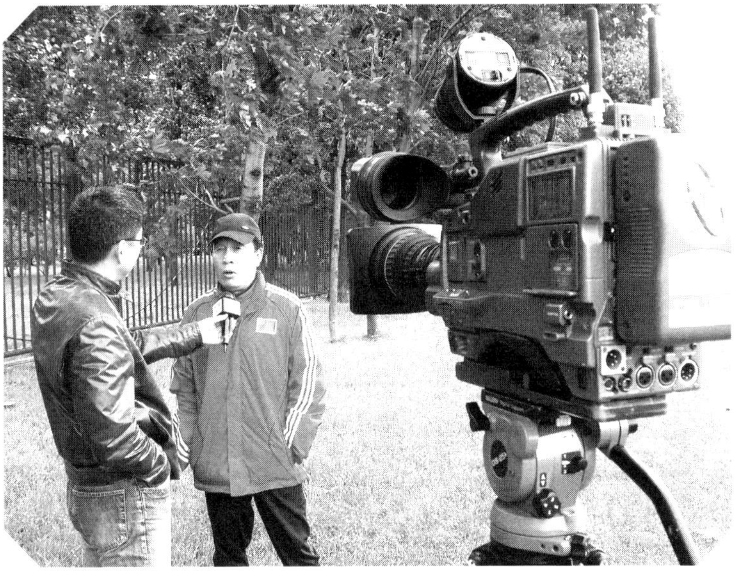

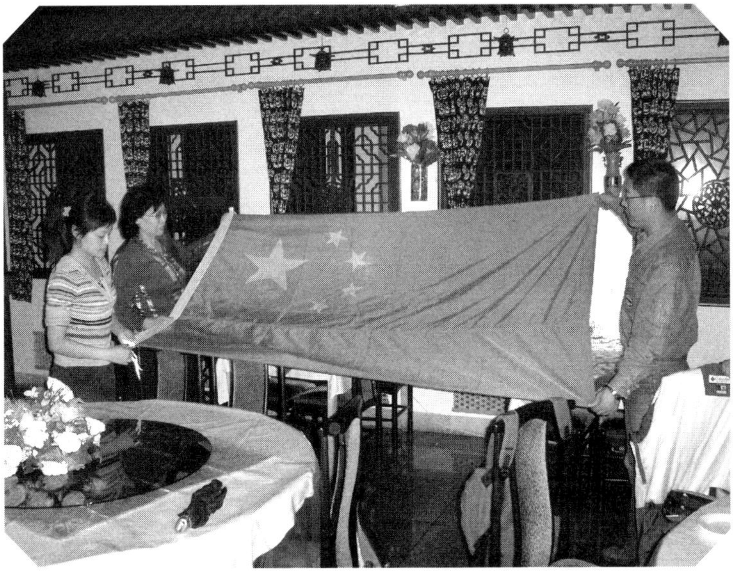

二〇〇六年俄罗斯女足世青赛，采访时任中国青年女子足球队主教练商瑞华。

那届比赛中国队最终获得亚军，决赛中大比分输给了朝鲜队。我和《足球之夜》的几个小伙伴一起请这些小姑娘们共进晚餐。

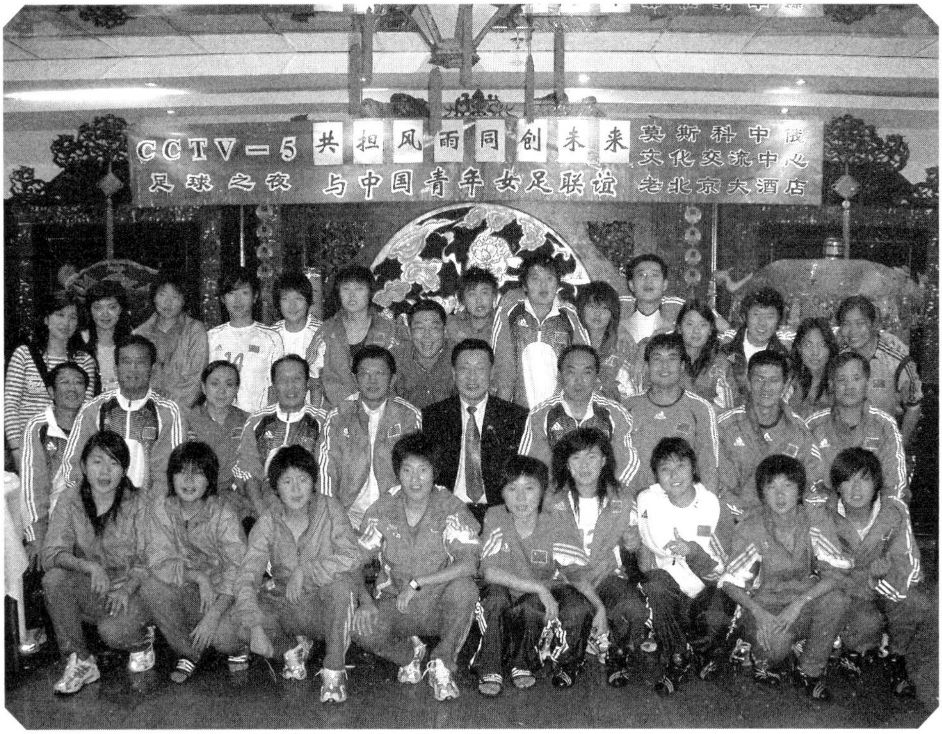
CCTV-5
足球之夜
共担风雨同创未来
与中国青年女足联谊
莫斯科中俄
文化交流中心
老北京大酒店

那届比赛中国队最终获得亚军，决赛中大比分输给了朝鲜队。我和《足球之夜》的几个小伙伴一起请这些小姑娘们共进晚餐。

生于幽谷　成于乔木

　　秋天莫斯科的天气晴雨多变，忽而是艳阳高照，忽而是大雨倾盆。提前十天来这里准备的中国青年女足训练却是风雨无阻。因为上届获得的亚军成绩，这次出征的队伍自然受到了格外的关注。因为马晓旭、张艳茹几名国脚的归来，这支球队也拥有了相当的人气。一支没有球星的队伍，才会令人感到奇怪。

　　不过，即便如此，来现场采访的记者还是寥寥无几。训练场边上，除了中央电视台的摄像机孤零零地矗立之外，根本看不到男足国字号队伍的热闹景象。

　　因为这样的孤寂，也给了我们和队员、球队充分接触的机会。谈到自己为什么会选择了足球，刚刚下来处理伤情的大连姑娘王冬妮满不在乎地说：如果不是上了东北路小学，她可能根本不会踢足球。这个和马晓旭、王大雷、崔鹏是同学的姑娘，还特别郑重地强调，除了学校的环境之外，家庭的投入也是重要的因素。"像崔鹏、王大雷他们都是他们爸爸陪出来的，每天陪着练球，逼着练，那个苦啊。"你可以设想，这样的语言用介于东北话、山东话之间的大连话讲出来是什么样的感觉。反正，我从王冬妮的表情里，仿佛一下子看到了当年他们摸爬滚打的岁月。事实上，他们现在也还是处在这样的阶段，只不过，如今的他们都已经披上了国字号球衣，身份和以前大不相同。

　　我无数次去过大连，也无数次听到过东北路小学，可惜，始终没有能推开他们的大门去看看这个学校的究竟。这里有什么魔力可以培养出那么多优秀的球员，这里的老师难道个个都是伯乐？即便他们都是伯乐，学生也不都是千里马啊。在莫斯科的训练场边，我暗下决心，一定要把东北路当成一个重点案例仔细剖析。

四十多岁的张健强是这支队伍的领队。在甲Ａ联赛红火的日子里，他曾经是个权倾一时的人物，中国足协裁委会是个焦点机构，作为这个机构的头头他也格外引人注目。二〇〇一年之后，他从这个位置上退了下来，其间经历了怎样的失落不得而知。不过，从二〇〇二年起，他开始致力于全国女足的梯队建设。差不多也正是那个时候，我们开始为中国女足的青黄不接焦急忧郁。

二〇〇四年雅典奥运会的惨败，让很多中国球迷从失望到绝望，曾经的铿锵玫瑰似乎已经万劫不复。

不过在那年底，中国青年女足为我们带回了世界青年锦标赛的亚军奖牌，死气沉沉的中国女足，仿佛又看到了救星。娄晓旭、王颖等几个年轻的名字进入了我们的视野。

到今年中国女足重新夺回亚洲冠军，尽管这个冠军里包含了不少运气的成分，但是刚刚回国在上海接受我采访的马良行还是非常看重它的分量。对于长期处在低谷的队伍而言，它提升士气，鼓舞军心的作用不可小视。

马晓旭也在这次比赛当中让我们眼前一亮。

这样的球员是怎样成长起来的？

张健强在训练场外，慢悠悠地为我讲出了答案。经过几年的建设，目前的中国女足梯队已经基本成型。十八岁以下有二十五支队伍，十六岁以下有二十五到三十支队伍，十四岁以下的年龄段还有每年定期的足球节。曾经断掉的足球人才链终于重新衔接上了，有了这样的基础，涌现马晓旭这样的"天才"球员才成为可能。

> 诗云：生于幽谷，成于乔木。我眼前的幽谷还不够深不够广，却已经开始贡献乔木。只要我们坚持下去，乔木成林，前景可以预期。

女青打进决赛，当地华人的热情被迅速调动起来，尤其是留学生，他们找到我，询问怎么样才能更好地给女足助威，我告诉他们，当务之急是找到更多的球迷都到现场去，如果可能，大家可以人手一枝红玫瑰，让我们的姑娘充分享受主场的待遇。

他们去了，带了几百朵红玫瑰。但，那天莫斯科罕见地下起了大雨。我们决赛的对手朝鲜队更是有超水平发挥，〇比五，小花们输得很惨。到场的中国球迷很失意，玫瑰也丢了一片。

对于这样的比分我们同样大出所料。但，事前我们其实也有所准备。因为我们早就和当地的一家华人餐馆的老板打好了招呼，无论最后怎样的结果，我们一定要请女足的姑娘们吃一顿饭。首先是老板给了一个特别优惠的折扣，然后我和同去的几位同事各自凑了一点，基本就够请姑娘们饱餐一顿了。

约定的时间到了，球队也来了。气氛有点压抑。时任中青队领队张建强特意打开了从北京拿过来的白酒，大家边喝边聊。逐渐地，大家从刚刚的惨败中摆脱了一点出来。虽然没有期待中夺冠的狂欢，却也有着失利后淡淡的温馨。

很多年后，那届中青队的队员很多都退役了，但那个夜晚和中国足球一起经历失败的真实感受却历久弥新。《纸牌屋》里有一句经典台词"不断进步就是完美"。只要中国足球能够不断在逆境中顽强生长，我们就不应该放弃希望。

当然，只靠等，希望永远都不会到来。十多年来，从职业联赛仓促起步，到初期的虚火旺盛，再到假赌黑日益泛滥，直到公然大行其道，中国足球一路走来，磕磕绊绊，几近崩溃。虽不说需要完全推倒重来，却也真的令人欲哭无泪，徒唤奈何。

二〇〇四年前后的那次七君子事件，就是这种矛盾积累后的一次大爆发。

改革比出线更难

十一月十七日之后，中国足球除了一片废墟，还留下了什么？

十一月二十日，我接受来自俱乐部方面的邀请，主持了中国足球改革理论研讨会。位于知春路上的实德大厦并不是一幢多么雄伟的建筑，甚至和周边的一些造型奇特、装修夸张的建筑比起来，它还显得有点保守、沉闷。有一天晚上，我曾经开车三次从这里经过，却不得其门而入，原因是它的霓虹灯很少，让你很难注意到。不过，近来频频出没于此的七家俱乐部的投资人和他们的代表，终于让这座不起眼的建筑有了扬眉吐气的机会。

作为记者，我曾经在投资人第一次聚集在一起和阎世铎交锋的时候，就坐在这座大厦二楼会议室旁边的休息室里。我甚至能够听到从不远处传来的拍案声和咆哮声。我在第一时间目睹了投资人们走出会场时的意气风发。我还有些"得意"地率先采访了所有到会的投资人代表，当然这是出于一种职业的成就感。对这座大厦，我已经不再陌生。

然而，在接到来自俱乐部方面的邀请之后，说实话，我还是犯了点踌躇。作为媒体的一员，保持公正的报道立场是重要的职业准则。我担心以主持人的身份出现在这样的场合，会引来一些不必要的误解。

但是，我很快说服了自己。道理很简单，中国足球已经到了今天的地步，除了改革，我们还有别的出路吗？况且，理论研讨会请来的是各界精英，即便他们对中国足球不是非常了解，也还是能够从各个层面上，给步履维艰的中国足球改革带来一些启示。就算我不主持这个研讨会，也不应该缺席这样的活动。这是难得的一次倾听专家学者意见的好机会。这也是目前的中国足球非常需要的一种理论探讨。我不应该错过。

我承认主持这样的研讨会，自己确实有些力不从心。除了金汕老师我还比较熟悉之外，其他的专家、学者都是第一次见面，第一次接触。中国经济体制改革研究会会长高尚全、国务院研究发展中心丁宁宁博士、国家行政学院教授汪玉凯都是业内响当当的人物，当他们把自己的学识和见解运用到中国足球上的时候，他们为我们开辟了许多新的思路和视角。这让自以为对中国足球很了解的我，突然发现自己是多么无知。也才豁然明白，原来中国足球的问题早就应该从更高的层面上加以解决。尽管专家们的意见并不是非常统一，有时候他们的意见甚至针锋相对，但是，有一点大家完全形成了共识：中国足球确实已经到了非改不可的时候。这样的改革不仅局限于超级联赛的改革，更应该先从中国足协的改革开始。那种"二政府"的角色已经彻底沦为事业发展的阻碍者。不客气地说，足协正是接下来中国社会改革需要"攻坚"的代表。

我想到了大约半个月前对阎世铎的那次采访。阎主席对即将到来的改革同样充满信心，可是在谈到改革框架的时候，他显然更倾向于在旧秩序里修修补补。那确实算不上是什么改革。而随后足协成立的改革领导小组又被人为地掺进了许多沙子，更让人怀疑他们改革的决心和动机。

我很为阎世铎没有能够出现在研讨会的现场感到惋惜、遗憾和沮丧。

惋惜的是这本来是一个大家趋利避害、求同存异的大好机会。失去了这样的机会，中国足球的改革又会延误相当的时间。一个投资人非常痛心地告诉我，阎世铎本来可以大有作为的。

遗憾的是阎主席本人没有能兑现他的诺言，他始终还是把投资人视为是对手，而不是朋友，这样的心态根本性地伤害了未来大家的合作。据说没有去广州的老阎最近还在试图和参与"造反"的俱乐部联系，瓦解对手、分化对手是老阎的重要工作之一。只不过当老板们走到一起，只需要简单的交流，就完全化解了阎主席一切努力。

沮丧的是，中国足球界时至今日还不能精诚团结，共商大计。11·17不仅没有使某些人猛醒，反而使局面更加复杂。很显然，在某些人心里，手中的权力远比中国足球的未来更重要。

改革，比出线更难。这就是我走出实德大厦时做出的最真实的判断。

"听其言，观其行"，是阎世铎关于改革的又一个言论上的"贡献"。让我们反过来用这样的准则检查一下足协"言行"。

十一月二十日已过，他们承诺的公开中超二〇〇四年财务的工作毫无动静。即便他们本来打算公开的只是预算。

十一月十七日之后，中国足协还没有就国家队的失败做出公开的解释。衙门里的人还在按照衙门里的作风行事。

本来是中国足协应该召集、举办的各种研讨会更是海市蜃楼。也许他们原本就没有这样的打算。

对于投资人提出的两次建议，他们更没有正式的回复。从骨子里他们还是把投资人看作赞助商，从位置上，他们依然喜欢居高临下。

他们要用推诿和拖延，打垮投资人联合战线，他们要用权力粉碎一切动摇旧秩序的图谋。

一个不折不扣的反对派的形象，无论他们唱着什么样的高调。慈禧太后也曾经口口声声地支持改革，但在她眼里只有荣禄才是真正的改革者。今天的中国足球莫非在重复着这个老掉牙的故事。或许因为真正掌握着权力，才使他们有恃无恐。

这同样是一个需要彻底改造的组织，无论它的代表如何顽固不化。其实，中国足协只是一个权力的象征，那些假借这种权力维护自身利益的家伙只能被清除，那些给这个机构一种清新景象，并且顺应民意，大胆改革的人才能被外界接纳。

这就是中国足球的现状，改革比出线更难，也比出线更为关键。

现在看，当时的观点并无太多偏颇之处，中国足球的特点之一就是共识形成之后，落实还需要延后相当时间。直到十一年后，足协才从体制内脱钩，但今天的形势又发生了许多改变，你很难说清楚接下来中国足球的改革还将面临什么样的局面。

但是，对于阎世铎，当初的我们却有失公允。其实，彼时他不过是有司派来的一个挡箭牌而已。他必须冒着枪林弹雨，却毫无决策机会和权力。设身处地地站在阎世铎的角度，我们会更加深入地体察到中国足球改革的难度和复杂性。

7

七
下半场

第二十三章
被定格的历史

西奥多·罗斯福这样说：重要的不是批评者，不是指出强者怎样摔倒，某人某事在什么地方可以干得更好的人。功劳归于真正进入角斗场的人。他的脸上沾满尘土、汗水和鲜血，他英勇搏斗，他有失误，一次又一次未能击中目标，因为任何奋斗没有不犯错误或者毫无欠缺的。但是他真正为了事业而搏斗，他懂得什么是高尚的热情，什么是伟大的献身精神，他献身于值得为之献身的事业，他如果登峰造极，将享受伟大成就的胜利，如果不幸失败，至少也是在英勇大胆的冲刺中失败，绝不会与那些冷漠胆怯既不懂胜利也不懂失败的人为伍。

作为一个记者，与中国足球为伍十八年，我慢慢明白了罗斯福这段话的含义。在这个世界上，做成任何一件事，哪怕是最微不足道的都充满艰辛和挑战。当年遁入足球，只是因为对其他领域的新闻报道失去了乐趣。以为足球能够给我最简单的欢乐，但终究逃不脱时代的掌控。诚如莎士比亚所言，"有些人的伟大是天生的，有些人的伟大是后天获得的，有些人的伟大是时势造成的。"感谢这个时代，让我们经历了许多，见证了许多，也收获了许多。中国足球与伟大相去甚远，我更不曾想过自己会和这样的字眼沾边。

但参与、见证、记录，仍然让我的这个十八年收获满满。

丘吉尔说，我们都像小虫一样渺小。不过，我认为我是一只萤火虫。他还说，缔造历史的最好办法就是撰写历史。

让我和《足球之夜》的伙伴们自豪的是，这十八年我们不仅记录了历史，也部分参与撰写了中国足球的历史。

这段历史不仅存在于你的记忆中，更以图像的方式，永远地被定格了下来。

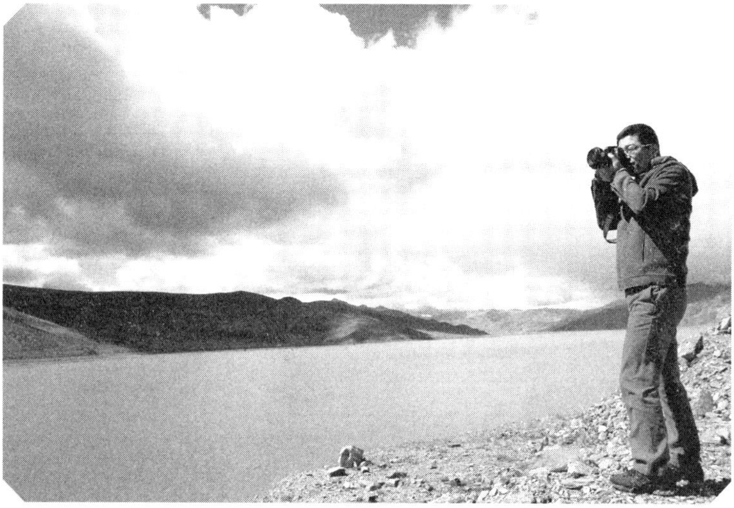

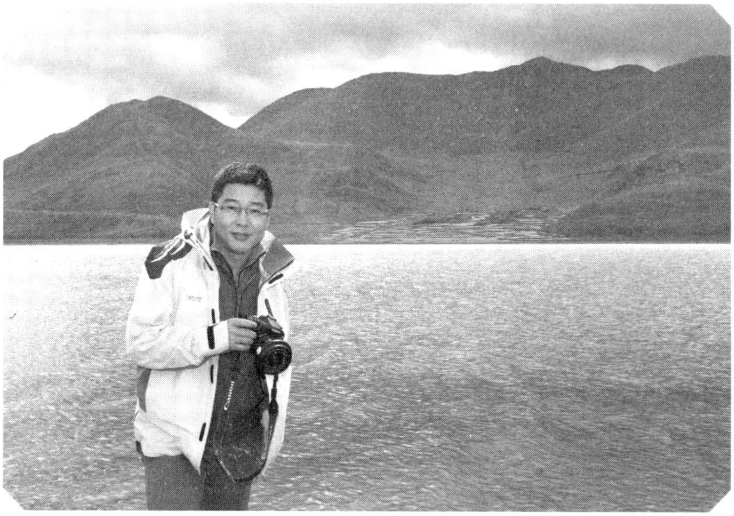

我在西藏，摄影是我的爱好之一。

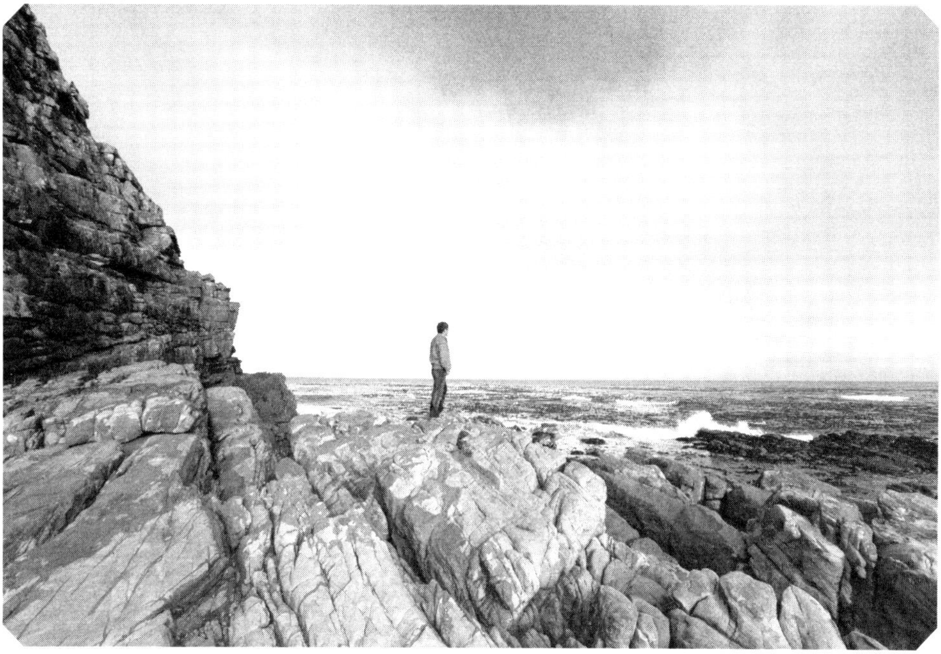

二〇一〇年南非世界杯期间,在好望角留影。

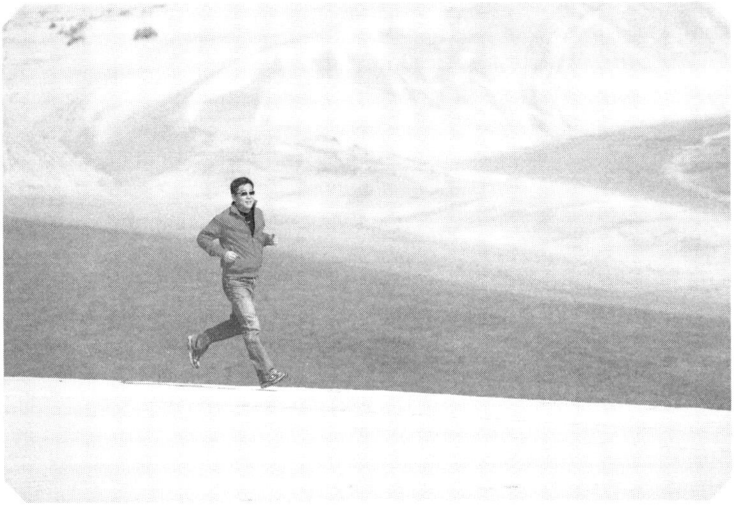

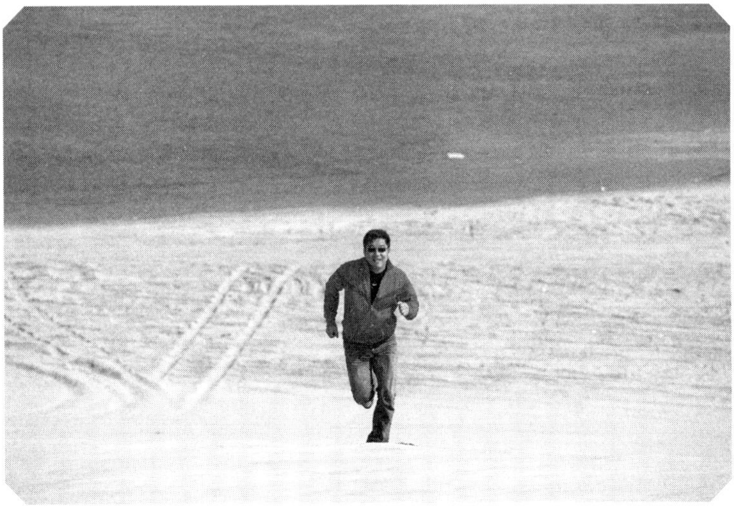

二〇一一年亚洲杯期间，我在卡塔尔的海边沙漠奔跑。跑步我已经坚持了十几年，跑遍了五大洲。

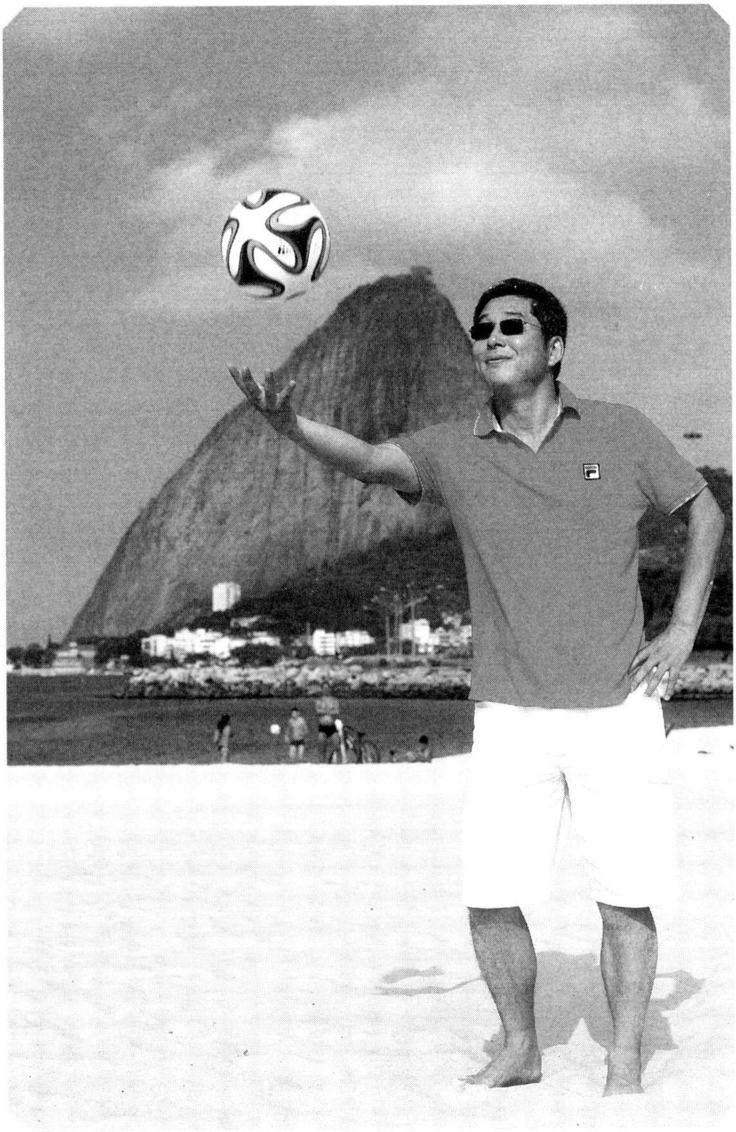

二〇一四年巴西世界杯期间，闲暇时享受里约的海边时光。

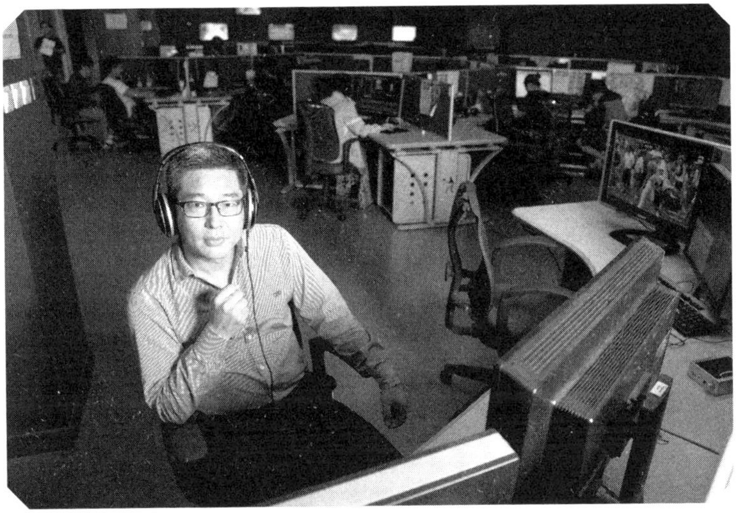

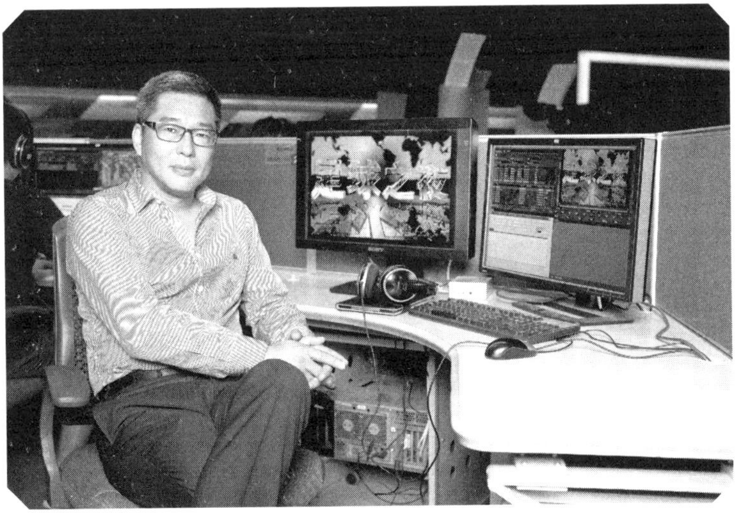

二〇一四年八月，即将离开的我在央视体育中心制作间留下最后的身影。

跋

Mr.Liu

米卢

二○○八年,我的老朋友福拉多开始和杜伊科维奇共同执教中国队。走马上任时,他向我求教。我告诉他三点:第一,少说多做;第二,合适的时机做合适的事情;最后一点尤其重要——寻求广泛支持,其中包括你的老板、同事、球员,当然还有媒体。

"中国最有影响力的媒体中央电视台,那里有位Mr.Liu,从某种意义上说,他决定了中国足球圈的舆论导向,'搞定'他,你和中国队一帆风顺。"

显然,我的老乡没完成任务。呵呵,开个玩笑。不过,我认为自己并未言过其实。

虽然会讲五种语言,但中文对于我来说太难了。刚到中国的时候,我称他"戴眼镜的记者",后来我叫他"Host"(主持人),直到世界杯外围赛,我终于记住了他的名字——Mr.Liu。

"戴眼镜的记者",充满激情,斗志昂扬,时而悲天悯人,从他镜片后睿智探索的双眼,我看到了他的勃勃野心。我欣赏这样的年轻人,他让我想起四十年前的自己。

没有显赫的家世背景,生于平凡,却不甘于平庸。后来我知道更多他的故事,他来自于小城市,一如当年的我走出拜那巴斯塔的村庄,怀揣炽热的梦想，随着旋转的足球，走向更加广阔的天地。

记不清我们的第一次见面，也许是广州，或者北京，当我刚刚接掌中国队帅印。实际上，真正认识他，还是我在二〇〇〇年欧锦赛后提出的约见。

多年的执教生涯，辗转五大洲，游走在不同的文化之间，我深知，成功与失败并不单单取决于你自己，有时候，你身处的环境可能颠覆你付出的所有努力。每一个地方，我被捧上天堂，也被扔进地狱，我遭受批判、质疑，我遇到敌人，但我更有信心，化敌为友。

我问翻译虞惠贤，中国最大的媒体是哪个？最有影响力的体育节目和主持人是谁？然后听到他说，《足球之夜》和刘建宏。

一次愉快的会面，我试图让他了解我的足球思想。彼时，我已对中国足球有了大概的认识，与世界足球强国相比，中国还有很长的路要走。但我希望，作为一个足球评论员，他能用更加专业的眼光理解这项运动。

"主持人"的足球知识之丰富令人惊讶，他是国际米兰的球迷，也喜欢德国足球。我告诉他，忘掉德国和英国足球吧，看看西甲。我们聊起刚结束的欧锦赛，我把现场自己拍摄的录像播放给他，我提问，他回答，我再纠正。

说起中国足球，他显得有些迷惘。三年前中国队的失利依然困扰着他。

来到中国以后，许多人和我提到一九九七年的十强赛。那是有史以来实力最强的一支中国队——人们达成如此共识，而主持人持有相似观点，并且，他一直在思考一个问题：如果中国球员心理强大了，是否这一次不再重蹈覆辙。

他望着我，满脸的迫切，我摊开双手：明年的这个时候，也许你会得到答案。

出乎我的意料，他竟然在我们见面之后提出了一个请求——给他和他的同事们上一堂足球课。我欣然接受，有生以来第一次给媒体记者做讲座，而这个邀约也让我对"主持人"刮目相看，除了激情与雄心，他还有冷静的智慧和深沉的思考。

六十分钟，能否改变一个人的观点？Mission Impossible，不过，至少我为他们打开了一扇通往更多 Possibility 的大门。

接下来的一年，Mr.Liu 执着地寻求答案。我们有过擦肩而过，短暂交谈，当然，更多的时候我是他的观众。只要时间允许，周四晚上，我准时收看《足球之夜》，让翻译讲解内容。

说句玩笑话，我始终不清楚 Mr.Liu 是敌是友，或者说，我们似友非友。

世界杯小组赛的道路并不平坦，我在雅加达听说了郝海东在中央电视台五套的节目里的"炮轰"。回到北京，Mr.Liu 找到我，希望我接受采访，起初我拒绝了。下一秒，我改变了主意。

像一匹脱缰的野马，经历转型和变革的中国在 GDP 赛道上冲刺，中国足球亦如是，喧嚣、躁动，压抑着，摸索着，找寻突破口，等待爆发的一刻。清醒着继续前行，抑或被潮流裹挟淹没，我愿意选择前者。我想，Mr.Liu 和我感同身受。

我和他面对面。一扫旅途的疲惫，镜头前的我，神采奕奕，还是那个"永远的博拉"。我自然知道每一期节目，包括郝海东"炮轰"，Mr.Liu 都是幕后的操盘手。他在努力做一个优秀的新闻人，我也要在中国队主教练的位置上达成终极目标——十强赛出线。我们的道路不同，风景各异，可是我们有共同的终点——二〇〇二世界杯。

我理解 Mr.Liu 的工作，媒体人需要客观公正，要吸引眼球，制造噱头，轰动效应。说句实话，不在摄像机前，我们可以交流更真实的想法。

这样的交流在我卸任之后越来越多。过去十三年，除了墨西哥和塞尔维亚，中国是我的第三故乡，我甚至有种感觉——我从未离开中国。中国足球是我们之间的纽带，我目睹它的跌宕沉沦，Mr.Liu 的黯然失落。

参加他的家庭聚会，认识了他温柔的妻子，酷爱足球的儿子，他有一个幸福的家庭。见面匆匆，他总是那么忙碌，像一台上紧发条的机器，随着中国足球转动。

黑暗褪去，中国足球迎来黎明之际，Mr.Liu 离开中央电视台，开启新的事业。半年前，北京小聚，我问他为何会有这么大胆的选择。

互联网全方位改变中国，要么站立在时代的浪尖上，要么置身事外做一个旁观者。Mr.Liu 毅然选择第一种。

球场上最重要的动作是什么？我问。

下一个，他脱口而出。

Mr.Liu 勇敢地迈出了下一步，投入时代的浪潮，将曾经的辉煌留在身后。

我和他在足球场上交过手，有意思的是他和球员时代的我踢同样的位置——后腰。干最累最脏的活，承担最多的责任，却是一支球队的灵魂。

祝福我的朋友，期待 Mr.Liu 和中国体育的下一个故事。

我与刘建宏

李章洙

初识刘建宏，记得是一九九八年，具体的日子现在记不起来，是我刚到中国没多久的时候，大概是夏秋相交之时吧。当时法国世界杯刚刚结束，刘建宏也是做足球记者没几年，所以我第一次见他不是在屏幕里，是在当时前卫寰岛俱乐部我的宿舍里。

毕竟已是都快二十年前的事情，当时聊了什么已记不起来，但当时的感觉至今还很深刻。第一次和他聊天，虽然是通过翻译在沟通，能感觉得到刘建宏的聪明劲，而且更深刻的是他对足球的热情和好学。当时因为崔殷泽老师在延边取得成功，除了我，车范根、金正男、朴钟焕等韩国教练纷纷被请到中国，他对韩国足球十分感兴趣。其实严格来讲，他对足球，还有和足球沾边的所有东西都感兴趣，都希望了解，只要是他不知道的都要刨根问底。

刘建宏是我在中国遇到的第一个对足球有着如此的热情和执念的人，之后在中国十多年时间里遇到了很多人，也就《体坛周报》记者马德兴和刘建宏有的一比。在韩国我也认识很多人，可是没有这样的球痴。

第一次就和刘建宏聊得很开心，后来他因为私事多次到重庆，每次都会尽量登门拜访，慢慢地和他的沟通不仅局限在足球，成了超越足球教练员和记者关系的，私下里无话不谈的好朋友。离开重庆后，在青岛，还有在北京国安做主教练时，虽然离得近了，反倒和他见面的机会少了。不过每个星期《足球之夜》都能见到他，即使只是逢年过节偶尔通电话，感觉一点都不生分。

说到刘建宏，不能不说的是广州恒大。我当年之所以决定接手恒大，刘建宏起了决定性的作用。那是二〇一〇年三月初，我正在首尔家里赋闲，一天突然接到刘建宏的国际电话。一番寒暄过后，刘建宏跟我提到广州足球队换了老板，希望邀请我过去。当时我就反问他，"你是在开玩笑吧！"之后虽然他解释了很多，我还是拒绝了，毕竟当时的广州还是中甲球队，而且当时有几家中国和韩国的俱乐部也希望我过去。

没想到大概一两天后刘建宏再次打来电话，这次他没有绕弯，直接说："李指导，你给我个面子，来北京见见广州队的总经理，至于你答不答应，聊完了再决定也不迟。"

既然刘建宏都说到这个份上，我要是再拒绝就真的不能一起愉快地玩耍了。再说我在北京有些个人事务要处理，一直拖着没去，就想着顺手一起办，答应了刘建宏。不过说实话，登上飞往北京的飞机时，我根本没考虑要去广州执教，跟家里说的也是两天后就回来。

下午晚些时候到达北京，在凯宾斯基饭店刘建宏把我介绍给刘永灼，我们三人一起喝茶，又一起吃晚饭后一直聊到凌晨一点。刘永灼诚恳的态度，还有他和刘建宏描述的足球队的前景确实让我有些出乎意料。最后刘永灼请我去广州见见许家印，刘建宏也在旁边大敲边鼓，因为谈得十分愉快，实在不好拒绝俩人的提议，再说他们描述的前景确实让我有些动心。第二天刘建宏没有和我们一起去广州，见了大老板后发生的事情大家也都知道就不再赘述了。

我和刘建宏认识的初期，我可能给了他一些帮助，在足球上教了一些东西，此后他十倍百倍地帮了我，教了我。

抛开工作上的事情外，刘建宏教了我很多中国人的思维、文化。我被称为"中国通"，刘建宏完全可以说是我的老师。而且就在两年前，我的一位韩国友人的儿子要到北京上学，刘建宏二话不说倾力相助。

在工作上，他更是我最大的依赖和老师。每次在中国遇到重大事情时，我都会首先咨询他的意见，可以说我对他的信任是无条件的。

刘建宏离开央视加盟乐视，我有些担心，有些不理解，不过还是相信他的判断，因为我觉得他比我聪明。现在来看，刘建宏的选择并没有错。

而且我相信他将来会有更大的成就，最终会在中国足球历史上留下属于自己的深深的印记，因为他喜欢足球，不是因为职业是足球，而是喜欢足球本身。

这样聪明的球痴，肯定能成大事！

鬓已星星也

张立宪（老六）

一九八七年，我考入中国人民大学。新生报到时，一个师兄在接待处跟我打招呼：河北的吧？他是早我们一年考入人大新闻系的河北考生，负责照应新来的小同乡。

二十八年前的这一幕至今仍深刻在我心中。面皮白净、牙齿整齐、头发浓密得像戴了假发套、一笑两个酒窝的刘建宏。

一九九一年，即将毕业的我来到石家庄求职。此前一年，建宏已经被分配（一个听起来很遥远的字眼）到石家庄电视台。那几天，我晚上借宿他家（当时他和父母住在一起），白天则由他骑自行车，驮着我在寒风中跑东跑西。我坐在后座上，搂着他的腰说：宏哥，我要能来石家庄，就是为了跟你会合。

一九九六年，我和另一个朋友，开着一辆救护车（听起来很匪夷所思的车型），沿着刚刚开通一侧车道的京石高速公路，将一起在石家庄厮混了五年的刘建宏送到北京。他要去中央电视台，和张斌会合，一起鼓捣《足球之夜》。央视进进出出，许多是我们的同学，甚至是他的师弟师妹，建宏说：我就当自己是实习生。

一九九七年，我坐着城际大巴，也从石家庄来到北京，随身扛着一台笨重的 386 电脑,那是我谋生的工具。我没有马上见到建宏,他正在外地采访足球赛事。《足球之夜》的工作忙完,他还要写一篇文字稿,传真给我,再提供给一些报社,所得稿费,是我在北京的生活费。

人生关键的几个时间节点,我们都在一起。

到现在,我们都已年近半百,人到中年,他头顶的发套,也变成了灰白色。宋人蒋捷《虞美人》词云:"少年听雨歌楼上,红烛昏罗帐。壮年听雨客舟中,江阔云低断雁叫西风。而今听雨僧庐下,鬓已星星也。悲欢离合总无情,一任阶前点滴到天明。"

我和建宏岂但是同乡,两人的成长背景和人生轨迹也极为相似。尤其值得感谢的是我们在石家庄一起度过的几年,尽管那是一座注定要离开的城市。生下来就想着要逃离,成为一个没有故乡的异乡人。这几乎是我们每一个中国人的宿命。

在那样一个年龄,思维如火山活跃,激情如大雨滂沱,阅读与思考的胃口惊人、体力吓人,想象力左冲右突,没有成见的束缚,没有物质的负担,没有世俗的压力,有同伴在一起,探讨人生,思考人生,怀疑人生。这是我们最大的幸运。

现在反思我们所受的教育,以及社会现实给你的教训,事实上时时刻刻都在提醒你:某一种生活,是你不要去想的,不配拥有的,不可能做到的,不应该去追求的。顺从、麻木、窒息、妥协,就这样渗入到大家与年龄极不相称的血液中,让人彻骨绝望。所幸,我们在一起,相互给予对方勇气,也彼此扶持,得以选择了残酷现实的另一面,也尝试了乏味生活的另外一种可能:不甘心只是在别人指定的圈子里跳舞,不情愿重复已经被无数人重复过的人生轨迹。

农民、土鳖、天之骄子、无冕之王、小市民、国家干部、职称、事业单位编制、异见者、愤青、北京户口、临时工、合同制、中产、创业……每个人都背负着无数的标签，主动或被动，揭下旧的，又贴上新的。

就这样，我们走过了自己的半生岁月。

我和建宏无数次咀嚼人生况味，相信我们最多时候都处在这样一种状态：在左岸走，在右岸飞。身在此岸，向往彼岸的光景。就像人大当年一位校园歌手唱的：

> 带着流浪的心让感觉停泊，
> 一步步都像是踏着云彩，
> 前方永远有走不完的路程，
> 我们在理想和现实中徘徊。

流浪的脚步，何时能停？人到中年的我们，人生的上半场已经结束，我们想要的生活，似乎就在眼前。

一人中了彩票大奖，记者问他："你用这笔钱干什么？""还房贷。""剩下的呢？""剩下的再慢慢还。"这个故事也许更像我们已经拥抱在一起的命运。

重新出发，不再想它。下一站，依然是新鲜的，未知的。

只要还有改变自己、挑战定式的信心与好奇。